세일즈포스, 디지털혁신의 판을 뒤집다

글로벌 15만 기업의 놀라운 성장을 이끈 Salesforce 이야기

김영국·김평호·김지민 지음

목차

장석권 _ 한양대학교 경영대학 교수

인류는 관찰과 기록의 역사를 살아왔다. 기원전 동굴벽화부터 활자, 편지, 도서, 일기장, 다큐멘터리에 이르기까지 인간이 머물렀던 곳에는 항상 기록이 있었다. 그 기록의 역사가 스마트폰 보급으로 획기적 전환의 계기를 맞았다. 스마트폰은 이동 중의 나의 행위를 실시간으로 기록할 뿐 아니라, 그렇게 수집된 수많은 정보를 축약해 다시 실시간으로 내게 제공해주고 있다. 이동 중인 나에게 목적지에 이르는 가장 덜 혼잡한 길을 알려주고 그 경로에서 가장 기름값이 싼 주유소의 위치도 알려줌은 물론이다.

1990년대 워크맨 시대를 누렸던 기성세대는 가성비 좋은 컴퓨터나 전자기기를 사려고 온종일 전자상가를 누볐던 기억이 있을 것이다. 그때는 상품가격이 만 원이라면 그냥 만 원인 줄 알았지, 다른 어딘가에 더 싸고 좋은 다른 제품이 있다는 정보는 접할 수 없었다. 이른바 독점적 정보를 가진 생산자가 시장을 지배하던 '생산의 시대'였다. 그런데 오늘날에는 상황이 바뀌었다. 스마트폰을 통해 국내·외 어떤 유사제품이 있는지, 값은 어떠한지를 실시간으로 파악할 수 있게 되었다. 전자상거래에 역직구라는 새로운 소비행태까지 나타나는 것을 보면, 바야흐로 소비자가 시장을 지배하는 '소비의 시대'가 도래했음을 알 수 있다.

이렇듯 '생산의 시대'에서 '소비의 시대'로 넘어온 데는 이른바 데이터가 큰 역할을 했다. 정보 탐색 대상이 자연과 사회현상으로부터 개별 소비자의 소비행위로 옮겨진 지 오래이며, 데이터 분석가들은 수집한 데이터로부터 소비자를 보다 근본적으로 이해하는 방법을 연구하는 데 한창이다. 빅 데이터와 인공지능 기술은 소비자 행위를 예견하고 맞춤형 소비제안을 도출하는 데 활용되고 있으며, 이를 위해 SNS에 방대하게 축적된 온갖 감성 데이터까지 수집-관리되고 있다.

이런 상황에서 고객 정보가 경쟁력의 핵심임을 일찍이 간파하고 고객관계관리(CRM : Customer Relationship Management) 분야에 특화해 비즈니스를 전개해 온 기업이 있다.

바로 세일즈포스다. "아는 것이 힘"인 시대에 정보는 중요한 생산요소 중 하나로서 시장에 내재한 불확실성을 줄여 생산성을 획기적으로 증가시킨다. 특히 그 정보가 고객의 기호와 구매 의도로부터 나오는 것이라면, 그 분석 도구는 시장에서 금맥을 캐는 도구가 될 수 있다. 미래 비즈니스를 이끄는 우버, 넷플릭스, 아마존이 전통적인 자동차 제조사, 영화사, 오프라인 유통기업에 비해 높은 경쟁력을 갖게 만든 요인은 무엇일까? 바로 대규모 '고객 정보'를 보유하고 활용한다는 것이다. 이렇듯 전통산업을 미래지향적 첨단산업으로 탈바꿈하는 경영혁신의 이면에 바로 그 혁신 수단을 제공하는 세일즈포스가 있었다.

글로벌 15만 기업이 활용하는 세일즈포스 시스템 그리고 이 혁신적 시스템을 업계에 제공하면서 스스로 미래지향적 혁신기업으로 성장해온 세일즈포스는 아직 국내에는 잘 알려지지 않았다. 이 책에서 저자들은 '정보 중심 고객 시대'에 세일즈포스가 다양한 디지털 혁신 도구의 출시를 통해 어떻게 스스로 혁신적 선도기업으로 우뚝 설 수 있었는지 그 비결을 소개하고 있다. 오라클, SAP, 마이크로소프트 같은 절대 강자가 존재하는 IT 시장에서 고객관계관리에 집중하는 포커스 전략이 어떻게 세일즈포스에 차별적 경쟁력을 가져다주었는지는 특히 흥미롭다. 이 책에서 제시하는 고객관계관리와 영업 현장 혁신의 방법은 기업이 혁신을 어떻게 정의하고 프로젝트로 전개해 성과를 만들어낼지에 대한 훌륭한 지침서 역할을 할 것으로 기대한다.

어떤 기업이라도 세일즈포스 혁신 사례를 통해 도움을 받겠지만, 특히 클라우드 환경과 플랫폼 비즈니스 도입과 디지털 혁신을 고민하는 기업이라면 이 책이 제시하는 디지털 시대에 맞는 조직문화와 고객 데이터 분야에 역량을 집중하기를 권고한다. 고객의 시대를 준비하는 당신의 회사는 10년 후 얼마나 많은 고객 인사이트를 확보할 것으로 기대하는가? 그 인사이트를 통해 경쟁기업에 비해 어떤 차별적 서비스를 만들어낼 것인가? 그 서비스를 제공하기 위해 당신은 얼마나 처절하게 도전하고 실패하며 궁극적 성공을 향해 경험과 노하우를 축적해갈 것인가? 이 질문 중 어느 하나라도 당신의 가슴에 와 닿는다면 4차 산업혁명을 대비하기 위해 당신이 이 책을 읽어야 하는 이유는 충분하다.

이한목 _ PwC 컨설팅 코리아 대표

최근 비즈니스 환경은 실시간 소통과 모바일 중심으로 급속하게 변모하고 있습니다. PwC는 2000년도 초부터 모바일과 클라우드 기반의 비즈니스 시장 변화에 주목했고, 다양한 소프트 웨어 선도 업체들과 긴밀한 파트너십을 다져 고객의 니즈에 적극적으로 대응해가고 있습니다. 그 중 "디지털 고객 경험 혁신" 분야에서는 세일즈포스와 전략적 파트너 관계를 유지해오고 있 습니다. 또한 PwC는 전 세계 450명 이상의 전문가 조직을 운영할 만큼 전문성을 확보하고 있 으며, 세계적으로 세일즈포스 기반의 다양한 프로젝트를 성공적으로 수행한 경험도 있습니다.

아쉽게도 우리나라에는 해외보다 약 10년 늦게 세일즈포스가 소개돼 국내 기업에는 상대적으 로 덜 알려진 측면이 있습니다. 또 해외에서는 세일즈포스가 중소기업 중심으로 성장해왔지만, 우리나라의 경우는 2015년부터 대기업 중심으로 관심이 늘면서 제조업, 서비스업 등 다양한 분야에서 급격히 확산하는 추세입니다. 이러한 급격한 관심 증가에도 세일즈포스가 어떠한 회 사이며, 디지털 시대의 변화를 어떻게 주도하는지에 대한 정보가 많지 않은 실정입니다.

이에 디지털 혁신을 준비하는 우리 기업들의 전략, 혁신, IT 담당 임원들, 플랫폼과 클라우드 기 술을 조직 내 적용하고자 하는 실무자들에게 도움이 되었으면 하는 바람으로 이 책을 준비했습 니다.

앞으로도 PwC 컨설팅 코리아는 세일즈포스 전문가 조직을 중심으로 세미나 등 다양한 기회를 통해 더 많은 정보를 제공하고, 성공 사례를 소개해나가도록 노력하겠습니다.

김재환 _ Salesforce Service Leader, PwC 컨설팅 코리아 파트너

매년 샌프란시스코에서 열리는 세계 최대의 IT 이벤트 「Salesforce Dreamforce」 행사에 참가할 때마다 느끼는 점이 많습니다. 최근 B2B 기업 중에는 B2B2C 혹은 B2C 기업으로의 전환을 준비하는 회사들이 많아지고 있습니다. 그리고 이를 위해서 B2B 세일즈뿐만이 아니라 마케팅과 고객 서비스를 강화하고 B2B 커머스를 새로이 준비하는 추세입니다.

반면 B2C 기업들은 제품·서비스 중심의 경쟁에서 디지털 신기술들을 활용한 고객 경험 차별화를 통해 경쟁력을 높이고자 노력하고 있습니다. 이러한 준비를 하는 기업들에 PwC와 세일즈포스의 성공 사례라든지 솔루션이 도움이 되었으면 합니다.

세일즈포스 솔루션의 가장 큰 장점은 CRM이라는 궁극의 목적을 위해 세일즈, 마케팅, 서비스 등의 영역이 독립적으로 운영되지 않고 고객 중심으로 통합된 플랫폼 안에서 서로 엮이게 된다는 점입니다. 그리고 이와 관련해 가장 오랜 기간 그리고 가장 많은 성공 사례를 만들고 있는 "Customer Engagement 플랫폼"이 세일즈포스 플랫폼이라는 점에 주목할 필요가 있습니다.

아직 4차 산업혁명이 도래한 시점은 아니지만, 최근 급격히 진화하는 세일즈포스의 연결된 플랫폼과 AI 기술은 분명 4차 산업혁명의 중심 역할을 하게 될 것으로 믿어 의심치 않습니다. 연간 사용료만 지급하면 클라우드 환경에서 이러한 기술들을 곧바로 활용할 수 있으니, 분명 또 하나의 엄청난 장점이 될 것입니다.

이 책을 통해 "Think Big, Start Small, Act Fast" 할 수 있는 플랫폼을 경험하는 기회가 되었으면 합니다.

◆ PwC 컨설팅 코리아

PwC는 전 세계 158개국에 걸쳐 236,200여 명의 전문가를 보유한 세계 최대의 전문 컨설팅 기업이다. Fortune Global 500대 기업 중 84%를 고객으로 확보한 PwC는 3개의 서비스 라인과 22개 산업 분야별 조직을 운영해 고객 기업과 장기적인 전략적 파트너 관계를 구축하고, 이를 통해 가치와 위험을 공유하는 올바른 동반자의 관계를 형성하고 있습니다. PwC 컨설팅 코리아는 세계 최대의 전문 컨설팅 서비스 회사인 Pricewaterhouse Coopers의 Member Firm으로서 총 430여 명의 전문 컨설턴트가 글로벌 네트워크를 통한 지식을 활용해 국내 주요 기업들의 다양한 비즈니스 이슈 해결을 지원하고 있습니다.

당신의 기업은 디지털혁신을 어떻게 정의하며, 어떻게 실행하고 있는가?

오늘날 4차 산업혁명, 디지털혁신, 클라우드, 플랫폼 등의 키워드는 미래 비즈니스 변화를 설명할 때 가장 많이 오르내리는 단어들이다. 지금 이 시점을 냉정하게 평가해본다면, 4차 산업혁명은 눈에 보이긴 하지만 아직 손에 닿지 않는 신기루와 같다. 인공지능(AI) 기술도 사람의 언어를 분석하고 확률적으로 파악하는 수준에 지나지 않으며, 자율주행이나 로봇기술도 상용화 단계라고 말하기는 이르다. 비즈니스 방면은 어떨까? 모바일 뱅킹이 대중화되어 있긴 하지만 아직도 대다수 여신상품과 투자상품들은 오프라인 방문을 통한 서류작성이 필수다.

하지만 모든 산업에서 온-오프라인이 융합되고 다품종 소량생산이 본격화되며 빅 데이터를 가진 기업이 경쟁력을 가질 4차 산업혁명 시대는 지금도 진화 중이다. 그건 분명하다. 새로운 물결이라 불리는 또 다른 산업혁명을 대하는 기업은 이제부터 준비하지 않으면 곧 다가올 폭발적인 변화에 대처할 수 없을 것이다. 그렇다면 우리 기업은 어떤 자세, 어떤 방향으로 변화에 대비해야 할까? 세일즈포스는 새로운 시대를 디지털이 가져올 고객 중심의 사회 즉, "고객의 시대"라고 정의한다. 디지털혁신의 사명은 더 세분되고 개인화된 고객의 니즈를 만족시키는 것이다. 과거와 같은 대량생산 제품과 획일화된 서비스로는 더 이상 고객을 만족시킬 수 없다. 디지털 시대에는 고객을 좀 더 구체적으로 아는 것이 비즈니스의 경쟁력이 된다. 고객을 세부적으로 이해하지 못하는 기업은 정교한 비즈니스 전략을 수립할 수 없기 때문이다.

모든 비즈니스용 애플리케이션은 고객의 관점에서 출발해 UX(User Experience), UI(User Interface), Data 구조를 설계해야 한다. 복잡다단해지는 채널과 기업용 단말장치를 기업이 원하는 비즈니스에 적용하기 위해서는 언제 어디서든 고객의 정보를 활용할 수 있는 클라우드 형태가 가장 이상적인 모델이 될 것이다. 대형 개발 프로젝트만을 지향해온 기존 IT기업에 경종을 울리며 '빌려 쓰는 IT', 'No Software'를 외친 세일즈포스는 가장 발 빠르게 움직인 기업이라 할 수 있다. '고객관계관리(CRM) 분야'에서는 세일즈포스가 워낙 앞서 있기 때문에, 우리가 잘 알고 있는 마이크로소프트, 구글, 오라클조차 세일즈포스에겐 크게 뒤지고 있다.

1999년 설립된 세일즈포스는 매년 빠른 성장을 보이며, 단기간에 100억 달러 매출을 달성했고 2022년까지 200억 달러를 돌파하겠다는 목표를 세우고 있다. 이 회사의 가치를 인정한 15만 개 이상의 글로벌 기업들이 세일즈포스를 통해 지금까지 디지털혁신을 구현했고, 실제 비즈니스 효과를 누리고 있다. 미국, 일본 등 주요 국가에서는 '세일즈포스 경제'라 해도 좋을 만큼 높은 고용을 창출하기도 했다. IDC분석 자료에 의하면, 세일즈포스로 인해 2022년까지 3백만 개 이상의 일자리 창출과 8천억 달러 이상의 경제효과가 있을 것으로 전망된다. 그러나 한국에는 아직 세일즈포스라는 '혁신적 Global No.1 CRM 솔루션'에 대한 인지도가 낮으며, 어떻게 도입하고 실행해야 하는지에 대한 방법론이 전혀 없는 상태다. 심지어 기존 IT구축 및 실행 방식에 따라 세일즈포스 프로젝트를 진행했다가 성공하지 못한 경우도 종종 있다.

세일즈포스 시스템을 단순한 'IT도구 도입' 쯤으로 간주해서는 절대 성공할 수 없다. 기존 혁신과는 전혀 다른 파괴적인 업무혁신이 필요하다. 우리는 오랜 기간 몸담은 컨설팅 분야의 경험, 2000년 중반부터 진행된 디지털화, 최근 2~3년간 진행된 세일즈포스 프로젝트를 수행하면서 얻은 경험 등을 이 책에 담고자 했다. 이 책은 세일즈포스 도입을 고려하는 많은 회사에게 클라우드 플랫폼을 적용하기 위한 효율적인 지침서가 될 것이다. 현재는 대기업 및 중견기업 중심으로 세일즈포스를 사용하고 있지만, 소규모 기업에 한층 더 매력적인 솔루션이 바로 세일즈포스다. 글로벌 선진 노하우가 담긴 글로벌 시스템, 게다가 모바일까지 완벽히 지원되는 솔루션을 단 몇 만 원에 매달 사용할 수 있다는 것은 상당한 장점이다. 그래서 우리는 제3부에서 작은 기업들이 활용할 수 있는 시나리오를 실제로 구현해보고 예시를 통해 설명한다.

이 책에서 우리는 세일즈포스를 설명하고 있지만, 사실 전체적으로 '세일즈포스'란 말을 'AAA 플랫폼'으로 바꾸어도 무방하다. 단순히 특정 솔루션의 기능보다 세일즈포스 프로젝트 과정에서 고민했던 '애자일 프로젝트의 고려사항'이라든지, '애자일 방법론' 같은 실제를 제시하기 위해 세일즈포스를 차용한 것이다. 디지털혁신이 필요한 기업이라면 제2부와 제3부에서 혁신을 위해 무엇을 준비해야 하며, 어떻게 실행할 수 있을지를 고민해보기 바란다. 이 책이 디지털혁신 전반의 실용안내서로서 디지털혁신을 고민하는 많은 기업에 도움 되기를 기대한다.

이 책의 첫 번째 저자인 김영국 박사는 현재 PwC 이사로 재직 중이다. 그는 '업무 특성과 정보기술이 프로세스 가상화(Virtualization)에 미치는 영향'을 연구해왔으며, 실제 기업 현장에서 컨설팅을 통해 업무와 기술, 이를 통한 프로세스 혁신을 실증적으로 밝히고 있다. IT기업, 유통, 교육, 제약, 제조, 서비스 등 여러 산업 분야에서 비즈니스 전략 및 IT전략 관련 프로젝트를 수행했다. 2010년 대형 고객사 대상 클라우드 전략을 수립하고, 2013년 온·오프라인 통합 멤버십 설계와 유통부문 온라인 비즈니스를 설계하면서 디지털 트랜스포메이션 분야에서도 경험을 쌓았다. 다양한 디지털혁신 프로젝트를 통해 기술의 미완성, 기술과 비즈니스의 적합성(Fit) 부족, 혁신 조직의 과거로의 회귀 등 디지털혁신을 저해하는 여러 원인을 접하고, 전통적인 컨설팅 방법으로는 한계가 있음을 인식하게 되었다. 이후 유통사 커머스 해외운영 모델, 온라인 마트 프로젝트 관리, 온라인 정보계 및 캠페인 설계 컨설팅, 제조사 및 서비스기업 대상 세일즈포스 컨설팅 등을 통해 디지털혁신에 적합한 컨설팅 방법을 정립하게 된다.

두 번째 저자인 김평호 PwC 이사는 2년째 대형 고객사의 세일즈포스 기반 디지털혁신 컨설팅 PM 직책을 수행하고 있다. RPA(Robot Process Automation) 및 챗봇(Chat-bot), 클라우드 분야에서 약 7년간 디지털혁신 컨설팅을 담당해오고 있다. 그는 HP에서 처음으로 글로벌 선진 IT기업의 플랫폼 서비스 관련 프로젝트를 경험하면서 자연스럽게 클라우드 기반 플랫폼의 필요성을 절감했다. 이후 최근 2년간 세일즈포스 컨설팅을 맡아 추진하면서 왜 클라우드가 필요한지, 왜 디지털혁신을 해야 하는지, 디지털혁신의 핵심은 무엇인지에 대해 대형 고객사의 IT 및 혁신부서와 함께 고민하면서 자연스럽게 책에 담아야겠다는 생각을 했다. 클라우드는 단순히 IT 인프라의 기반을 개방형 환경으로 옮기는 것 이상의 의미가 있으며, 이를 성공적으로 적용하기 위해서는 전략적인 준비가 선행되어야 한다. '왜 그리고 무엇을' 준비해야 하는지, 그 해답을 이 책에서 찾기 바란다.

세 번째 공동 저자 김지민은 세일즈포스 전문 개발자다. 국내 세일즈포스 개발자가 전무한 도입 초기에 이미 세일즈포스에 매료돼 지금까지 줄곧 연구해왔다. 디지털혁신의 툴로서 세일즈포스를 깊이 이해하기 위해, 그 개발 플랫폼을 통해 다양한 기능을 직접 연구 개발하고 있다. 대형–중형 고객사를 대상으로 이미 연구 결과물을 적용해보면서 세일즈포스의 장점을 극대화하려고 애쓰고 있다. 그는 세일즈포스 생태계의 확대를 위해 개발자와 운영자 양성 교육도 병행하고 있다. 또 국내 전자, 화장품, 식품제조, 건설, 항공 등 다양한 산업 분야에서 세일즈포스 프로젝트를 수행했다.

우리가 이 책을 통해 다루고자 하는 주제는 크게 일곱 가지로 나눌 수 있다. 세일즈포스를 경험해봤거나 어느 정도 아는 사람은 제2부 디지털 트랜스포메이션을 위한 고객관계 혁신 방법부터 시작해도 무방하다. 세일즈포스 플랫폼을 통한 '애자일' 방법론의 적용과 실행은 제3부 세일즈포스 애자일 프로젝트 실천 매뉴얼을 참고하기 바란다. 이 책에 담겨 있는 일곱 가지 주제 영역을 살펴보자.

1. 현재 세일즈포스가 되기까지 어떤 여정을 거쳤는가?

세일즈포스는 아직 우리에게 낯선 기업이지만, 그 시작은 1999년으로 거슬러 올라간다. 이미 글로벌 15만 기업이 사용하고 있음에도 한국 시장에서는 잘 알려지지 않았다. 세일즈포스가 10여 년 만에 어떻게 CRM분야 No.1이 됐는지, 그들이 지향하는 바는 무엇인지를 소개한다.

2. 세일즈포스는 어떠한 구조와 솔루션으로 구성되는가?

세일즈포스는 CRM 즉, 고객관계 관리를 다루는 클라우드 기반 플랫폼이다. 잠재고객을 발굴하고, 영업활동을 관리하는 Sales Cloud라는 핵심 제품부터, 고객과 상호작용하는 다른 방법으로 Marketing Cloud, Service Cloud 등 제품군을 알아보고, 우리 기업에 필요한 기술은 무엇인지 다룬다.

3. 해외 유명 기업의 성공 스토리는 어떤 것인가?

코카콜라, 씨티은행, 로제타스톤, 아디다스, 도요타 등 글로벌 기업은 세일즈포스의 어떤 기능을 적용하여 디지털혁신을 이루었는지 살펴본다. 단순히 기술만 도입한 것이 아니라 일하는 방식 자체를 바꾸고, 고객에 대한 관점을 바꾸었던 글로벌 기업의 기술 기반 진화를 소개한다.

4. 지금 업무 현장의 문제점은 무엇인가?

제2부에서는 영업의 현실과 업무 현장을 고찰해본다. 많은 기업이 영업은 우리 몸의 '피'와 같다고 말한다. 매출을 일으키는 이 조직은 기업의 '피'이지만, 실제 그 중요성은 잊어버리기 십상이다. 가장 개인의 역량에 의존해왔던 영업 부분의 고객관계관리 혁신에 어떤 문제점이 있는지 알아보고자 한다.

5. 세일즈포스로 혁신하려면 무엇을 해야 하는가?

새로운 시스템만 도입한다고, 혹은 의지만 강하다고, 혁신이 이루어지는 건 아니다. 조직, IT, 프로세스의 3박자가 척척 맞아야 한다. 현재 국내에서 확산되고 있는 Sales Cloud를 통한 혁신 경험을 바탕으로 실제 기업들이 디지털혁신 과정에서 고민해야 하는 요소들을 찾아보고, 우리 기업에 필요한 혁신 전략을 세울 수 있는 가이드를 제시한다.

6. 세일즈포스 프로젝트는 어떻게 실행해야 하는가?

이제 실행이다. 디지털혁신의 과정을 정의하고, 단계별로 프로젝트를 실행하자. 제3부에서는 애자일 방법을 통해 비즈니스 요구사항을 어떻게 세일즈포스 플랫폼에 담아 기업이 필요로 하는 고객관계관리 기능을 완성하는지 설명한다.

7. 어떻게 실제 사례에 접목하여 사용할 것인가?

마지막으로 업무가 어떻게 세일즈포스 플랫폼으로 구현되는지, 이론을 넘어 실제 사례를 통해 소개한다. 다양한 기업의 비즈니스 요구사항에 맞춰 일하는 과정을 그려보고, 그런 일하는 과정을 시스템으로 어떻게 표현하고 사용하는지 상세히 소개한다.

제 1부

혁신기업 세일즈포스의 성장 비결

제1장

세일즈포스는 어떻게 No.1 혁신기업이 되었는가?

 1-1 세일즈포스, 어떤 회사인가?

● 기업형 클라우드를 가장 크게 성공시킨 기업

현재 클라우드 업계 뿐 아니라 소프트웨어 업계 전체에서 가장 주목받는 회사를 꼽는다면 단연코 세일즈포스라 할 수 있다. 이미 2012년도부터 전 세계 CRM 소프트웨어 분야의 1위인 세일즈포스는 단순히 시장점유율을 넘어 고객 중심의 소프트웨어와 고객의 성공사례를 바탕으로 기존 CRM 소프트웨어 강자인 SAP, Oracle, Microsoft를 압도하고 있다.

이를 더욱 돋보이게 하는 것은 세일즈포스의 창립자이자 CEO인 마크 베니오프(Marc Benioff)다. 그의 발표와 어조는 많은 이들에게 애플의 스티브 잡스를 떠올린다. 심지어 베니오프 본인도 공공연히 이렇게 말한다. "세일즈포스는 고객들을 위해 스티브 잡스가 항상 나에게 의미했던 바가 돼주어야 한다. 다시 말해서 최대한으로 미래를 꿈꾸고 미래를 그려주어야 한다."(2012년 샌프란시스코에서 열린 연례 Dreamforce 콘퍼런스에서)

Dreamforce 콘퍼런스는 세계 IT기업 행사 중 가장 큰 규모를 자랑하는데, 베니오프는 여기서 항상 키노트 연설을 전담해오고 있다. 여유 있고 자신만만하게 새로운 제품과 기능을 설명하는 그의 모습에서 우리는 자연스럽게 스티브 잡스를 떠올린다. 당연한 일이겠지만, 세일즈포스는 애플 이후 전 세계에서 가장 혁신적인 IT기업의 모습을 갖춰나가고 있다.

세일즈포스의 경쟁력은 과거 기업고객들이 선호했던 설치형 소프트웨어를 벗어나 빌려 쓰는 '서비스형' 또는 'SaaS(Software as a service)형' 소프트웨어 개념을 성공적으로 적용시켰다는 점이다. 세일즈포스도 처음부터 성공가도를 달린 것은 아니다. 초기 시장 형성에 애로사항도 많았으며, 특히 SaaS라는 새로운 서비스 모델을 고객에게 이해시키기가 만만치 않았다. SaaS 형태의 빌려 쓰는 IT서비스에 대한 기존 고객들의 여러 가지 우려는 새로운 서비스의 도입을 저해하는 요인으로 작용했다. 세일즈포스가 출시된 2000년 초반 각 기업의 우려사항은 크게 5가지로 요약된다.

1. 소프트웨어를 빌려 쓸 경우 설치형에 비해 ROI가 충분히 나올까?
2. 사용자가 충분히 체감할 정도의 성능이 나올까?
3. 우리의 독특한 비즈니스 요구사항을 충족시킬 수 있을까?
4. 지금도 잘 사용하고 있는데 굳이 클라우드 기반으로 바꿔야 할 필요가 있을까?
5. 우리 고객의 데이터를 외부에 보관해도 안심할 만큼 보안성과 신뢰성이 유지될까?

이런 5가지 걱정에 대한 세일즈포스의 대답은 '고객의 시대(The Age of Customer)'에 필요한 고객관계관리 및 전략이다. 전통적인 공급자 중심의 산업사회는 고객정보 중심으로 재편되고 있으며, 이를 위해서 기업은 고객 개개인에 대한 이해와 정보를 바탕으로 다가가야 한다는 관점이다. 세일즈포스는 클라우드 플랫폼을 통해서도 현재 기업고객이 원하는 진정한 가치를 충분히 반영할 수 있다고 주장한다. 그러면서 고객의 시대에 필요한 새로운 가치를 반영하려면 클라우드 기반 플랫폼이 필수라는 메시지를 끊임없이 제시하고 있다. 시장 및 고객과의 지속적인 소통을 통해 기존 고객들의 우려와 불신을 해소했을뿐 아니라, 오히려 고객이 세일즈포스의 열렬한 지지자가 되어 다른 고객들에게 홍보하고 전파하는 동반자 관계를 만들기도 했다. 사실 고객의 시대라든지 고객중심 경영 같은 고객중심의 사고는 1990년대 이전부터 존재해왔고, 전혀 생소한 개념은 아니다. 다만, 새롭게 변모하는 디지털시대에 고객중심이란 가치를 재정의하고 그 가치를 제품에 반영했다는 점에 세일즈포스의 진정한 의의가 있다.

세일즈포스가 말하는 "고객의 시대", 그 핵심 가치는 무엇일까? 그리고 어떻게 고객의 시대에 대응해야 할까?

⑴ 세일즈포스는 고객의 입장에서 360도 관점(View)으로 모든 정보를 조망할 수 있도록 구조화되어 있다. 잠재고객이든 실제고객이든 고객과 연관된 다양한 정보를 고객 관점으로 집합시킨다. 따라서 사소한 고객과의 미팅이나 통화 내역도 모두 고객과 연관 지을 수 있고, 지속적으로 축적해 활용할 수 있다. 특히 글로벌 비즈니스 환경이라면 전 세계 고객을 대상으로 직원, 파트너 간 SNS를 통해 정보를 주고받을 수 있다. 고객이 무엇을 원하는지, 고객의 최근 변화는 무엇인지, 시장상황은 어떠한지, 핵심 고객은 누구인지 등 지구 반대편에서도 대화하면서 함께 대응전략을 구상할 수 있다. 무엇보다 세일즈포스의 고객정보는 여기 저기 흩어져 나중에 찾기 어려운 게 아니라, 고객 중심으로 연계되어 있어 언제든 쉽고 빠르게 찾아볼 수 있다. 현장형 서비스인 Field Service의 경우, 현장 서비스를 지원하는 엔지니어는 전담 요원이 아니더라도 다른 동료가 남긴 정보를 참고해 이전에 고객에게 제공된 서비스가 무엇인지를 손쉽게 확인할 수 있다. 이렇게 한곳에 집중된 고객정보는 고객과의 관계를 잠시 스쳐 지나가는 순간

적 관계가 아니라 연속적인 고객경험으로 느끼고 활용할 수 있게 만든다. 우리 회사는 최신 고객정보를 잘 축적하고 잘 활용하도록 체계가 갖추어져 있는가? 한번 생각해볼 필요가 있다.

(2) 세일즈포스는 고객접점 구축이라는 전략을 지향한다. 세일즈포스는 트레일 블레이저(Trail Blazer)라는 커뮤니티를 통해 24시간 365일 고객의 아이디어를 청취한다. 그리고 이는 제품에 반영하는 향후 로드맵에 대한 아이디어로 활용한다. 실시간으로 클라우드 서비스에 대한 질문에 답을 줄 수 있도록 전 세계 세일즈포스의 고객과 파트너사를 연결하는 접점 사이트를 제공하고 있다. 이러한 고객접점 환경을 고객들도 손쉽게 활용하도록 도와주기 위해 Lightning Community Builder(커뮤니티를 구성할 수 있도록 도와주는 기능)를 제공하여, 세일즈포스의 고객사도 빠르게 자체 고객접점 사이트를 구축할 수 있도록 기능을 지원하고 있다.

(3) 마지막으로 모바일 전략이다. 세일즈포스의 모든 제품들은 웹에서 사용자 경험을 모바일에서도 동일하게 경험할 수 있도록 전용 앱을 제공한다. 그리고 세일즈포스 앱은 별도의 개발 없이 설정만으로 화면을 구성할 수 있어 사용자에게 편리하다. 앱의 완성도가 다른 어떤 비즈니스 애플리케이션에 비해 높으며 웹과 동일한 사용 환경을 제공한다. 2017년 출시된 Winter17 버전에는 사용자의 지문이나 PIN을 인식해서 로그인할 수 있는 기능도 추가될 정도로 앱의 완성도는 계속 높아지고 있다. 이는 새로운 고객의 시대에서 모빌리티는 필수적인 영역이란 인식, 그리고 BYOD(Bring Your Own Device: 자신의 디바이스를 그대로 업무 환경에 사용하는 것)라는 최근 고객의 업무 트렌드를 완벽하게 지원해야 한다는 인식에서 비롯되었다. 클라우드 시장 환경에서 어떤 가치가 고객에게 필요한가? 세일

즈포스는 이 명제에 대한 해답을 이제는 "고객의 시대"라고 규정하고 5가지 우려사항을 해소할 수 있도록 필요한 요소를 제품에 충실히 반영함으로써 기존 CRM 강자들을 제치고 앞으로도 당당히 No.1의 자리를 누릴 것이다. 우리는 그렇게 믿는다.

세일즈포스가 정의하는 마케팅 관점의 고객의 시대 10가지 특징[1]

1	고객의 손끝에서 무제한의 컴퓨팅 파워를 즉시 활용할 수 있다.
2	모바일은 전 인류를 연결하는 단일 플랫폼이다.
3	소셜 네트워크는 아이디어와 정보가 실시간 소통되는 온라인 모임 공간이다.
4	데이터 사이언스와 애널리틱스는 미래를 예측하고 과거의 것을 배우는 데 도움을 준다.
5	자동차에서부터 가전기기까지 모든 것을 사물인터넷으로 연결한다.
6	고객은 요구사항이 일관되게 충족되기를 바랄 뿐, 어떤 서비스인지는 중요하지 않다.
7	고객담당자는 혁신적인 변화를 위한 커다란 기회를 맞게 되었다.
8	고객과의 상호작용은 모두 개인화되어야만 고객의 실제 반응을 이끌어낼 수 있다.
9	고객이 하는 모든 일들에 대한 데이터가 필요하다.
10	더 많은 고객사의 임원들이 이제 변화할 시간이라고 말하고 있다.

- ## 세계에서 가장 일하기 좋은 기업

세일즈포스는 「포춘」이 선정한 2018년도 '가장 일하기 좋은 100대 기업' 가운데 1위에 랭크되었다. 사실 그동안 이 리스트가 완벽했다고 할 수는 없다. 직원들 간 경험의 차이, 성별, 인종, 정규직과 계약직 간의 차이가 온전히 반영되지는 않았기 때문이다. 그러나 2018년도의 포춘 선정 기준은 말단 직원부터 임원까지 전 직원의 역량을 최대한 끌어내고 있는 기업에 초점을 맞추고 있다. 기업 전체의 평균보다는 직원들의 경험이 일관성을 유지하고 있는가에 더 무게를 두었다. 이렇게 바뀐 기준에 따라 2017년 8위였던 세일즈포스는 2018년에는 단숨에 가장 일하기 좋은 기업 1위에 선정된 것이다.[2]

세일즈포스의 CEO인 마크 베니오프Marc Benioff는 2015년 성별 간 임금 격차를 해소하기 위해 300만 달러를 투자할 정도로 성별 격차 해소 노력을 하고 있으며, 이러한 문화는 성과로 이어지고 있다. 2014년 조사에는 여성 직원의 93%가 세일즈포스에서 장기간 근무하고 싶다고 응답할 정도로 세일즈포스의 일하는 문화에 대해 만족하고 있다. 이는 기존 Microsoft, Amazon, Facebook과 같은 공룡 IT기업과의 경쟁 속에서도 가장 빠른 성장을 이루어낼 수 있었던 비결이기도 하다.

|그림1| 「포춘」의 가장 일하기 좋은 기업 1위에 선정된 세일즈포스(2018)

● 세일즈포스의 경영이념 '오하나'

세일즈포스의 CEO 마크 베니오프는 휴식을 위해 자주 하와이를 방문했다. 그리고 하와이 관습 중 오하나라는 개념에 매료된 그는 즉시 이를 세일즈포스에 적용한다. '오하나(Ohana)'는 하와이에서 "가족"을 뜻하는 단어다. 이 가족은 혈연뿐만 아니라 그 구성원이 가족으로 인정하고 선택한 모든 사람을 의미한다. 가족관계든, 임의로 결속된 관계든, 모두가 서로에게 책임이 있다는 일종의 포괄적 의미의 가족 개념이다. 베니오프는 '오하나'라는 가족의 의미가 내포한 보살핌과 협동의 개념을 경영이념으로 삼아 세일즈포스 기업문화에 녹아들도록 했다.

세일즈포스는 오하나의 핵심 가치를 다음과 같이 정의한다.

1. **신뢰 (Trust)** : 고객, 직원 및 모든 사람들과 신뢰할 수 있는 관계를 구축한다.
2. **성장 (Growth)** : 직원들에게 지속적으로 성장하고 자기발전 할 수 있는 기회를 제공한다.
3. **혁신 (Innovation)** : 다르게 생각하는 것이 세일즈포스의 **DNA**이며, 매년 3번의 혁신적인 제품개선을 반영하여 고객이 지속적으로 혁신을 경험할 수 있도록 한다.
4. **평등 (Equality)** : 지역, 문화, 인종 등 다양한 배경을 존중하며, 모든 사람이 소속감을 느끼고 혁신과 창의력을 발전시킬 수 있도록 한다.

|그림 2| 드림포스에서 베니오프가 하와이안 레이를 받는 장면

1-2 어느 날 갑자기 떨어진 솔루션이 아니다

미국 전기자동차 회사 테슬라에 대한 많은 사람들의 관심이 최근 부쩍 뜨거워지고 있다. 하지만 테슬라가 2003년부터 지속적인 연구개발을 통해 2006년 첫 로드스터를 만들고 이를 진화시키며 제품을 만들어왔다는 사실을 아는 사람은 그리 많지 않다. 아직도 우리나라에는 CRM 분야와 IT업계에 종사하면서 세일즈포스를 모르는 사람들이 많다. 기껏해야 5년 남짓한 신생 IT기업, 혹은 스타트업 정도로 인지하는 사람들도 많다. 하지만 훌륭한 제품이나 소프트웨어는 하루아침에 완성되지 않는 법이어서, 그 과정을 엿보는 것은 제품을 이해하는 것만큼이나 흥미로운 일이다. 우리는 한 편의 신데렐라 스토리 같은 세일즈포스 역사를 통해 그 철학과 사상을 전하고자 한다.

● **세일즈포스의 탄생(1999년)**

세일즈포스는 샌프란시스코 텔리그라프 힐 꼭대기에 있는 마크 베니오프(Marc Benioff)의 집 근처 작은 원 베드룸 아파트에서 시작되었다. 1999년 3월 그는 파커 해리스(Parker Harris), 프랭크 도밍게스(Frank Dominguez), 데이브 멀런호프(Dave Moellenhoff)와 함께 이 지역의 여느 스타트업처럼 세일즈포스를 공동 창립하게 된다.

이들은 기존과 전혀 다른 새로운 방식으로 CRM(Customer Relationship

---

* |그림3| 베니오프의 아파트(1993년) : 달라이 라마, 아인슈타인의 포스터가 붙어 있었다. 추후 세일즈포스의 A.I 기능에는 아인슈타인이라는 이름이 붙게 된다.

Management, 고객관계관리) 솔루션을 만들고자 했다. 그리하여 초기 비즈니스 모델 설계 단계부터 현재와 동일한 클라우드 기반으로 업무용 응용 소프트웨어 프로그램을 제작했다. CRM에 클라우드 기술을 적용한 것은 당시로는 획기적인 방식이었으며, 클라우드 기반의 SaaS 모델을 적용하여 장안의 화제가 되기도 하였다. (물론 처음부터 시장에 혁신성이 알려진 것은 아니며, 창립 멤버의 독특한 마케팅 방법도 제품만큼이나 유명세를 탔다.)

초기 콘셉트는 아마존닷컴을 벤치마킹해 기존의 딱딱한 업무용 시스템을 벗어나 웹사이트처럼 쉽게 비즈니스 애플리케이션을 사용할 수 있도록 만드는 데 초점을 맞추었다. 1990년~2000년 초 대부분의 비즈니스 애플리케이션은 하드웨어와 인프라를 모두 고객사에 두고, 중앙집중 서버와 직원들의 PC가 서로 연결되는 서버-클라이언트 방식으로 개발되어, 초기 투자비용이 크고 개발 기간이 오래 소요되는 전형적인 SI형 제품이었다. 우리나라는 지금도 많은 기업들이 여전히 SI형 개발을 선호한다. Oracle, Siebel 등 강력한 대형 경쟁사가 존재하는 상황이지만, 기존 SI 시스템의 불편요소를 제거한다면 충분히 승산이 있을 것으로 판단한 베니오프는 가볍고 저렴하게 웹에서 쓸 수 있는 CRM 솔루션을 개발하고자 한 것이다.

|그림3| 세일즈포스가 탄생한 아파트[3](salesforceben blog)*

베니오프는 세일즈포스가 기업용 업무 솔루션이면서도 아마존닷컴처럼 일반 사용자가 편리하게 사용할 수 있기를 원했다. 그래서 초기 버전은 아마존 전자상거래 사이트와 유사한 모습으로 디자인했다. 창립 직후 어느 날, 베니오프는 아마존 사이트의 모든 탭이 세일즈포스의 핵심 메뉴인 잠재고객(Lead), 영업기회(Opportunity), 고객계정(Account), 연락처(Contact)로 바뀐 꿈을 꾸었다고 한다. 세일즈포스 제품과 서비스에 대한 그의 열정이 돋보이는 에피소드다. 그는 사용하기 어렵고 딱딱한 비즈니스용 업무 시스템이 아니라, 누구나 쉽게 접근하고 쉽게 배우고 편리하게 활용할 수 있는 솔루션으로 기존 IT시장에 도전장을 내밀었다.

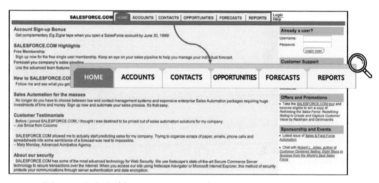

|그림 4| 세일즈포스 초기 버전 (salesforceben blog)

● **노 소프트웨어!(2000년)**

세일즈포스는 철옹성 같았던 기존의 CRM 소프트웨어 시장을 뚫기 위해 "No Software"라는 새로운 브랜드 광고를 선보이게 된다. 베니오프는 앞으로 소프트웨어 시장이 새롭게 바뀔 것이며, 이러한 변화를 주도하는 기업이 세일즈포스라는 점을 내세웠다. 신생기업이면서도 기존 CRM 소프트웨어를 강하게 비판하며, 기존 방식에 대항하는 기업이라는 이미지로 네거티브 마케팅을 전개한 것이다. 이러한 네거티브 마케팅에 대해서는 PR팀뿐만 아니라 대다수 직원들이 반대했다. 하지만 이후 이 광고 포스터는 과거의 낡은 프로펠러 비행기와는 다른 새로운 시대의 전투기처럼 임팩트 있는 광고로 선정되었으며, 얼마 후 「타임즈」 비즈니스 섹션 1면을 장식하기도 했다. 공격적인 마케팅 행보가 널리 알려지면서 베니오프의 행동 자체가 진정한 차별화 마케팅이라는 사실로 여겨지기도 했다.

|그림5| 'End of Software'를 소개하는 베니오프[5] (salesforceben blog)

● 드림포스의 시작(2003년)

2003년 세일즈포스는 "City Tour"라는 이벤트를 전국에서 개최하여 소프트웨어의 최신 기능과 로드맵을 고객에게 선보인다. 드림포스(Dreamforce)로 불리는 이 이벤트는 샌프란시스코의 호텔에서 처음 열렸으며, 1,000명이 넘는 참석자를 대상으로 52개의 프레젠테이션을 선보였다. 이 행사를 통해 여러 고객들이 세일즈포스 정보를 한 곳에서 쉽게 얻을 수 있도록 했다. 이후 드림포스는 신제품 출시와 고객경험을 공유하기 위한 전 세계 IT업계 최고의 행사 중 하나로 발전하게 된다.

- **AppExchange 발표(2005년)**

「비즈니스위크」는 2005년 발표된 세일즈포스의 AppExchange를 가리켜 "비즈니스 소프트웨어용 eBay"라고 했으며, 「포브스」는 "비즈니스 소프트웨어의 i-Tunes"라고 설명한다. AppExchange는 애플의 i-Tunes 스토어와 마찬가지로 개발자 및 파트너가 직접 세일즈포스와 연계되어 동작하는 응용프로그램이나 추가 프로그램(Add-on)을 개발하여 앱 마켓에서 공유, 판매할 수 있는 플랫폼이다. 이는 세일즈포스가 지향하는 "노 소프트웨어"의 방점을 찍는 가장 핵심적인 기능이라고 할 수 있다. 가령 이메일 기능에 강점이 있는 마이크로소프트의 Outlook과 세일즈포스를 연계하고자 할 경우, AppExchange에서 다른 개발자가 만든 애플리케이션 기능을 내려 받아 연결하면 바로 사용할 수 있다. 세일즈포스의 AppExchange에서는 다른 온라인 앱 스토어와 마찬가지로 사용자가 무료로 쓸 수 있는 다양한 앱을 만들어 지속적으로 제공하고 있다.

|그림6| 초기 **AppExchange** 사이트[6] (salesforceben blog)

● 개발플랫폼으로 진화-Apex, Force.com(2006~2008년)

2006년 세일즈포스는 드림포스에서 또 하나의 혁신적인 변화를 발표한다. 바로 Apex라는 클라우드 기반 온 디맨드 프로그래밍 언어로 세일즈포스 플랫폼 위에서 자유롭게 프로그램을 개발하여 실행할 수 있도록 하였다. 사용자가 원하는 화면과 인터페이스를 자유롭게 만들 수 있는 Visualforce 기술을 제공하여 양식, 버튼, 링크 등을 손쉽게 추가할 수 있는 기능을 발표한다. 이어 2008년에는 기존 SaaS 영역 확장을 위해 PaaS(Platform-as-a-Service) 영역을 지원하는 Force.com이라는 개발 플랫폼을 발표한다. 이는 고객, 파트너, 개발자가 손쉽게 비즈니스에 특화된 프로그램을 직접 개발하고 구축할 수 있도록 지원하는 혁신적인 변화다. 세일즈포스의 PaaS인 Force.com에서 작성된 코드는 세일즈포스의 강력한 멀티테넌트(Multi-Tenant, 독립적으로 분리된 공간) 공유 플랫폼에서 실행된다. 이를 통해 시스템의 설치와 유지보수 작업이 혁신적으로 줄어들었으며, 세일즈포스 데이터와 연동되는 다양한 기존 시스템 환경을 지원할 수 있게 돼 기존 서버형, 설치형 소프트웨어에 비해 IT 민첩성이 비약적으로 상승한다. 이로써 세일즈포스는 기존 응용프로그램 개발 및 설치보다 약 4배 빠른 속도로 비즈니스 변화에 대응할 수 있게 되었다.

● 고객 중심 서비스와 Marketing Cloud 확장(2009~2012년)

2009년 세일즈포스는 GroupSwim이라는 소셜 업체를 인수하여, 2010년 채터(Chatter)라는 SNS 소통 기능을 오픈했다. 현재 세일즈포스의 핵심 기능 중 하나다. Chatter는 페이스북과 트위터 같은 소셜 서비스로, 기업용으로 전환되어 업무용 소통과 정보 공유가 가능하다. 기존 시스템들이 정보의 입력과 출력만으로 작동한다면, 세일즈포스는 내부 직원들과 소통까지 겸비한 시스템의 탄생을 알린 셈이며, 현재 세일즈포스 고객 중

71%가 이용하고 있다.

세일즈포스는 CRM 영역의 사업 확대를 위해 2012년까지 다양한 기업을 공격적으로 인수하기 시작한다. 소셜미디어 정보 수집 도구인 Radian 6를 3억2천6백만 달러에, 소셜미디어 분석 전문도구인 Buddy Media를 7억4천5백만 달러에 인수한다. 그리고 다양한 미디어 마케팅 툴을 지원하는 ExactTarget을 20억 달러에 사들인다. 이 3건의 인수를 통해 총 30억 달러를 지출한 세일즈포스는 이미 보유한 세일즈-서비스-PaaS 영역에 덧붙여 마케팅 영역을 CRM 서비스로 추가한다. 이는 2012년 드림포스 키노트 연설로 92,000명의 관객 앞에서 MC Hammer의 축하무대와 함께 발표된다.

- ● **모바일 시대-모바일 영역으로의 확장(2013년)**

2013년, 모바일 시대에 최대한 많은 정보를 사용자가 활용할 수 있게 'Salesforce1'이라는 모바일용 플랫폼을 출시한다. Salesforce1은 안드로이드나 아이폰에서 손쉽게 세일즈포스의 모든 기능과 AppExchange의 앱, Force.com을 통해 개발한 앱을 사용할 수 있도록 해주는 핵심 솔루션이다. 이러한 변화는 Cloud 플랫폼의 장점을 극대화하며, 전 세계 언제 어디서나 모바일로 신속하게 업무를 처리하고 소통할 수 있는 장점을 제공한다. 사무실에서 이루어지던 기존의 업무를 현장에서 BYOD 개념으로 즉시 자기 디바이스로 수행할 수 있게 지원한다.

|그림7| 모바일 앱인 세일즈포스1 소개[7] (salesforceben blog)

● 획기적인 사용자 인터페이스 – Lightening(2014~2015년)

2014년 드림포스에서는 웨이브(Wave)라는 분석 툴을 선보이면서 엑셀을 사용하지 않고도 빠르게 구조화된 데이터를 볼 수 있는 분석 환경을 제공했다. 미국의 IT 전문 매체인 ZDNet의 디온 힌치클리프는 이렇게 평했다. "세일즈포스는 고객이 디지털 방식으로 비즈니스에 참여하는 방법에 대해 포괄적이고 통합된 비전을 개발하여 제공한다."

세일즈포스의 전통적인 화면인 클래식(Classic) 버전의 모양과 사용자 인터페이스(UI)는 16년 동안의 개선-발전으로 안정성이 극대화되었다. 클래식 버전은 설립 초기 참조한 아마존닷컴 스타일의 형태를 유지하여 많은 사용자에게 친숙하다. 하지만 세일즈포스는 보다 '컴포넌트화'된 (요구사항을 즉각 반영할 수 있게끔 유연한) 개발 방식을 적용하고 좀 더 동적인 화면 UI 경험을 사용자에게 제공하기 위해 2015년 라이트닝(Lightning) 버전을 발표하게 된다. 세일즈포스는 이를 Lightning Experience라고 부르며, 동적인 화면 UI와 어떠한 디바이스를 사용하든지 동일한 세일즈포스의 느낌과 사용자 경험을 주도록 설계했다.

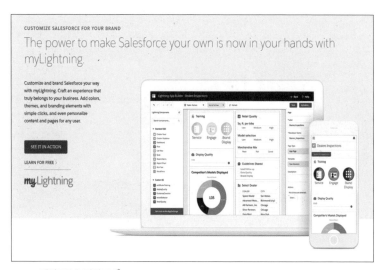

|그림 8| 세일즈포스 라이트닝[8]

1-3 매년 3번씩 진화하는 기업

2000년대 이후 경영 환경의 화두는 빠른 변화다. 과거의 혁신활동은 이미 일상이 되었으며, 기술 기반 성장과 4차 산업혁명까지 기존 산업구조와는 확연히 다른 빠른 변화와 적응을 요구하고 있다. 이에 부응이라도 하듯 비즈니스도, IT 기술도 그 변화 속도가 빠르다. 회사의 문화도 변화하고 제품도 변화하며 그것들이 가치로 평가되는 시대가 된 것이다. 세일즈포스는 이러한 환경 변화에 대응하기 위해 독자 생존이 아니라 고객, 개발기업, 사용자, 파트너 그리고 세일즈포스 모두가 '윈-윈'할 수 있는 생태계를 구축하고 이를 통한 성장을 꾀하고 있다. 세일즈포스의 진화는 크게 3가지 관점에서 진행된다.

동반 성장의 첫 번째 열쇠는 앞서 소개한 세일즈포스의 "오하나" 문화다. "오하나"라는 그들의 문화를 바탕으로 신뢰, 성장, 혁신, 평등의 가치를 추구하는 것. 세일즈포스는 오하나 문화와 4가지 핵심 가치를 바탕으로 가족이 된 직원, 고객, 파트너들 모두가 서로서로 책임감을 갖고 함께 발전하는 생태계를 만들고자 한다.

세일즈포스의 문화와 가치를 바탕으로 모두가 공유하는 두 번째 성장의 열쇠는 "트레일블레이저 공동체(Trailblazer Community)"다. 트레일블레이저의 사전적 정의는 개척자 또는 선구자다. 이 커뮤니티의 참가자들은 세일즈포스 생태계를 구성하는 주체이면서 세일즈포스의 변화를 제일 먼저 알리고 개선을 요구하는 선구자다. 이 공동체는 세일즈포스에 관심 있는 누구나 참여할 수 있으며, 단순 소통 채널이 아니라 플랫폼의 개선까지 요청할 수 있는 열린 창구다.

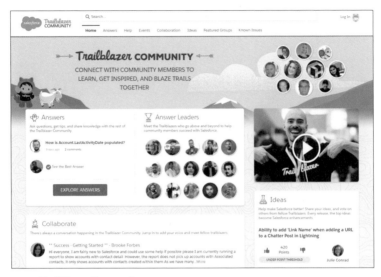

|그림 9| **Trailblazer Community**

"Answers" 공간은 세계 어느 곳에 있는 사람이든 자기가 갖고 있는 세일즈포스에 대한 전문지식을 공유하고, 좀 더 좋은 지식은 추천하며 내가 몰랐던 사례를 찾아 학습할 수 있는 지식공유의 장이다.

"Event"는 애플이 매년 개최하는 Keynote 같은 행사 공간으로, 세일즈포스가 매년 개최하는 드림포스 이벤트의 일정과 내용, 관련 자료를 공유한다.

"Featured Groups"는 커뮤니티 공간에서 다양한 주제별로 자신들이 찾고자 하는 정보를 서로 공유하며 토론하고 배우는 공간이다. 제품별, 지역별 등 다양한 범주의 그룹을 만들 수 있다. 각 그룹은 매년 1회 세일즈포스 MVP(Most Valuable Person)를 추천제로 선정하며, 세일즈포스 MVP는 각 그룹을 운영-관리하게 된다.

|그림 10| **Trailblazer Community 내 Featured Groups**

　"Idea"는 어떤 사용자든 개선 사항이나 추가되기 원하는 기능을 제시하고, 공동 투표하여 세일즈포스 플랫폼에 반영될 수 있도록 의견을 내는 창구다. 아이디어를 가진 사람들이 게시물을 올리면, 그것에 관심 있는 사람들이 댓글을 달고, 아이디어 추천 또는 비추천 버튼을 눌러 포인트로 반영하게 된다. 점수가 높은 아이디어는 세일즈포스 플랫폼에 필요한 기능으로 채택되어 매년 봄, 여름, 겨울 시즌 업데이트 목록에 반영해 개발된다.

|그림 11| 세일즈포스 Idea 추천

　이 외에도 세일즈포스는 실제 사용자들의 불편사항 및 개선사항 또한 "Case"라는 클레임 창구를 통해 접수 받아 연 3회 업데이트 일정에 반영-개선하고 있다.

　유독 가을에는 왜 업데이트가 없는지, 의아할 것이다. 가을은 바로 세 번째 성장의 열쇠이자 중요한 연례 이벤트인 '드림포스'가 개최되기 때문이다. 이 가을 축제에는 세일즈포스의 비전과 아이디어를 고객과 소통하고, 생태계의 다양한 참여자들이 세일즈포스 플랫폼 기반의 여러 제품을 소개하는 등, '오하나' 가족들이 클라우드 환경을 넘어 실제 만남을 통해 한곳에 모여 지식과 경험을 공유하게 된다.

|그림 12| **2018년 드림포스**

드림포스에서는 세일즈포스의 비전, 최신 트렌드, 주요 변화 방향을 공유한다. 그리고 전 세계 고객을 대상으로 성공사례와 적용 방법을 소개하여, 다른 고객들도 지속적으로 혁신과 변화를 추구할 수 있도록 한다.

● 세일즈포스의 성장은 현재진행형

항상 혁신을 추구하는 세일즈포스도 처음부터 완벽한 솔루션은 아니었다. 대부분의 스타트업이 그러하듯, 베니오프 또한 한 칸짜리 작은 아파트에서 가장 심플한 CRM 기능을 바탕으로 몇몇 고객을 위해 테스트하며 시작했다. 아마존에서 책을 사는 것만큼이나 CRM을 쉽게 만드는 것, 그것이 그의 목표였다. 사업을 시작할 때부터 세일즈포스는 고객의 소리에 집중하였고 그것을 즉시 반영하여 지금에 이르렀다. 지금까지 완성된 온/오프라인 소통 채널이 그 결과라 할 수 있다. 이러한 과정이 없었다면 지금의 세일즈포스는 없었을 것이다.

비즈니스 환경의 전반적 변화는 IT시장까지 빠르게 변하고 진화하게 만들었다. 시장의 큰 변화가 기업문화와 생활방식뿐 아니라 일하는 방식까지 바꾸고 있는 것이다. 4차산업이라는 새로운 변화의 물결은 기업에게 예언한다. 더 많은 정보와 더 똑똑해진 기술들이 세상을 뒤덮을 것이라고! 이는 기업이 과거보다 훨씬 더 많은 소셜 네트워크와 웹 정보로써 고객과 상품을 이해하여, 개별 고객에게 더 특화된 맞춤 정보와 서비스를 제공할 수 있다는 뜻이다.

세일즈포스도 이런 변화의 물결에 앞장서기 위해 2016년 드림포스에서 '아인슈타인(Einstein)'이라는 AI 솔루션을 선보였다. 지금까지 추구해온 업무 방식은 어느 한 장소에 모여 협업하는 것이었지만, 2017년 드림포스에서는 언제 어디서나 업무를 수행하고 개개인의 업무에 맞추어 정보와 서비스를 제공할 수 있는 새로운 IT기술들을 선보였다.

세일즈포스는 매년 3번의 플랫폼 업데이트는 물론, 앱 마켓을 통해 전 세계 400만 명의 개발자와 협업할 수 있는 강력한 앱 생태계를 갖추었다. 2017년 IDC 보고서에 따르면 2022년까지 330만 개의 새로운 일자리 창출과 8,590억 달러의 매출 달성이 예상된다. 앞으로도 세일즈포스의 진화는 모든 직원, 고객 그리고 파트너들을 통해 혁신의 문화를 이루어나갈 것이다.

1-4 15만 고객사의 경험을 믿어라

얼마 전 한국 아마존 웹 서비스에서 근무하고 있는 한 선배의 휴대폰에 설치된 세일즈포스를 보고 역시 글로벌 선진기업은 체계적으로 고객을 관리한다는 느낌을 받았다. 아직 국내에서는 세일즈포스에 대해 알려진 바가 적지만, 우리가 이미 알고 있는 대부분의 글로벌 성공기업은 세일즈포스를 사용하고 있다. 던킨도너츠, 네슬레, 코카콜라, 아디다스 등 우리에게 익숙한 수많은 다국적 기업들이 세일즈포스의 솔루션과 플랫폼을 활용하여 비즈니스 디지털화(Digital Transform)를 추진하고 있다. 오랜 시간이 걸리긴 했지만, 최근 몇 년 사이 국내에서도 전자와 유통 분야를 시작으로 점점 세일즈포스를 통한 고객관계관리가 퍼지고 있다. 이미 세일즈포스를 도입한 기업들은 새로운 기능, 새로운 분석 및 AI 솔루션 등이 출시될 때마다 앞장서서 세일즈포스의 사례를 홍보해주겠다고 나서기도 한다.

그 대표적인 사례가 바로 코카콜라다. 코카콜라는 세일즈포스 플랫폼을 사용하여 영업사원이 모바일 앱을 통해 매장에 있는 음료 자판기를 관리하도록 한다. 또 AI 엔진인 아인슈타인을 활용해 재고를 파악할 수도 있다. 이런 방법을 통해 단순히 사람에 의한 관리를 넘어 시스템에 의한 자동 관리로 한 발 더 다가갈 수 있었다. 또한 모바일 기기로 촬영한 사진을 통해 콜라의 재고를 파악하고 필요한 추가 주문량을 계산할 수 있도록 했다. '시각인식엔진(visual recognition engine)' 기술로써 음료 저장고에 있는 코카콜라 제품의 품종과 수량을 시스템이 인식하고, 이후 실제 잔여 재고를 시스템으로 헤아리는 방법이다. 나아가 IBM AI 시스템인 왓슨과 연계하여 기상정보 및 계절에 따른 변수를 고려한 최적 주문량을 자동 계산하기도 한다. 가령 이번 주 매우 무더운 날씨가 예상된다면, AI 시스템이 재고 상황을 "시각적으로 인식"하여 현재 수량을 파악하고, 수요도 자동으로 계산해 주문까지 자동으로 완료하는 방식을 적용한다. 코카콜라는 정보 기반의 똑똑한 로봇을 활용해 영업 직원의 업무를 지원하는 대표적인 사례다.

ai를 통한 고객대응 조치방법 추천

영업직원용 판매현황 모니터링 화면

|그림 13| **Coca-Cola** 실시간 서비스 현황 관리[9]

코카콜라의 사례처럼 세일즈포스는 고객과 함께 솔루션을 고민하고 15만 고객사의 다양한 아이디어를 청취하는 데 주저함이 없다. 즉, 세일즈포스 솔루션의 진화와 발전은 곧 '고객의 소리에 집중함'에서 시작된다고 할 수 있다. 세일즈포스는 이를 공동의 혁신(Co-Innovation)이라 부른다. 세일즈포스 플랫폼은 소기업을 대상으로 한 작은 CRM으로 시작되었다. 20여 년 동안 추가되는 고객사의 다양한 요구들을 하나씩 반영해 오늘날의 완성된 플랫폼을 갖추게 된 것이다. 그 플랫폼의 모습과 기능들은 결국 지금까지 함께해온 15만 고객사의 경험의 집합이라 하겠다. 세일즈포스는 스스로가 고객 중심의 회사가 되기 위해 고객의 소리가 얼마나 중요한지를 강조한다. 또 영업 담당자뿐만 아니라 업무 담당자, 엔지니어, 임원과 일반 사용자 등 세일즈포스와 관련된 사람들이라면 누구나 다양한 채널로 아이디어를 낼 수 있도록 하고 있다. 그중 가장 강력한 도구는 Idea Exchange라는 온라인 채널이다. 이 채널을 통해 기본적으로 제품개발에 필요한 혁신 아이디어를 얻고, 정기적으로 실현 가능한 기술로 반영한다. 한 번 도입하고 끝나는 시스템이 아니라 고객사 비즈니스와 함께 성장해가는 플랫폼형 클라우드 시스템은 이렇게 완성된다.

세일즈포스가 스스로 완성한 고객 중심의 혁신 관점 4가지를 살펴보면 다음과 같다.

(1) 고객의 소리를 듣고, 분석하고, 피드백하는 프로세스를 단일화하라.

초기에는 다양한 채널을 통해 고객의 소리를 수집하여 관리해, 정보가 여기저기 흩어져 있었다. 취합된 내용도 실제 개선으로 이어지지 않았다. 세일즈 담당자, 엔지니어, 고객 등으로부터 수집된 소리를 엑셀 등으로 간단히 정리했을 뿐이다. 이런 식으로는 엄청나게 많은 고객의 소리를 수집하고 그 중요도를 객관화할 수 없음을 간파한 세일즈포스는 통일된 채널을 구축하는 작업을 우선 진행하게 된다.

(2) 고객에게 피드백을 주기 위한 적절한 측정 방법을 확보하라.

전 세계 고객사로부터 수집된 아이디어를 실행하려면, 우선순위를 정하고 중요도를 평가할 객관적 지표가 필요했다. 아이디어를 낸 사용자들이 직접 투표에 참여하고 댓글을 다는 방식으로 아이디어 점수를 정량화해 이 문제를 해결했다. 개발팀은 높은 포인트를 획득한 아이디어를 먼저 검토했으며, 빠른 개발 작업을 통해 새로운 서비스를 다시 고객에게 제공해 고객의 적극적 참여와 신뢰를 얻게 되었다.

|그림 14| **Idea Exchange**[10]

세일즈포스는 다양한 고객의 의견을 자연스럽게 개발 로드맵에 반영했으며, "Lightning Experience Roadmap"이라는 공식 리포트를 통해 정기적으로 고객과 소통한다.

Sales

	Winter 2018	Spring 2018	Summer 2018	Future
Account - Account Contact Roles				✓
Account - Account Partners				✓
Account - Account Teams - Add/Edit Multiple Members				✓
Account - Account Teams - Delete All Members				✓
Account - Account Teams - View Access				✓
Calendar - Scheduling(External Calendar Required) - Exchange		✓		
Calendar - Scheduling(External Calendar Required) - GCal	✓			
Forecasting - Customizable				✓
Forecasting - Collaborative - Product Schedule Forecast			✓	
Forecasting - Collaborative - Forecast by Territory			✓	
Lead convert - Prepopulate Company Name in Account and Suggested Opportunity Name	✓			
Merge - Person Accounts	✓			
Notes - Private Notes	✓			
Opportunity - Owner Editability of Forecast Category	✓			

|그림 15| **Lightning Experience Roadmap 2018**

(3) 고객의 소리를 적극적으로 검토하고 이에 응답하라.

고객 요청 중 점수가 높은 아이디어를 제품 관리자들이 우선적으로 검토한다. 관리자와 개발자들이 즐겁게 이 과정에 참여하도록 만들기 위해 매년 시상식 프로그램을 운영하여 인센티브를 제공하기도 한다. 겉으로만 고객 만족을 주장하고 외치는 게 아니라, 구성원이 즐겁게 참여하도록 판을 깔아주는 것이다. 우리가 실제 프로젝트에서 검토했던 사례 중 하나로 'Microsoft Outlook Integration'의 적용을 고려한 적이 있다. 현장에서 고객과의 소통은 대부분 이메일로 이루어진다. 고객과의 접촉 이력과 중요한 메일이 가끔 세일즈포스의 고객 History로 축적되었으면 하는 생각을 했다. App Exchange에서 기능을 검색하던 중 이미 다른 고객사의 요청으로 2015년도에 반영되었다는 사실을 발견했다. 현재 이 기능은 세일즈포스의 확장기능으로 제공된다. 이처럼 전 세계 사용자들이 세일즈포스를 도입하며 경험했던 불편이나 비즈니스에서 필요한 많은 기능이 Add-On 형태로 이미 만들어져 앱스토어에서 제공되고 있다.

(4) 지속해서 고객 피드백을 반영하는 구조를 만들라.

세일즈포스는 해마다 드림포스를 통해 얼마나 많은 고객의 소리를 청취하고 제품에 반영했는지를 발표한다. 세일즈포스가 전 세계 주요 고객과 함께 성장해가는 모습을 축하하는 자리다. 이러한 행사를 통해 고객 피드백의 투명한 관리가 고객의 신뢰를 확보하기 위한 가장 중요한 요소임을 강조한다.

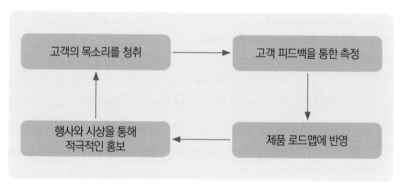

|그림 16| **고객 피드백 청취와 반영**

1-5 작은 기업의 Low Costs, Fast IT를 지향하다

　　1999년 창립 후, 세일즈포스는 기존 영업 솔루션의 강자 오라클과 시블의 소프트웨어를 구매할 수 없는 중소기업(30명 이하)을 타깃으로 정하고 공격적으로 영업했다. 초기 4명이었던 영업사원을 6개월 안에 30명까지 늘려가며 고객 확보에 주력했다. 당시 오라클과 시블의 CRM 솔루션은 도입 기간과 비용 면에서 중소기업들이 도입할 엄두도 못 낼 소프트웨어였다. 이에 베니오프는 사용한 만큼 빌려 쓴다는 SaaS 방식을 적용해, 1인당 월 5달러(창립 당시 기준)라는 파격적인 가격을 제시한다. 기능 면에서도 중소기업에 최적화된 "잠재고객", "사업기회", "고객계정", "연락처"로 구성된 검증된 고객관계관리와 영업업무 프로세스를 시스템화해 서비스 형태로 제공함으로써, 조기 성장을 끌어냈다. (현재는 중견 및 대기업 고객군으로 시장이 확대되면서 세일즈포스는 전 비즈니스 영역을 담당할 수 있는 플랫폼으로 확장 중이다.)

　　초기에 왜 중소기업 시장에 집중했을까? 일찍이 1990년대부터 진행된 디지털화로 인해 시장의 변화를 간파한 경영진은 '고객의 시대'가 도래할 것임을 예견했다. 세일즈포스는 2000년 초반부터 작은 기업을 대상으로 서비스를 강화해왔지만, 중소기업에 대한 최신 디지털 기술 적용에는 여전히 많은 어려움이 따른다. 2017년 컨설팅회사 딜로이트는 호주와 뉴질랜드의 18개 산업, 500개 이상의 중소기업을 대상으로 디지털 수준을 조사했다. 그 결과에 따르면, 중소기업 영업은 대면 거래가 39% 수준으로 줄어들었고 나머지 61%는 디지털 거래로 진행되고 있다고 했다. 고객정보를 바탕으로 개인화된 마케팅을 실행하는 중소기업은 22%에 불과하다. 더군

다나 중소기업의 70%는 아예 CRM을 보유하고 있지도 않다고 한다. 대부분은 비즈니스 환경의 디지털화와 고객 변화를 인지하고 있지만, 비용 등의 어려움으로 기존 방식의 변화를 생각도 못하거나 다른 대안이 없는 경우가 많다. 이런 상황을 일찍이 파악한 세일즈포스는 초기부터 대규모 프로젝트 중심의 기존 솔루션을 지양하고 규격화된 중소기업형 CRM 시스템에 더욱더 집중하게 된다. 구축비용 일괄 지급이 아니라, 사용료 기반의 서비스료를 부과하여 중소기업의 부담을 줄이고자 한 것이다. 세일즈포스 입장에서도 이미 절대 강자가 존재하는 대기업 시장보다는 아직 미개척지였던 중소기업 고객의 도움이 더 필요한 상황이었다.[11]

자, 그럼, 이제 작은 기업들은 세일즈포스를 어떻게 도입하고 활용함으로써 저비용, 고효율, 그리고 빠른 IT 시스템을 얻을 수 있었을까? 우선 일반 중소기업은 대기업과 같이 외주 전문가를 활용하여 중장기 IT 투자 계획을 수립할 여력이 없다. 영업이익이 있다면 직원들 급여 주기도 바쁘니까. 재투자나 R&D 투자는 미래 불확실성이 높아 회사 통장에 그대로 두는 게 더 마음 편하다. IT 시스템 도입을 위한 계획을 수립하는 데도 비용이 들고, 계획이 완성돼도 한꺼번에 큰돈이 나가야 하는 IT 투자는 중소기업 관점에서 결코 손쉬운 의사결정 사항이 아니다. 기존 방식으로 영업해도 별 문제가 없는데, 하는 생각이 강할 것이다. 그나마 단기에 구체적인 성과가 나오는 온라인이나 디지털 마케팅에 약간 비용을 내는 것으로 IT 투자를 다 한 것인양 위안을 삼는 중소기업도 많다. 결국 변화도, 시장 대응도, 고객 선도도 모두 그림의 떡이 되고, '우리 회사는 해오던 대로'의 비즈니스를 이어가게 된다.

여기서 세일즈포스를 도입한 중소기업 사례를 살펴보자. '칼로의 베이크 샵(Carlo's Bake Shop)'은 미국 뉴저지에 있는 가족 경영 베이커리다. 현재는 창립자의 아들 버디 밸라스트로가 운영하고 있다. 1964년 버디의 아버

지가 26세의 나이로 기존 베이커리를 사들여 직원 2명으로 사업을 시작해 직원 수 30명까지 성장시켰다. 이후 아들 버디가 2010년 케이블 채널 TLC의 「Cake Boss」 프로그램에 출연하며 (세계 220개국 45개 언어로 방송됨) 급성장하게 된다. 덕분에 기존의 고객응대와 종이 주문 방식으로는 더 이상 운영할 수 없는 상황에 도달하자, CEO인 버디는 시스템 기반 비즈니스로 과감한 전환을 모색하게 된다. 그는 9개의 소매점, 온라인 주문, 요리학교, B2B 판매 등 다양한 판매경로를 관리할 수 있는 시스템이 필요하여 세일즈포스를 도입했다. 본사와 매장 간 소통과 고객정보 공유를 위해 Chatter를 활용했으며, 지점별 매출, 고객현황(평균 대기시간), 일별-주별-월별 보고 자료를 모바일로 항상 접근할 수 있도록 하여 빠른 업무 개선이 가능토록 조치했다. 수집된 고객정보를 바탕으로 고객의 생일과 특정 이벤트에 맞춘 관계 마케팅을 할 수 있게 세일즈포스의 데이터와 Marketing Cloud를 연계하여 활용함으로서 실질적인 매출 증가를 달성했다.[12]

전통적인 제빵 비즈니스를 IT시스템 기반 경영체제로 변화시키는 것은 단순히 IT 구매와 설치로 끝나는 문제가 아니다. 기존 단일 소매점일 때는 방문하는 고객을 대부분 알고 있으며, 빵 만드는 데 소요되는 재료와 비용, 그리고 매출까지 한 눈에 꿰고 있을 것이다. 하지만 지점 수가 늘고 온-오프라인 구분 없이 사업이 진행되면, 이미 기존 방식으로 운영할 수 있는 규모를 넘어서게 된다. 버디의 성공에는 기존의 명성과 방송 출연이라는 운도 분명히 작용한다. 하지만 성장의 신호탄과 함께 조직을 완전히 바꾸는 의사결정은 평생 빵 만들기만 연구해온 CEO가 쉽게 내릴 수 있는 게 아니다. 빠른 성장세에 변화하는 매장을 보며 사업의 중단 없이 전환이 가능할 수 있었던 것은 플랫폼 기반의 빠른 IT 시스템 적용이 가능한 세일즈포스 클라우드를 활용했기 때문이다. 버디는 세일즈포스 기반의 경영방식 변화가 고객의 구매 경험과 직원의 매장 운영 경험까지 바꾸었다고 한다.

고객이 매장을 찾으면 POS(Point-of-sale) 기능이 탑재된 iPad를 소지한 직원이 안내한다. 주문 내용은 카운터와 주방으로 전달된다. 이렇게 생성된 정보는 고객 소통 및 마케팅, 재료 구매 및 요리, 고객 사후 관리, 매장 및 직원별 매출 정보 관리 등 다양한 업무 환경에 자연스레 녹아 활용되도록 한다. 결국 '칼로의 베이크 샵'이 커나가는 데 따른 디지털 전환은 새로운 성장 동력이 되어 성장 속도와 사업 규모에 맞는 경영이 가능해진 것이다.

앞의 사례와 같이 전통적인 오프라인 비즈니스인 베이커리도 디지털화를 통한 업무환경 변화를 위해 업무와 IT를 일체화했다. 즉, 단순한 IT 기술이나 기기의 도입이 아니라 변화시키고자 하는 업무의 파악은 물론, 이를 어떻게 효율적으로 바꾸어 고객 중심으로 서비스와 제품을 전달할지에 대한 고민이 선행되어야 한다는 뜻이다. 그러나 지금까지 무대의 뒤나 다름없는 업무영역을 시스템화한다는 것은 비용이 높아서 대기업의 전유물로 여겨졌다. 하지만, 빌려 쓰는 개념의 클라우드는 기업의 시스템 도입 비용을 획기적으로 낮추고 분산시켜 작은 기업도 각자에 맞는 디지털 환경을 구현할 수 있도록 해준다. 이제 중소기업도 세일즈포스처럼 플랫폼 기반 클라우드 서비스를 통해 디지털 경쟁력을 확보할 수 있다. 오랜 기간 작은 기업을 대상으로 서비스를 제공해온 세일즈포스의 조사 자료에 따르면, 작은 기업은 세일즈포스 기반 영업을 통해 영업활동 처리가 평균 34% 빨라졌고, 수주량도 32% 늘어났다고 한다.

게다가 Sales Cloud 기반의 소통 덕분에 협업을 통한 업무 처리가 기존 방식에 비해 47% 증가했으며, 전반적인 영업 생산성도 40% 향상되었다고 한다. 기존의 IT 비용과 견주어보면 42%의 IT 비용이 감소함으로써 매출, 비용, 생산성 측면에서 다양한 효과가 나타났음이 확인된다. 업무 환경의 빠른 디지털화를 가능케 하는 플랫폼과 사용료 기반의 투자가 가능한 플랫폼이 존재하므로, 작은 기업도 저비용, 고효율 그리고 빠른 적용이 가능해진 것이다.

1-6 고객의 시대, 클라우드로 혁신의 길을 찾다

● 경계의 종말

20년 전만 해도 사용자 컴퓨팅 환경은 IBM의 메인프레임 시스템으로 대변되는 더미 터미널(dummy terminal) 환경이 주를 이루었다. 하지만 반세기 가량 주류였던 메인프레임 시스템은 도입과 유지보수 비용이 천문학적이어서, 서버–클라이언트 방식의 Unix/Windows 서버 환경으로 점차 바뀌었고, 현재 대부분의 기업 인프라로 구축되어 활용되고 있다. 하지만 이 또한 물리적인 하드웨어가 많이 필요하며, OS부터 Application까지 모두 관리해야 하는 부담이 커서, 모바일 중심으로 급속히 변해가는 지금의 사회구조와 사용자 요구에 적합한 시스템은 아니다. 클라우드 컴퓨팅 환경의 등장으로 장소, 자원, 디바이스, 개발환경 측면의 제약 등 기존 환경에서 넘을 수 없었던 제약을 뛰어넘을 수 있게 됐다. 이제 사용자는 10분이면 원하는 웹사이트를 가질 수 있고, 10일 이내에 글로벌 전자상거래 사이트를 열 수 있는 시대다. 이러한 환경은 여러 산업의 경계를 무너트려 온–오프라인의 구분조차 없는 경쟁 시장을 만들기도 한다.

게임산업을 예로 들어보자. 한국콘텐츠진흥원이 발표한 「2017 대한민국 게임백서」에 따르면 국내 모바일 게임시장은 2016년 4조3,301억 원 규모로, 전년 대비 24.3%의 성장을 기록했다. 10년 전만 해도 게임산업은 콘솔게임과 PC게임 위주였으나, 현재 주류는 이미 모바일 게임시장으로 완전히 재편되고 있으며, 대부분의 모바일 게임 플랫폼은 클라우드 환경에서 서비스된다. 이는 게임뿐만 아니라 모든 산업에서 'IT 자원 소유에 대한 경계가 사라지고 있음을 의미한다.

온라인쇼핑의 경우는 어떨까? 통계청에 의하면 2018년 온라인쇼핑 시장규모는 약 92조 원에 달하며 매년 20% 가까이 성장 중이다. 우리나라 총 소매 판매액에서 차지하는 비중도 20%에 달해 온라인 쇼핑에 대한 수요는 오프라인을 위협하고 있다. 과거 오프라인의 경계는 급속히 온라인으로, 또 온-오프라인이 연계된 옴니채널 환경으로, 변하고 있다.

무엇보다 큰 변화는 네트워크 경계가 사라진다는 점이다. 세계적인 리서치 기관 가트너(Gartner)는 2016년 기준으로 약 60억 개의 디바이스가 인터넷에 연결되었다고 전망했으며, 2020년엔 200억 개의 디바이스가 연결될 것으로 전망하고 있다. 디바이스의 숫자도 숫자지만, 4G에서 5G 네트워크로 넘어감에 따라 고객은 모든 콘텐트와 정보를 모바일로 몇 초 안에 쉽게 획득할 수 있고, 실시간으로 원하는 모든 소비가 가능한 시대가 된 것이다.

● **고객의 시대, 어떤 변화가 필요한가?**

모든 고객, 모든 디바이스가 연결된 세상에서 고객은 과거보다 훨씬 많은 양의 데이터를 실시간으로 확인하고 의사결정을 내린다. 정보의 중심이 고객에게 이동됨에 따라, 패러다임이 과거 공급자 중심의 경제에서 고객 중심의 시장경제로 바뀌게 된다. 기업 입장에서 이러한 패러다임의 변화는 기존 BPR(Business Process Reengineering)이나 ISP(Information Strategy Planning) 형태의 혁신과는 완전히 다른 차원의 혁신을 요구한다. 조금 더 현실적인 업무 관점에서 기술의 경계를 없앤 클라우드 기반 플랫폼 기술을 통한 변화 요소를 찾아보자.

(1) 우선 고객의 모든 온-오프라인 활동을 의미하는 '고객 여정

(Customer Journey)'에서 발생하는 모든 채널과 정보를 고객 중심으로 연결하는 것이다. 영업사원은 고객과의 미팅에 앞서 자기 단말기로 그 고객의 거래 이력과 현재 원하는 것에 대한 최신 정보를 실시간으로 본사 지원부서와 소통할 수 있어야 한다. 협력사들은 진행 중인 주문이 정상적으로 처리되고 있음을 고객과 본사에 실시간으로 공유해야 한다. 고객은 온라인에서 모든 주문, 클레임, Q&A를 처리할 수 있어야 하며, 고객경험을 SNS로 다른 사람들과 쉽게 공유할 수 있어야 한다. 또한 고객 관련 모든 활동 사항 같은 데이터의 분석 기반을 통해 효율적으로 의사결정을 지원할 수 있어야 한다.

(2) 둘째는 모바일이다. 고객이 모바일에서 실시간으로 주문을 처리하는 것처럼, 기업도 모든 사항을 모바일로 연결해 언제 어디서든 의사결정을 내릴 수 있어야 한다. 외근 중인 직원들이 대고객 업무를 위해 회사로 돌아와 굳이 자기 PC를 사용해야 하는 시대는 이미 끝나가고 있다.

(3) 셋째, 1:1 고객여정의 구축이다. 고객이 우리 웹사이트에서 어떤 제품을 보는지, 그 고객이 현재 모바일 쇼핑몰에서 구매한 제품이 있다면 지금은 무엇을 궁금해 할지, SNS를 통해 파악된 고객의 기회에 맞춘 최적의 마케팅과 캠페인은 무엇인지 등 개별 고객의 의도나 욕구를 추적할 수 있는 '고객 여정'을 구축할 수 있어야 고객의 시대에서 실시간 맞춤형 고객 대응이 가능하다.

(4) 마지막으로 고객과 비즈니스에 대한 분석 플랫폼을 갖추는 일이다. 우버가 미국의 택시산업을 송두리째 바꿀 수 있었던 요인 중 하나는 지능형 데이터 분석의 활용이다. 예측된 수요처로 운전자가 미리 이동하게

하고, 적정 가격을 예측해 고객에게 미리 알려줌으로써 기존 교통수단과 차별된 것이다. 이제 예측 기반의 데이터 분석과 AI를 통한 분석은 비즈니스 차별화와 경쟁력의 필수 요소다.

컴퓨팅 기술과 네트워크 환경의 발전은 클라우드 기반 플랫폼이라는 새로운 시스템 환경을 탄생시켰다. 지금까지 진화한 모든 기술을 집적한 세일즈포스는 기업의 업무환경 변화를 수용할 수 있도록 기술 개발과 적용을 끊임없이 추구한다. 개개인의 정보를 이해하고 분석하는 역량이 필요한 '고객의 시대'를 위해서 세일즈포스는 언제나 기술 기반 혁신의 기회를 제공하고자 한다.

1-7 왜 CRM에 클라우드가 필요할까?

기술이나 IT 자원은 영구적이지 않다. 1990년대 인터넷과 함께 IT 기술이 본격적으로 도입된 이후, 보통 기업들은 3~5년 주기로 IT 자원 및 인프라를 교체해왔다. 하지만 PC, 노트북, 휴대폰에 이르기까지 교체 주기는 점점 더 빨라지고 있다. IT 분야의 신속한 변화로 인해 소위 '최신 기술'은 도입하자마자 낡은 기술이 돼버린다. 특히 금융권이나 대기업에서 추진되는 차세대 프로젝트를 통한 IT 기술의 경우, '차세대는 오픈하자마자 구세대'라는 우스갯소리까지 나온다. IT 기술은 더 이상 비즈니스 지원의 '보조수단'이 아니다. IT 기술 자체가 핵심 비즈니스로 주목받는다. 이런 현실을 고려할 때 변화무쌍한 비즈니스 환경에서 경쟁력 있는 최신 기술을 어떻게 적용하고 활용할지는 경영자의 큰 고민 중 하나일 것이다.

기술 최신성을 유지하면서, 환경 변화에도 신속히 대응할 수 있는 IT 모델을 찾던 기업에 최근 클라우드 서비스가 중요한 대안으로 떠오르고 있다. 클라우드 컴퓨팅에서 비롯된 '클라우드'라는 용어는 더 이상 IT 부서나 IT 종사자만의 전유물이 아니다. 클라우드의 뿌리는 1960~70년대까지 거슬러 올라가지만, 실제 한국 시장에서는 2010년 전후로 비로소 조금씩 시장이 성장하는 추세다. 초기 클라우드 서비스가 주로 해외기업, 국내 통신사 및 포털업체의 저장공간 대여 형태로 제공되다보니, 대체로 '클라우드=저장공간'이라는 인식이 강하다. 해외의 아마존, 구글 드라이브, MS Azure, Dropbox, 국내의 네이버 드라이브, KT, SKT, LGT 등 통신사 클라우드 서비스가 그 대표적인 예다. 클라우드의 복잡한 기술, 서비스 구성, 분류 기준 등은 잘 몰라도, 크게 IaaS, PaaS, SaaS로 구분된다는 사실에는 익숙할 것이다. 초기 시장에선 IaaS(Infrastructure as a service) 제품을 주로 사용했다. 그러나 클라우드가 도입되고 있는 지금은 전체 서비스 모델을 이해하고 선택해야 우리 기업에 적합한지, 왜 필요한지를 따져볼 수 있다.

한국 기업들은 경영을 위해 모든 자산과 자원을 내부화해 직접 보유하는 것을 선호한다. 그러다보니 클라우드 속성 중 하나인 'Pay as You use(사용한 만큼 지급)'이라는 빌려 쓰기 개념에 익숙하지 않다. 클라우드 기술과 서비스가 일찍 도입되었음에도 불구하고, 해외보다 여전히 시장도 작고 성장성도 낮다. IaaS 중심의 서비스를 경험한 우리 기업들은 저렴한 도입 비용(TOC 절감), 필요할 때 그만큼만 이용, 이벤트에 따른 폭발적 수요 대응 등을 클라우드의 장점으로 꼽는다. 이런 기준으로 클라우드 기술-서비스 도입을 고려하다보니 비즈니스 관점의 실질적 니즈(Needs)와는 차이가 있었다. 말이야 바른 말이지, 공급자 관점의 서비스 정의는 '왜 클라우드를 도입해야 하는가?'에 대한 시원한 답을 제공하지 못했다. 클라우드 시장이 아직 초기 단계임을 고려한다면, 아직 비즈니스 단계에서의 획기적 성과나 혁신의 소식을 제대로 접하지 못한 것도 이유가 될 것이다.

클라우드 기술과 서비스를 기반으로 한 세일즈포스를 한국 기업이 도입하려면, 클라우드 서비스 모델에 대한 이해를 바탕으로 먼저 그것이 왜 우리 비즈니스에 적합한지를 찾아야 한다. 이를 위해서는 각 클라우드 서비스 모델에서 IaaS 외 PaaS와 SaaS가 가진 기술과 서비스 특성을 제대로 파악할 필요가 있다. 클라우드 기반의 서비스 제공 기업은 교과서처럼 서비스 모델을 구분하고, 그 구분된 영역에 한정된 서비스를 제공하지 않는다. 클라우드 서비스 모델 간 결합을 하거나 개별 서비스 모델을 세분화하여 제품화하는 등 다양한 형태가 존재한다. 클라우드 서비스를 이용하는 기업 역시 인프라만 빌려 쓸 수도 있고, 개발 환경을 빌릴 수도 있으며, 직원들이 사용하는 업무 시스템들을 빌릴 수도 있다. 클라우드 기술 및 서비스를 우리 기업에 도입하기 위해서는 결국 각 기업이 가진 비즈니스 목표와 필요한 IT 자원에 따라 어떤 조합의 서비스를 택할 것인가라는 '클라우드 서비스 전략'을 먼저 고민해야 한다.

고객관계관리(CRM) 업무를 예로 들어보자. 왜 클라우드 서비스가 필요할까? 고객관계관리는 인터넷이 도입되기 전에도 있었다. 흔히 영업과 관련된 이 영역은 기업의 핵심인 매출을 발생시키고 고객과 만나는 접점이다. 이 영역에서의 성과는 전통적으로 영업사원 개인의 고객관리 역량에 달려 있었다. 그래서 지역별로 영업팀을 구성하고, 각 영업 담당자의 활동과 결과를 관리하는 것이 핵심이었다. 다른 영역에 비교해 자동화나 시스템화가 힘들었지만, 기업마다 자사에 필요한 기능(고객정보 관리, 활동관리, 실적관리, 리포트 집계 등)을 중심으로 자체 개발한다든지, SI(System Integration) 방식으로 직접 개발하기도 했다. 하지만 한 번 만들어진 시스템은 수정이 어려웠고, 교체 주기가 길어서 불편해도 기존의 상태로 몇 년간 사용하거나 잘 사용하지도 못하고 없어져버리기 일쑤였다. 영업팀도 시장 변화에 따라 수시로 바뀌고 관리 지표도 수시로 바뀌는 상황이라, 한번 만들어진 시스템은 이를 수용하기에 한계가 있었다.

PaaS와 SaaS 형태로 클라우드 서비스를 제공하는 세일즈포스는 고객관계관리 업무를 프로세스화하고 시스템화하면서, 기업의 업무환경이 바뀌어도 변화를 수용할 수 있는 플랫폼 기반 서비스를 창조해냈다. 개발자는 PaaS를 통해 영업부문의 요구를 반영한 시스템을 정기적으로 개발하거나 수정할 수 있고, 서비스 이용자(영업사원)는 SaaS를 통해 언제 어디서나 접속하여 업무를 볼 수 있다. 만약 영업사원의 업무 방식이 변경될 경우 시스템 또한 그 변경을 반영하므로, 영업사원은 최신의 프로세스와 일하는 방식으로 계속 업무를 할 수 있다. 즉, 세일즈포스가 클라우드 기술의 속성을 통해 지향하는 서비스는 크게 3가지 방향이다. (1) 비즈니스 요구의 빠른 변환, (2) IT기술의 지속적 최신성 유지, (3) 효율적 IT 비용(전통적 개발 대비 낮은 총비용).

　클라우드 서비스 도입에는 비즈니스 니즈와의 결합(Fit)이 중요하다. 국내외 다양한 클라우드 서비스 중 우리 기업에 가장 적합한 것을 찾으려면, 비즈니스의 니즈를 먼저 정의하고 이에 따라 제공받을 수 있는 IT 서비스를 구해야 한다. '클라우드 서비스와 접목될 때 정말 업무 효과가 높아질까'를 우선 검토해야 한다. 비즈니스 관점에서 고객관계관리 업무처럼 지속적인 업무 변화와 이를 반영한 시스템화가 필요한지를 파악하라는 얘기다. 잦은 부서 변동을 고려한 사용자별 비용집계가 필요한지, 다양한 모바일 디바이스 변화를 수용할 수 있는 최신 기술 유지가 필요한지 등 다양한 관점에서 기업의 현 상황을 이해해야 한다. 이제는 클라우드의 특성과 장단점은 많은 자료로 제공되고 있으니, 이를 바탕으로 우리 비즈니스에 과연 클라우드가 필요한지, 우리 조직이 수용할 수 있는 여건이 되는지, 이번 기회에 되짚어보자.

1-8 고객중심 기업이 되고 싶은가? 세일즈포스를 활용하라!

지금까지 우리는 오라클 같은 강자가 이미 버티고 있는 상황에서도 세일즈포스가 고객의 니즈와 비어 있는 시장을 파악해 1999년 창립 후 현재 세계 1위의 혁신기업이 되기까지의 과정을 훑어보았다. 혁신 성공? 거기에는 분명한 이유가 있다. 많은 혁신기업이 그렇듯 세일즈포스도 그 성공의 비밀을 '고객'에서 찾는다. 경쟁사와 기존 영업시스템의 한계 탈피, 기존 IT 영업방식의 변화, 기존 시스템 도입 구조의 변화를 모색한 세일즈포스는 한 명의 고객을 대상으로 하여 고객중심 시스템을 실험적으로 만들어봤다, 여기서 'Salesforce.com'이라는 효율적인 업무 시스템이 탄생한 것이다. 세일즈포스의 탄생 과정도 그렇지만, 세일즈포스가 제공하는 기능 또한 철저히 고객 중심이다. 세일즈포스의 사상과 작동은 'Account'라는 고객정보를 중심으로 시작된다. 'Account'라는 기능을 통해 고객과 관련된 모든 정보의 생성, 수정, 관리, 폐기가 이루어지며, 이 'Account'가 얼마나 고품질로 수집-운영-관리되는가에 따라 영업의 성과로, 매출의 증가로 이어지도록 설계되어 있다.

'고객중심'을 외치는 기업은 많다. 가령 애플이 고객중심 기업일까? 와튼스쿨의 피터 페이더(Peter Fader) 교수는 아직 대부분의 기업이 '제품중심'이며, 아직 고객중심으로 전환되지 않았다고 일갈한다. 고객중심은 철두철미 고객의 정보와 데이터를 중심으로 삼기 때문이다. 이윤을 극대화하는 도구로 제품을 생산-판매한다는 측면에서는 제품중심 기업과 고객중심 기업이 다르지 않다. 하지만 이 둘을 구분하는 가장 큰 차이는 장기적으로 고객가치 극대화 측면에서 제품이나 서비스를 제공하느냐, (작게는 개인까지) 특정 고객군의 현재와 미래 니즈에 맞출 수 있느냐 등에 달려 있다. 페이더 교수의 설명에 따라 우리 기업들을 생각해보라. 그들은 고객 한 명 한 명을 얼마나 알고 있을까? 고객을 알려고 노력하는 애플의 노력과 어떻게 비교될까? 이렇게 보면 우리 기업들에게 진정한 고객의 시대는 아직 도래하지 않은 것 같다.

그러나 '고객의 시대'는 곧 닥칠 것이므로, 누가 먼저 고객정보를 확보하고, 고객중심 기업으로 전환을 꾀하느냐가 기업의 존속과 지속 성장의 핵심이 될 것이다. 3차 산업은 정보화 시대를 가져왔다. 그리고 다가오는 4차 산업에서는 AI 같은 분석된 정보가 기반이다. 몇 번의 클릭만으로 어마어마하고 다양한 정보를 축적할 수 있다. 아니, 단순한 축적을 넘어 그 정보를 활용해 고객을 식별하고, 고객의 니즈를 파악하고, 이에 맞춘 제품과 서비스를 제공하여 기업과 고객이 함께 이익을 극대화하는 점을 찾는 것이 기업의 향후 과제가 될 것이다.

세일즈포스는 일찌감치 '고객의 시대' 대응 전략을 통해 이런 변화에 대비해오고 있다. 그 핵심은 'Account'(고객)를 중심으로 하여 움직인다. 각 고객의 만남에서부터 요구사항, 견적, 계약, 클레임까지 전 과정을 정보로 축적-관리한다. 고객을 응대할 담당직원의 업무를 지정하고, 목표와 계획을 수립하고, 활동의 과정과 결과를 정보화함으로써 기업 관점에서는 생산성을 극대화할 수 있게 된다. 고객과 우리 직원을 통해 생성-수집된 정보는 리포트를 통해 정량화-가시화하여 경영 의사결정에 반영한다. 오랜 기간 수집된 빅 데이터는 세일즈포스의 AI 엔진인 아인슈타인으로 분석하여 고객을 면밀히 이해할 수 있도록 한다.

고객중심으로 전환한다는 것은 단순히 고객데이터를 모으는 것만을 의미하지 않는다. 세일즈포스의 CRM 기능은 고객들에게 더 많은 가치를 제공하고, 고객의 니즈와 기업의 제품과 서비스가 서로 '적합'하도록 하여, 기업 이익을 극대화하는 도구다. 1년이 넘도록 찾아오지 않는 고객을 그냥 삭제하기보다, 그 고객을 더 세밀하게 파악하고 데이터 중심으로 그에게 어떻게 다가갈지를 알아내도록 도와준다.

하지만 세일즈포스 또한 하나의 시스템임을 명심하자. 일하는 방식과 제도 그리고 이것을 운용하는 조직에 따라 그 성과가 천차만별이란 얘기다. 기존 SI형 시스템에 비해 유연함을 갖춘 클라우드 기반 플랫폼이지만, 그 도입을 통한 성공적인 혁신과 변화를 위해서는 도입하는 기업의 노력 또한 분명 필요하다. 계속해서 세일즈포스의 사상과 플랫폼을 이해하고, 제2부에서는 세일즈포스와 같은 신기술 도입을 통해 기업이 디지털혁신을 이루는 과정 그리고 고려해야 할 사항들을 구체적으로 살펴보자.

사례 1 코카콜라 독일 법인

고객정보 단일화와 현장중심 업무 효율화의 기적

코카콜라는 1886년 미국의 약사 존 펨버튼(John Pemberton)이 개발했다. 초기에는 지금과 같이 음료가 아니라 소화제로 판매되었다는 일화는 유명하다. 그 이후 1892년 에이서 캔들러(Asa Candler)가 코카콜라 제조방식과 상표를 구입해, 지금의 코카콜라를 설립하게 된다. 그로부터 지금까지 코카콜라는 세계 최고의 인기 음료 브랜드로 성장한다. 「포브스」의 통계조사에 의하면 현재 코카콜라는 약 57조 달러의 브랜드 가치(Brand Power)를 가지고 있다. 전 세계 어디든 코카콜라 없는 곳은 없을 정도로, 명실상부 음료 브랜드 1위 기업의 위엄을 오래 유지해오고 있다. 코카콜라가 브랜드 1위를 매년 유지하는 것이 그저 행운과 시장 선점 효과 때문일까? 아니다! 고객을 대하는 그들만의 방식과 영업 노하우도 분명 중요하다. 하지만 코카콜라에게조차 빠르게 변화하는 시장에 적절히 대응하는 일은 매우 어려운 노릇이다. 「포브스」 자료에 의하면 코카콜라의 매출은 2012년부터 꾸준히 감소하고 있는 추세다. 이는 사람들의 웰빙 트렌드와 건강 인식 등 다양한 식생활 습관의 변화 때문이다. 코카콜라 독일 법인(이하 코카콜라)은 이런 위기 상황을 인식하여 세일즈포스 도입을 결정하게 된다. 세일즈포스를 통해 영업 문화와 고객서비스 제공 방식을 근본적으로 바꾸고자 한 것이다.[13][14]

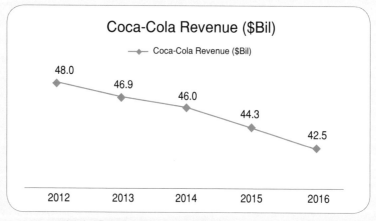

|그림 17| **코카콜라 매출 통계 그래프 – Forbes 통계자료**

360° Customer View와 Chatter, Mobile App

코카콜라는 이미 그들만의 영업 노하우와 고객관리를 위한 다양한 시스템을 갖추고 있었다. 시스템은 기업경영과 업무 효율 제고에 도움을 주지만, 다른 한 편으로 시스템이 많다는 것은 그만큼 데이터가 흩어져 있을 가능성이 높다는 것을 의미한다. 동일한 고객정보가 여러 시스템에 분산 관리되어 정보의 적합성이 떨어질 수 있다. 세일즈포스는 기업의 흩어진 정보를 단일 고객 중심으로 관리하는 '고객360°View'가 가능하도록 하였다. 고객에 대한 정보를 기본정보, 영업정보, 계약정보로 구분하여 관리하는 방법을 '고객360°View'라고 한다.

코카콜라는 영업사원 간 업무 공유가 쉽지 않았으며 부서 이동 시 일관된 고객관리가 이루어지지 않았다. 이에 고객별 팀 조직을 만들 수 있는 세일즈포스 기능을 활용해, 각 주요 고객 전담 팀을 배정하고 고객을 집중 관리토록 하였다. 영업팀은 고객과 관련된 SNS Chatter 그룹을 통해 정보를 공유할 수 있게 되어 영업활동의 내력을 효율적으로 관리할 수 있게 되었다. 풍부한 고객정보가 수집되자 영업 현장에서는 좀 더 신속하게 맞춤형으로 고객을 응대할 수 있게 되었다. 외부에서 이동 중일 때도 모바일 앱(Salesforce App)을 통해 시간과 장소에 상관없이 영업 내력을 확인하며 고객대응이 가능해졌다. 이로써 고객정보의 단일화, 주요 고객별 정보 기반 집중관리가 가능해져 코카콜라는 고객서비스 품질이 향상되는 효과를 맛볼 수 있었다.

콜센터와 Field Service Lightning

코카콜라는 콜센터와 정비부서 간 서비스 업무 효율 향상이 절실했다. 콜센터 직원들은 시스템의 잦은 다운으로 업무효율이 떨어져 고민하고 있었다. 고객 불편사항이 접수되면 시스템을 통해 정비팀의 현장 방문과 문제해결 과정을 처리하기 위해 세일즈포스의 Service Cloud 기술을 활용했다. Sales Cloud에서 축적된 고객정보와 Service Cloud의 VOC(Voice of Customer, 고객의 소리) 기록을 콜센터 직원들이 즉시 조회해 고객정보를 바탕으로 해당 고객의 요청에 대해 실시간으로 재빨리 응대할 수 있도록 했다. 그 이후 콜센터 직원들은 고객 위치 정보를 수집, 가까이 있는 정비 담당자들에게 신속하게 전달할 수 있었다. 고객 요청의 처리 결과는 서비스 팀에 통보되고 직원 일정에 따라 또 다른 작업을 맡을 수 있게 되므로, 업무 시간당 효율성 또한 개선되었다. 이런 콜센터 업무, 현장지원 업무, 고객정보 연계는 세일즈포스의 Field Service Lightning을 통해 제공된다. 현장중심 서비스 처리 개선을 통해 코카콜라의 업무 생산성은 약 30% 증가한 것으로 나타났다.[15]

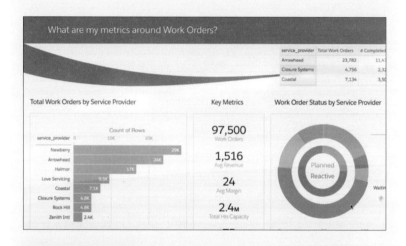

|그림 18| 세일즈포스의 **Service Cloud**를 활용하는 화면

제2장

세일즈포스의 플랫폼

 2-1 미래를 보는 세일즈포스의 비전

● **세일즈포스, 지금은 어떤 모습인가?**

마블 스튜디오의 「영웅 시리즈」는 국내에서도 천만 관객을 돌파했다. '과연 마블 세계관의 끝은 어디일까?' 싶을 정도로 새로운 이야기와 새로운 인물들이 창조되고, 또 그렇게 창조된 인물들은 기존의 인물들과 자연스러운 관계를 맺으며 진화된 세계관으로 관객들을 초대한다. 그 성공의 이면에는 지금까지 마블이 쌓아놓았고 앞으로도 족히 20년은 영화화할 수 있는 만화 콘텐츠가 존재한다는 사실이 있다. 그들이 창조한 지구, 우주, 신들의 세계를 혁신적인 시각기술로써 재현했기 때문에 지속적인 관심을 받게 되었다. 마블과 세일즈포스, 비록 업종은 다르지만 그 둘의 성공에는 흥미로운 공통점이 있다.

(1) 끊임없는 '스토리'의 생산이 첫째 공통점이다. 세일즈포스의 고객인 글로벌 15만 기업의 경험과 노하우는 10년 동안 커뮤니티에 축적되어 있고, 그 성공사례와 다양한 아이디어들은 잘 만들어진 영화나 소설처럼 이야기로 전파된다. 고객사의 성공사례는 5분 이내의 짧은 영상으로 유튜

브에 올라와 전 세계에 공개된다. 수많은 기업들이 이 커뮤니티에서 혁신의 영감을 얻고, 그런 스토리는 상호 소통으로 널리 퍼진다. 이렇게 끊임없이 성공 스토리가 재생산되며 유통되는 구조는 마블에 축적된 엄청난 분량의 만화 콘텐츠와 비교된다. 각 기업의 성공 스토리는 영웅들의 스토리처럼 서로 관계를 맺으며 또 새로운 이야기를 만들어내 다른 기업에게 새로운 재미를 선사한다.

(2) 또 다른 공통점은 플랫폼화다. 마블은 매년 2편 이상의 시리즈를 내놓을 정도로 거대한 프로젝트를 수행하고 있으며, 이젠 TV 시리즈에도 진출해 '마블제국'이라고 부를 만한 규모로 성장했다. 향후 20년간 영화로 만들 수 있는 콘텐츠, 스태프, 기술, 배우, 파트너, 프로세스 등 자원들을 체계적으로 확보해나가며 이젠 하나의 거대한 콘텐츠 플랫폼이라고 불릴 만큼 컸다. 세일즈포스도 마찬가지다. 자신들이 홀로 제품을 만드는 게 아니라 App Exchange를 통한 생태계를 만들어내는 데 성공했으며, Heroku와 Force.com을 통해 고객 스스로 세일즈포스의 플랫폼을 확장하는 기술도 제공한다. 세일즈포스는 커뮤니티로 수집되는 다양한 정보를 제품에 반영하고, 새로운 App이 플랫폼에서 지속해서 만들어지고 유통되는 IT 플랫폼 제공자로서 역할을 수행하는 것이다.

● **세일즈포스가 만들어 낸 생태계의 현재와 미래**

세일즈포스 생태계가 만들어낸 경제의 규모는 실로 대단하다. 전세계 약 330만 개의 일자리가 생겨났으며 8,590억 달러에 이르는 부가가치를 만들어냈다. 이런 추세라면 그 규모는 2022년까지 최대 4~5배로 성장할 것으로 IDC는 내다보고 있다.

우선 앱 시장인 AppExchange만 보더라도 현재 4,000개 이상의 앱을 제공하고 있으며, 30만여 명의 개발자가 참여하는 거대한 시장이다. 스티브 잡스의 "앱 생태계를 구축하라!"는 조언에 따라 만들어진 AppExchange는 이제 세일즈포스를 설명할 때 빠질 수 없는 IT 생태계의 한 축이다.

이제 세일즈포스는 CRM 영역을 뛰어넘어 기존 SAP, 오라클 등이 독점해오던 Business Application으로까지 범위를 넓히고 있으며, 마이크로소프트 및 아마존 웹 서비스가 제공하는 Cloud Application 영역까지 위협할 수 있는 강력한 경쟁자로 컸다. 이 회사가 클라우드 분야에서 독보적인 위치에 설 수 있을 거로 전망하는 이유? 이 분야의 다른 업체들에 비해 개발플랫폼이 급속하게 보완되고 있기 때문이다. 경쟁자들이 따라오기 힘든 수준의 CRM의 핵심 애플리케이션 완성도를 보유하고 있으며, AppExchange를 통한 앱 시장의 지속성장, 이미 확고히 갖춰진 고객-개발자 커뮤니티 또한 세일즈포스의 강점이라 하겠다. 현재 클라우드 기반을 제공하는 마이크로소프트는 애플리케이션 영역이 스마트워크를 지원하는 셰어포인트(SharePoint) 제품군에 편중되어 있고, 아마존 웹 서비스는 유연한 개발환경과 인프라가 강점이지만 앞서 강조한 비즈니스 지원 애플리케이션이 부족하다고 생각한다. 비록 지금은 세일즈포스의 포트폴리오가 CRM 영역에 편중되어 있지만, 비즈니스 전반을 지원하는 클라우드 기반 비즈니스 제공자 가운데 넘버 원의 위치에 우뚝 설 날도 머지않았다.

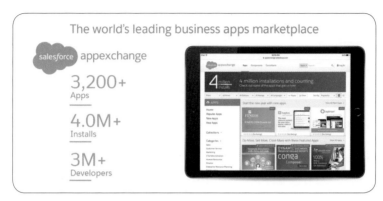

|그림 19| 세일즈포스 생태계 통계 자료[16]

Economic Benefits Summary by Country

	Business Revenue	Direct Jobs Created, YE2016~YE2022	Indirect/ Induced Jobs Created, YE2016~YE2022	Ecosystem Revenue /Salesforce Revenue, 2016	Ecosystem Revenue/ Salesforce Revenue, 2022
Canada	17,072	28,208	47,699	3.7	5.9
United States	411,343	408,760	582,361	3.4	5.0
France	24,346	37,115	108,923	3.6	5.7
Germany	17,024	26,291	43,669	3.3	5.4
Netherlands	7,399	9,651	15,735	3.4	5.5
Spain	2,916	6,877	8,788	4.3	6.6
United Kingdom	65,605	114,545	214,615	3.3	5.4
Rest of Western Europe	26,145	53,424	100,048	3.3	5.3
Australia	29,563	26,559	52,680	3.2	5.3
India	17,292	363,110	723,866	3.5	5.6
Japan	108,425	153,387	195,102	3.8	6.0
Singapore	2,962	3,810	7,805	3.6	5.7
Brazil	26,958	195,683	330,448	3.9	5.9
Mexico	10,954	81,069	105,415	5.1	7.3
Rest of World	91,224	1,819,284	2,356,688	3.5	5.6
Workside	859,228	3,327,773	4,893,842	3.4	5.2

Source : IDC's Salesforce Economic Impact Model, 2017

|그림 20| 세일즈포스가 만드는 국가별 경제 파급 효과[17]

2-2 그들의 플랫폼과 솔루션 구성

1999년 'No Software'를 주창하며 시작된 세일즈포스의 현재 모습은 어떨까?

세일즈포스는 향후의 Enterprise IT Solution이 아마존에서 책을 사서 읽는 것처럼 간편하게 CRM 소프트웨어를 빌려 쓰는 개념으로 진화할 거라는 생각에서 출발했다. 그러나 현재의 세일즈포스는 단순한 '소프트웨어 빌려 쓰기'에서 진화해, 글로벌 선진기업들이 추구해야 할 비즈니스 혁신과 IT 혁신을 모두 한 단계 높이고 있다. 1990년대가 요구했던 빌려 쓰는 개념의 소프트웨어는 당연히 그 기능과 콘셉트 측면에서 2018년의 글로벌 기업이 요구하는 수준으로 진화했다. 그뿐만 아니라 세일즈포스를 이용하는 고객과 그 커뮤니티, 세일즈포스 플랫폼을 서비스하는 파트너사, AppExchange를 통해 구축된 앱 생태계와 개발자 커뮤니티는 거대한 하나의 공동체를 이루고 있다.

(1) 기술이란 측면에서 이 생태계는 커뮤니티를 통해 지속적으로 콘텐트가 재생산될 수 있는 구조다. 이는 커뮤니티를 통해 내부 구성원, 파트너, 고객이 끊임없이 소통하는 장場을 제공하며 이를 계속 성장의 밑거름으로 활용한다는 뜻이다. 이를 통해 고객에게는 신뢰를 주고, 파트너에게는 더 많은 기회를 제공하게 된다. 물론 공동체 영역은 단순 세일즈포스 커뮤니티에 국한되지 않고 페이스북, 트위터, LinkedIn과 같은 개방형 SNS와도 자연스럽게 연계된다.

(2) 두 번째 생태계로는 세일즈포스가 직접 만드는 CRM Application이 있다. 고객정보 축적, 영업활동과 비즈니스 기회 관리를 위한 Sales Cloud 제품을 축으로, 고객여정별 맞춤 마케팅 프로세스를 구축할 수 있는 Marketing Cloud, 콜센터 및 고객센터 접점에서의 고객 VOC관리와 필드 서비스를 위한 Service Cloud, 고객이 손쉽게 대고객 커뮤니티 사이트를 구축할 수 있도록 하는 Community Cloud 그리고 최근 AI와 데이터 분석기술이 접목된 Analytics와 Einstein 등 CRM 영역을 넘어 다양한 솔루션을 제공한다.

게다가 세일즈포스는 이제 단순한 CRM 영역을 넘어 헬스케어분야 등 새로운 산업 특화 솔루션까지 내놓고 있으며, 2017년에는 Quip 같은 비즈니스 생산성을 위한 회사도 인수하여 새로운 세일즈포스 제품 포트폴리오를 계속 구성하고 있다.

(3) 세일즈포스 생태계의 마지막 특징은 플랫폼과 데이터 레이어(Layer)로서 단순히 소프트웨어를 빌려 쓰는 개념에 머물지 않고, 클라우드 환경에서 고객이 직접 새로운 앱을 개발하고 기존 시스템들과 유기적으로 연결할 기회를 제공한다는 점이다. 이는 초기의 철학에 비해 가장 변화된 모습이라고 할 수 있다. 사용자의 UI환경은 라이트닝(Lightning)으로 바뀌면서 기존의 클래식(Classic)보다 빠르게 사용자와 상호작용할 수 있게 성능이 향상되었다. '맞춤' 또는 '커스터마이징' 개발(Customizing Development)을 위한 Heroku와 Force.com이 PaaS로 제공되어, 고객은 자신이 원하는 앱을 언제든지 쉽게 만들고 세일즈포스 앱과 연동시킬 수 있게 되면서 IT관점에서 혁신의 경계가 사라지게 되었다. 또한 AI와 데이터 분석 도구를 통해 고객의 데이터에서 손쉽게 인사이트를 도출할 수 있는 가시화可視化(visualization) 기능도 제공한다.

앱 개발에 있어 분명히 확장성은 존재하지만, 세일즈포스는 AppExchange라는 시장을 통해 마치 아마존에서 책을 사서 바로 읽는 것처럼, 필요한 앱을 바로 구매하여 적용하기를 희망한다. 고객이 직접 앱을 만드는 것보다 생산성이 훨씬 높다는 것이 세일즈포스의 접근 방식이다.

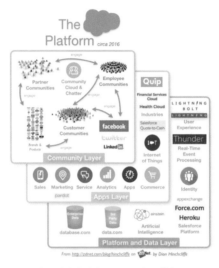

|그림 21| 플랫폼 관점의 세일즈포스 구성요소[18] (ZDNET Blog)

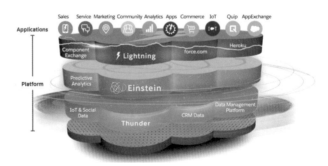

|그림 22| IT 아키텍처 관점의 세일즈포스 플랫폼 구조 [19]

세일즈포스 플랫폼을 구성하는 몇 가지 주요 솔루션과 기타 제품군을 살펴보자. 좀 더 자세한 내용을 보고 싶으면 부록을 참고하기 바란다.

Sales Cloud :

솔루션 개요	세일즈포스의 근간인 고객정보 관리 기능, 체계적인 영업파이프라인 관리 기능, 실시간 의사소통을 위한 Chatter 기능을 제공한다. 사업기회를 효율적으로 관리하고 계약에 이르는 모든 절차를 관리할 수 있다.	
솔루션 핵심 기능	고객정보 관리	• 잠재고객과 실고객의 다양한 정보를 비즈니스 성격에 맞게 정의하여 관리한다.
	영업파이프라인 관리	• 개별 영업 건의 진행 상황을 관리한다. 전체 영업진행 상황을 Dashboard로 통합해 분석된 정보로 볼 수 있다.
	Chatter	• SNS 형태로 실시간 의사소통 할 수 있다.

Marketing Cloud :

솔루션 개요	영업 현장, 웹사이트, SNS 등에서 수집된 고객정보를 기반으로 '맞춤 마케팅' 여정을 설계하고 실행할 수 있다.	
솔루션 핵심 기능	고객여정 설계 기능	• 웹과 모바일 등 다양한 온라인 채널에서 고객 1:1 맞춤 마케팅이 가능하도록 고객여정을 설계할 수 있다.
	다양한 채널별 마케팅 스튜디오 기능	• Email, Social, Advertising, Mobile, Interaction 5가지 스튜디오 환경에서 다양한 채널의 마케팅 정보를 분석-실행한다.

Service Cloud :

솔루션 개요	제품-서비스를 판매한 후의 사후관리(A/S) 또는 고객의 소리를 접수 대응하는 통합 기능을 제공하며, 필요하면 필드 엔지니어에게 서비스 업무를 할당하고 관리하는 기능을 추가할 수 있다.	
솔루션 핵심 기능	고객의 소리 관리 (Case Management)	• 고객의 문의 및 요청 사항을 통합된 환경에서 접수 - 관리한다.
	다양한 채널별 마케팅 스튜디오 기능	• 콜센터, 채팅, 커뮤니티 사이트 등 다양한 채널에서 발생하는 고객요청을 응대한다.

기타 솔루션 :

Community Cloud	고객, 파트너, 직원들에게 맞는 커뮤니티를 손쉽게 구성할 수 있으며, Service Cloud와 유기적으로 연동된다.
Einstein (AI)	아인슈타인은 Sales Cloud, Marketing Cloud, Service Cloud에 추가 기능으로 탑재되어 고도의 데이터 분석과 예측을 가능하게 한다.
Analytics Cloud	고객, 마케팅, 서비스 관련 대량 정보를 다차원으로 분석하고 복잡한 데이터 모델링을 통해 비즈니스 가설을 검증할 수 있다.
App Exchange	애플 앱 스토어처럼 많은 고객과 파트너가 세일즈포스에 종속됨 없이 참여해 앱을 만들어 업로드하고 설치할 수 있다.
개발 플랫폼	Force.com과 Heroku, Lightning Component라는 개발환경을 통해 고객사에 맞는 앱을 추가하여 구성할 수 있다.

사례 2 **던킨 도너츠 (Dunkin' Donuts)**

고객여정의 정보화와 소통 기반의 고객경험 관리

던킨 도너츠는 1950년 미국 매서추세츠 퀸시에 최초 매장을 오픈, 지금은 전 세계 36 개국 6,200개 이상의 매장을 보유한 세계 최대 도넛과 커피 가맹점 중 하나다. 국내에서는 SPC그룹 계열사인 BR코리아의 대표 브랜드로 1994년 첫 매장을 열었다. 도넛과 커피를 주 품목으로 하는 던킨 도너츠는 나라마다 많은 브랜드와 경쟁하고 있다. 커피 자체로도 많은 기업들과 앞서거니 뒤서거니 하면서, 도넛은 제빵 브랜드나 샌드위치 전문점 등 특화된 경쟁 기업과 각축전을 벌이고 있다.[20]

던킨 도너츠는 이런 환경에서 기존 제품 경쟁력을 바탕으로 시장에 대응하기 위해 고객 개개인에 집중하는 서비스의 필요성을 절실히 느끼게 된다. 이를 위해 던킨 도너츠는 'DD Perks'라는 멤버십 프로그램을 개발하여 모바일을 통해 다양한 서비스를 제공함으로써 고객 충성도를 강화하고자 했다. 던킨 도너츠의 'On-The-Go' 모바일 서비스와 'DD Perks'를 연계하여 온라인 주문, 고객 선호에 따른 제품 추천, 줄 서지 않고 미리 주문하기, 다양한 할인과 혜택 쿠폰 제공하기 등의 기능을 제공한다. 던킨 도너츠는 자사의 모바일 서비스 플랫폼과 세일즈포스 플랫폼을 연계하여 마케팅 기능 및 대고객서비스를 향상하고자 했다. 세일즈포스 제품 중 Marketing Cloud와 Service Cloud를 적용하여 새로운 목표를 달성하려고 시도한 것이다. 이 두 솔루션을 통해 고객정보 기반의 타깃 마케팅을 실행했고, 고객의 요청에 대해 적기 대응할 수 있는 체계를 구축하여 고객에게 한 발짝 더 다가가는 서비스를 제공하고자 했다.

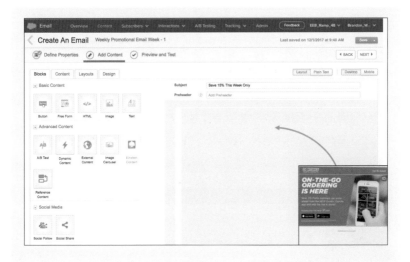

|그림 23| **Marketing Cloud와 모바일 주문 서비스를 연계한 개인화 마케팅**[21]

Marketing Cloud는 온라인에서 고객행동을 분석하여 이를 바탕으로 고객 유형화,
타깃 고객 선정, 선정된 고객 대상 이벤트를 진행하고 그 결과를 취합–분석할 수 있
는 마케팅 CRM 도구다. 던킨 도너츠는 Marketing Cloud와 'On–The–Go'를 연계
하여 고객이 모바일로 온라인 매장에 접속하면 고객정보를 분석한 후 맞춤형 마케팅
이 가능하도록 설계했다. 고객이 커피와 도넛을 주문하기 위해 'On–The–Go'에 접속
하는 순간부터 메뉴 선택→주문 결제→앱 종료까지의 행동 로그(Log) 정보를 수집해

Marketing Cloud에서 설정한 캠페인 조건에 따라 쿠폰과 행사 안내가 진행된다.

Marketing Cloud의 Email Studio를 통해 고객에게 발송할 메일을 템플릿화하여 구매 도중 앱에서 이탈한 고객에게 프로모션을 안내하거나, 주문이 완료된 고객에게 감사 메일과 함께 매장을 재방문할 때 추가 할인하는 쿠폰 첨부 등 개인화된 메일 서비스도 지원한다. 던킨 도너츠는 Marketing Cloud를 통해 타깃 고객에게 가장 관련성 높은 맞춤형 메시지를 담아 한 해 7억 개 이상의 메일을 발송하기도 했다.

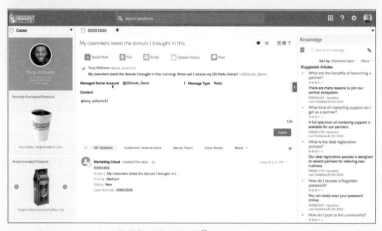

|그림 24| **Case Management를 통한 고객과의 소통**[22]

Service Cloud는 콜센터처럼 고객과의 소통을 지원하는 서비스다. 일반적인 콜센터가 주로 고객의 문의나 클레임에 대응한다면, 던킨 도너츠의 고객서비스는 소통까지 포함한다. 트위트, 페이스북 같은 소셜미디어나 이메일 등 다양한 경로를 통해 고객이 의견을 제시하면 이에 답하면서 소통하는 것. 'On–The–Go' 모바일 서비스를 통해 직장 동료에게 줄 도너츠와 커피를 미리 주문해서 줄 서지 않고도 정해진 시간에 도넛을 가져간 경험을 오전 출근길에 트위터로 소개하면 자연스럽게 댓글을 이어가는 방식이다.

소통을 기반으로 고객에 대응하는 체계는 웹과 SNS에서 신제품 출시나 특정 이벤트에 대한 고객 반응을 파악하는 도구로 활용하기도 한다. 마케팅–모바일–고객서비스가 하나로 연결되어 서비스 담당자는 해당 고객의 구매 정보와 과거 활동 정보를 바탕으로 그 고객을 면밀히 이해한 상태에서 응대할 수 있다.

|그림 25| **모바일 대시보드를 통한 업무 현황 파악**

던킨 도너츠의 고객용 플랫폼과 세일즈포스 플랫폼의 결합은 단순히 IT 영역의 업무만은 아니다. Marketing Cloud와 Service Cloud를 도입함으로써 고객을 기준으로 방문부터 활동, 주문, 사후관리까지 연계하는 완결형 서비스가 가능해졌다. 이를 통해 마케팅 담당자와 각 매장, 콜센터 직원은 하나의 'Account' 정보를 바탕으로 소통할 수 있으며, 일관된 정보를 축적할 수 있다. 고객을 중심으로 주요 정보를 지표화, 각 담당자가 필요로 하는 정보를 대시보드로 요약하여 진행 사항을 모니터링할 수 있다. 가령 어떤 이벤트를 기획한 마케터는 Marketing Cloud를 통해 실행한 쿠폰 행사에 얼마나 많은 고객이 반응하고 있는지, 제품별 판매현황은 어떤지를 모바일로도 확인할 수 있어, 보다 빠른 고객대응 전략을 수립하고 활용할 수 있게 된다. 던킨 도너츠는 이러한 기능들을 통해 고객에게 제품을 홍보하고, 고객과의 모든 소통을 하나의 플랫폼에서 서비스함으로써, 업무 효율 향상과 함께 고객 개개인의 이해와 고객관계 향상이라는 목표를 달성하게 되었다.[23]

※ 편집자 주 : 미국 던킨 도너츠 본사는 2018년 9월 25일, 발표를 통해 브랜드 이름을 '던킨(Dunkin)'으로 변경한다고 밝혔다. 새 브랜드 던킨은 2019년 1월 1일부터 미국에서부터 공식 시행되며, 점차 전 세계 브랜드 매장에 적용될 예정이다. 던킨 브랜드 아이덴티티의 변화는 던킨 매장을 찾는 고객의 경험을 현대화하고 새로운 도약을 위한 청사진의 일환으로 추진된다고 소개했다.

제2부
디지털 트랜스포메이션을 위한
고객관계 혁신

제1장

영업의 현실

> → 영업이란 고객의 니즈나 이슈를 파악해 적절한 해결책을 제시함으로써
> 자사의 제품이나 서비스를 구매하도록 설득하는 행위다.

> → 마케팅은 제품과 서비스를 고객에게 판매하기 위해 시장과 고객을 이해하고,
> 자사의 제품과 서비스에 대해 상품화 및 판매 촉진을 하는 행위다.

고객에게 제품과 서비스라는 가치를 전달하는 과정은 같지만 두 업무에 대한 기업의 시각은 다르다. 마케팅 영역은 시장과 고객에 대한 정보를 중요시하고, 이를 바탕으로 전략과 계획을 세우는 일이 필수적이라 여긴다. 실제로 마케팅 부문의 정보화는 많은 기업들이 널리 적용하는 분야다. 그러나 스마트한 분석 기반 정보가 넘칠 것으로 예상하는 4차 산업혁명이 눈앞으로 다가온 지금 시점에도, 고객에 대한 이해와 영업의 영역에서는 여전히 감^感에 의존하고 있다. 개인의 능력, 소위 개인기에 의존하는 경우가 많다는 얘기다. 가상의 인물 '김 대리'를 통해서 아직 개인능력에 의존하는 영업, 마케팅 환경에 대해 한 편의 가상 시나리오를 만들어봤다. 세일즈포스의 철학인 '고객의 시대'에는 고객관리와 영업부문에도 정보와 체계적인

시스템화가 얼마나 중요한지를 보여줄 것이다.

어느 영업사원 김 대리 이야기

입사 교육 후 영업부서로 배치된 첫날, 김 대리는 회사 시스템 계정을 발급받았다. 교육과정에서 회사 제품에 관해 설명을 듣긴 했지만, 우리 팀은 어떻게 영업하는 걸까? 회사 계정으로 그룹웨어와 사이트 여기저기를 둘러본다. 전임 사원은 어떤 활동을 했을까? 인계받은 폴더에는 드문드문 그가 출장을 다녀온 기록밖에 없다. 왜 출장을 갔을까? 이번이 몇 번째일까? 누구를 만났을까? 어떻게 만나게 되었을까? 고객과 관련된 전반적인 히스토리가 보이지 않는다. 영업할 때 중요한데 이런 정보는 대체 어디에 있지? 내가 담당하는 산업, 지역, 고객에 대한 자료는 어디 없을까? 입사 첫날 김 대리의 마음은 답답하기만 하다.

다른 영업사원들에게 물어봤지만 딱히 개인별로 분석하는 자료는 없는 듯. 누구나 자신의 영업 진행을 공공연하게 알리기는 싫은가보다. 이전 회사는 팀 단위 성과였는데, 이곳은 개인별 성과도 있어서 그런지 정보 공유에 인색하다. 새로운 고객을 만났다고 부서장에게 보고하면, 부서장은 내일이라도 계약이 이루어지고 매출이 생길 것처럼 부풀려 이야기한다. 그러니 진행 중인 영업 정보를 섣불리 공개하기도 겁난다. 작년에 어떤 선배가 영업 초기 진행 현황을 부서에 공유했다가 다른 파트에서 그 고객을 가로채 해당 사업을 가져갔단다. 그러면 매출 발생 전까지는 고객정보와 히스토리를 꼭꼭 숨겨야 하나? 왜 담당 지역과 고객을 구분하여 할당하지 않고 자유 경쟁을 시키는 거지? 아직 김 대리는 영업업무에 적응하느라 정신이 없다.

우리 회사는 매입과 매출을 등록하고 계약 및 전표 관리를 ERP 시스템에 등록한다. 고객정보 등록부터 계약, 주문, 채권 관리까지 모든 업무를 ERP로 처리하다보니 아무리 자주 사용해도 쉽게 익숙해지지 않는다. 그룹웨어에 보이는 영업 관련 시스템을 하나씩 눌러보니 가끔 올라오는 시장 현황과 마케팅 자료가 있는데, 크게 도움 되는 자료는 아닌 것 같다. 고객 클레임 처리용 별도 시스템이 있는데, 내겐 접근 권한이 없다고 뜬다. 누구를 위한 시스템인지, 궁금증만 커진다. 그 외에도 비용처리 시스템, 계약 검토 시스템, 영업팀 블로그도 있다. 실제 업무는 대부분 이메일로 처리한단다. 막상 고객관리에 필요한 도구는 하나도 없는 것 같다. 지방에 있는 대리점 담당자와의 업무 소통은 주로 카톡으로 이루어진다. 대리점 별 대화방도 많고 대화방마다 참여하는 사람도 많아서 미처 확인하지 못하고 넘어가는 정보가 수두룩하다. 이런 정보들은 나중에 내가 부서를 옮기게 되더라도 꼭 필요할 텐데, 이렇게 카톡을 사용해도 되나? 카톡이 기업의 업무 도구인가?

벌써 부서에 배치된 지 2주! 갑자기 경영지원팀에서 실적 집계를 위한 엑셀 취합 파일을 이메일로 보내며, 내일까지 작성해서 제출하란다. 아니, 이미 발생한 매출은 ERP에서 확인하면 되는데 왜 실적을 따로 제출하라고 하는 거지? 자세히 보니 이달 말 예상 매출을 내라는 얘기다. 아직 이번 달 실적도 충분히 모를 판인데, 어떻게 예상 매출을 내지? 실적에 대한 압박이 이런 식으로 오는구나. 갑자기 겁이 덜컥 난다. 하는 수 없이 이미 발생한 매출 실적을 ERP에서 다운로드 받아 양식에 채운다. 그리고 지금 진행 중인 건 가운데 그나마 수주 가능성이 높은 건을 대략 작성해서 제출한다. 왠지 엉터리 보고서를 제출한 것 같아 마음이 편치 않다. 벌써 다음 달이 걱정이다. 구체적으로 어떤 품목을 얼마나 판매할 수 있을지, 감이 오지 않는다. 이전 회사에서도 하던 일이긴 하지만 그냥 요청에 맞춰 숫자를 기재하는 이런 작업이 사장님과 임원들이 의사 결정하는 데 얼마나 도움 된다는 건지? TV에서 4차 산업혁명 시대가 도래하고 '스마트워크'가 확대된다는데, 그건 다른 세상의 이야기인가?

갑자기 지방 출장이 잡혔다. 비교적 큰 규모의 고객을 만나러 간다. 출장은 내부 품의를 거쳐야 해서 전자결재를 상신한다. 벌써 내 보스 최 부장은 이 건에 큰 기대를 걸고 있다. 사무실을 나가는데, 수시로 진행상황을 보고하라고 지시한다. 아니, 처음 만나는데 뭘 수시로 보고하라는 거지? 고객사와 첫 미팅을 성공적으로 잘 마쳤다. 다행히 우리 회사의 제품 스펙과 고객이 원하는 스펙이 잘 맞고 공급 단가도 맞출 수 있을 것 같다. 그런데 최 부장도 다른 동료도 별말이 없었는데, 이 고객은 나의 전임자와 이미 미팅을 한 번 가졌었다고 한다. 고객사 담당자가 친절하게 이전 영업 진행 히스토리를 모두 설명해주었다. 어디서 이런 고객을 만날 수 있을까? 다행이다. 한편으로는 이렇게 내부에 일하는 체계가 잘 갖춰지지 않은 우리 회사가 부끄럽게 느껴졌다.

갑자기 최 부장의 카톡 도착. "김 대리 어떻게 되고 있어?" "네, 다행히 첫 미팅이 잘 되었습니다. 자세한 내용은 이메일로 정리해서 알려드릴게요." 고객과의 첫 미팅과 저녁 식사 후 무거운 몸을 이끌고 호텔로 갔다. 갑자기 최 부장에게 보고해야 할 일이 떠올라 급하게 노트북을 꺼내 미팅 내용을 상세히 보고했다. 다음 날 아침 일찍 사무실에 도착하자마자 급하게 샘플을 요청하는 고객사의 메일을 받았다. 이번 건은 입사 후 처음으로 내 스스로 개척했고 규모도 커서, 왠지 모르게 기대가 된다. 그런데 갑자기 부장님의 호출. 본인이 상무에게 보고를 해야 하니 보고서를 작성하란다. 그리고 상무님은 보고서의 오탈자 하나 용납하지 않는 분이라고 한다. 하지만, 지금 그게 급한 게 아닌데…? 이런 보고가 잦아서야 어떻게 영업을 한다는 말인가? 일단 오늘 오후 예정된 대리점 방문은 미뤄야겠다.

최 부장의 보고를 위해 하는 수 없이 서둘러 보고서를 작성한다. 지금 이럴 때가 아닌데도 온종일 보고서에만 매달린다. 문장 하나하나 임원 보고용 문서는 너무 손이 많이 간다. 부장이 직접 보고를 해야 하므로 그가 원하는 대로 보고서를 반복 수정한다. 벌써 대충 퇴근 시간이다. 곧 52시간밖에 근무를 못 한다는데 나중엔 어떡하지? 그렇게 생각하며 미뤄왔던 거래처 샘플을 준비한다. 어느덧 밤 11시! 어제 출장 다녀온 여독도 풀리지 않는데 바로 다음 날 야근을 해서 그런지 감기가 올 것 같다. 출장보고서의 공유나 고객사와 관련된 자료 조사를 하는 것 따위는 사치 아닌가? 우리 회사 시스템에는 정보도 없나? 급하다는 샘플도 늦게 보내고, 대리점 방문도 못 하고… 오늘 난 온종일 무엇을 한 걸까?

고객과 계약을 해야 하는 시점이다. 내부 계약검토 회의 중 나도 몰랐던 이슈가 하나둘씩 터져 나온다. 최근 고객사의 신용등급이 회사 규정상 거래할 수 없을 정도로 악화되었다고 한다. 몇 년 전 우리 회사와 거래 이력이 있었는데 아직까지 대금을 받지 못했던 것이다. 그리고 최근 고객정보 유출 사건에 연루되어 검찰 조사를 받고 있던

터라 영업정지가 될 수 있다는 것도 새롭게 알게 되었다. 미리 알았더라면 얼마나 좋았을까! 고객정보를 각자 다른 부서에서 따로 관리하고 있어서 사전에 확인할 방도가 없었다. 이미 2주 이상 이 일을 진행해왔는데… 허탈해진 김 대리는 집에 가는 길에 친구를 불러 포장마차에서 소주 한잔을 기울인다.

다소 과장된 이야기일 수도 있지만, 현장에서 인터뷰하며 들었던 영업사원들의 이야기들이 적절하게 녹아들어 있다. 어쩌면 현실은 이보다 훨씬 더 냉혹할지 모른다. 입사 교육에서는 현장 영업과 고객 중심 영업을 강조하지만, 실상은 책상에 엉덩이를 붙여야 하는 관리 업무가 더 많다. 고객 요청 대응보다 내부 보고가 우선이다. 시스템은 많은데, 정작 내가 사용하는 것은 메일과 엑셀뿐이다. 고객사도 경쟁사도 잘 안다고 하는데, 보고서를 쓰려면 정보가 어디 있는지 모른다. 영업은 실적이라는데, 내가 하는 이 과정이 맞는 건지 잘 모르겠다. 영업은 꼭 이렇게 몸으로 부딪히면서 해야 하는가, 의구심이 든다. 모든 회사가 다 이렇진 않을 것이다. 하지만 많은 기업이 공통된 이슈를 가지고 있다. 〈영업은 배반하지 않는다〉의 저자 임진환 교수는 영업팀은 열정과 자신감으로 산다고 했다. 일과 일하는 환경이 즐거워야 성과가 난다는 것이다. 그렇다면 영업의 성과를 결정짓는 요소는 무엇일까?

아직도 우리 기업에는 영업의 달콤한 열매인 실적과 이익만 바라볼 뿐, 진정 영업성과를 창출하기 위한 필수요소에 대한 고민은 상대적으로 부족하다. 영업사원의 개인 역량 강화를 위한 프로그램과 코칭도 늘 부족한 실정. 외부 환경 변화에 대한 정보를 개인이 찾아 스스로 마인드를 전환해야 한다. 내부에 축적된 고객과 경쟁자에 대한 정보가 부족하므로 영업사원 각자가 알아서 시장의 빈틈을 찾아야 한다. 영업업무의 핵심인 고객 미팅과 계약 이외에도 내부 보고서 작성이나 취합 업무에 많은 시간을 소비하고 있다. 고객관리와 영업업무의 효과적인 지원에 꼭 필요한 IT 투자에도 소극적이다. 내부 프로세스 효율화를 위한 ERP에는 수십억 원 넘게 소비하면서도, 정작 이윤 창출에 직접 영향을 미치는 영업용 시스템 투자에는 소극적이다. 아이러니가 아닌가! 동기부여 차원에서 영업활동 과정 자체가 개인성과에 거의 반영되지 않기 때문에, 회사와 영업사원 사이에는 매출이 곧 성과라는 등식만 성립한다. '열심히'보다는 '잘하라'는 의미일 테지만, 잘 하려고 해도 방법은 서로 알고 공유해야 하지 않겠는가? 일을 잘 하기 위해서는 영업활동 과정의 관리도 중요한 요소다. 구자원 교수는 「동아비즈니스리뷰」를 통해 영업의 성과를 결정짓는 8가지 요인을 아래와 같이 제시한다.

영업성과를 결정짓는 요인(DBR, 2017, 구자원 교수)[1]

1. 개인의 영업역량(Personal Sales Skill)
2. 조직 내부 전략의 이해(Understanding of Internal Strategy)
3. 외부 환경의 이해(Understanding of External Environment)
4. 고객에 대한 이해(Understanding of Customers)
5. 경쟁자에 대한 이해(Understanding of Competitors)
6. 조직의 지원(Organizational Support)
7. 개인의 동기부여(Self-Motivation)
8. 영업성과(Sales Performance)

대부분의 기업은 개인의 역량(1)과 영업성과(8)에만 무게를 둔다. 하지만 영업의 성과는 회사 전략(2), 시장 변화(3), 고객(4)과 경쟁자(5)에 대한 이해 및 조직의 지원(6)과 개인 동기부여(7) 등 모든 요소가 어우러져야 달성할 수 있다.

영업활동의 견실함은 바로 다음 질문에 얼마나 잘 대답할 수 있느냐가 될 것이며, 아래 질문은 세일즈포스의 근본 사상과도 일맥상통한다.

1. 양질의 비즈니스 기회가 지속적으로 창출되고 있는가?
2. 회사가 가진 비즈니스 기회의 성공률은 얼마나 되는가?
3. 경쟁사에 비해 성공률이 높거나 그렇지 않은 이유는 무엇인가?
4. 계약 성공률을 높이는 데 필요한 개선 활동은 무엇인가?
5. 회사 차원에서 어떤 비즈니스 전략으로 대응할 것인가?
6. 지역—품목—서비스별 매출 트렌드가 완만한 성장곡선을 유지하는가?
7. 영업사원을 평가할 때 매출 이외 영업활동도 평가하는가?

위 질문들에 대한 대답을 제대로 할 수 없다면 고객관리 체계 전반을 점검해야 할 시점이라고 판단된다. 우리는 이 책에서 단순히 세일즈포스만 소개하자는 것이 아니라, 국내 대기업과 중소기업에게 디지털혁신을 위한 청사진을 제시하고자 한다. 세일즈포스도 알고 보면 하나의 IT 도구다. 어떤 시스템이나 솔루션을 도입하기에 앞서, 어떻게 영업을 혁신하고 바꿀 것인지 신중하게 고민하고 전략을 수립하는 것이 무엇보다 중요하다. 우리가 여러 회사를 위해 클라우드 플랫폼 기반의 세일즈포스 도입 컨설팅을 수행하며 얻은 디지털혁신 전략은 다음과 같이 요약할 수 있다.

전략1 | 디지털 시대 영업 혁신을 근원적으로 고민하라

세일즈포스를 도입한 회사들의 영업은 저절로 혁신되었는가? 아무도 자신 있게 '예'라고 답할 수 없을 것이다. 국내에도 이미 세일즈포스를 경험한 회사들은 많다. 그러나 확실한 성공사례는 많지 않다. 또는 혁신이 진행 중이어서 미처 나타나지 않는 경우도 있다. 영업을 혁신하려면 기존의 낡은 관행들에 대한 파괴적인 변화가 필요하다. 단순히 프로세스를 변화시키는 것이 아니라 회사의 일하는 방식을 어떻게 바꿀 것인가가 혁신의 키워드가 될 것이다.

전략 2   고객을 데이터 관점으로 전환하라

고객의 시대의 핵심 키워드는 '심도 있는 고객 이해'다. 고객이 무엇을 원하는가에 대한 답을 얻기 위해서는 우리가 어떤 정보를 수집할 것인지를 사전에 정의해둬야 한다. 그런 작업이야말로 세일즈포스뿐 아니라 다른 CRM 솔루션을 적용할 때 가장 핵심 키워드다. 우리는 그렇게 생각한다. 또 그러기 위해서는 우리 비즈니스에 대한 본질적인 이해가 선행되어야 한다. 이렇게 정의된 고객 데이터를 어떻게 분석하고 활용할지, 시나리오를 도출해 실행에 옮길 수 있도록 조직 문화와 일하는 방식을 새롭게 정립해나가야 한다.

전략 3   일하는 문화를 먼저 혁신하라

기업의 혁신이 어려운 이유는 기존의 낡은 업무수행 방식과 중간관리자 이상 임직원의 마인드가 쉽게 변하지 않기 때문이다. 세일즈포스가 지향하는 SNS 형태의 소통과 공유방식을 40~50대 이상의 중간관리자가 받아들이고 잘 활용할 수 있느냐가 관건이 될 수 있다. 이메일과 문서 중심으로 업무를 수행하던 과거의 방식이 모바일, SNS, 데이터 입력으로 전환되어야 세일즈포스가 성공적으로 정착될 수 있다. 가령 세일즈포스에서 영업 현황과 활동이 자동으로 집계되는데도 굳이 문서로 주간보고를 작성하던 관행을 버리지 못한다면, 어쩌면 혁신은 영영 불가능할지 모른다.

전략 4   옷을 고치지 말고 옷에 몸을 맞춰라

기존 업무 환경에 익숙한 사용자들은 세일즈포스의 사용자 UI를 자꾸만 수정하려든다. 자체 개발을 통해 소위 입맛에 맞는 시스템을 구축하려는 것이다. 하지만 SaaS 형태의 클라우드 솔루션을 사용하면서 지나치게 시스템을 고치려면, 기존 시스템을 그대로 개발하여 운영하는 것보다 훨씬 더 큰 비용을 지불해야 할 수도 있다. 클라우드와 플랫폼 기술 기반 솔루션의 본질은 일정 비용을 지급하고 사용하는 서비스이므로, 비용 지급과 동시에 사용할 수 있어야 한다. 시스템을 과도하게 수정하면, 솔루션을 재빨리 사용할 때의 장점을 활용할 수 없을 뿐 아니라 계속 업그레이드되는 기능에 제약이 생겨, 결국 새로운 시스템과 일하는 방식을 쉽고 빠르고 민첩하게 적용하려던 원래의 취지를 달성할 수 없게 된다.

전략 5 | 혁신의 특공대를 구성하라

세일즈포스뿐만 아니라 영업–마케팅을 지원하는 비슷한 솔루션들은 모두 변화관리가 힘들다. 자기 활동을 수첩이나 메일에 기록해오던 영업사원은 갑자기 시스템에다 등록해야 하는 상황이 별로 내키지 않는다. 그래서 처음엔 으레 이렇게들 묻는다. "아니, 세일즈포스를 사용하면 뭐가 좋아집니까?" 이렇게 개인의 효율이 얼마나 높아지는가의 관점에서 질문을 던지면 사실 쉽게 해줄 답이 없다. 왜냐하면, Sales Cloud 같은 제품의 목적은 기본적으로 영업활동을 웹이나 모바일로 기록–소통–공유하는 것이기 때문에, 영업사원 개인 입장에서는 업무가 늘어난 것으로 받아들여지기 쉬우니까. 결국 세일즈포스 프로젝트의 성공은 임직원들의 행동변화를 얼마나 이끌어내느냐에 달려 있다.

단계별 디지털혁신과 고객 중심 '마케팅-영업-서비스'

핀란드에 본사를 둔 글로벌 기업 콘은 엘리베이터와 에스컬레이터 제조 및 서비스 업체다. 전 세계 40여 개국에 약 2만7천 명의 직원을 보유하고 있어 규모도 비교적 크다. 그들이 관리하는 엘리베이터와 에스컬레이터는 약 110만 개. 대체로 직원들이 현장을 직접 방문하여 서비스한다. 수많은 유지보수 서비스 인력의 효율적인 관리야말로 이 회사 비즈니스의 핵심 성공 요소라 하겠다. 고객으로부터 수시로 접수되는 불편사항과 A/S 요청을 신속하게 처리하기 위해 콘은 세일즈포스의 'Field Service Lightning' 서비스를 도입해 2만여 명의 현장 직원을 효율적으로 관리할 수 있게 되었다.

|그림 26| Field Service Lightning App[2]

콘의 각 지역 사무실에서는 현장직원들이 지금 어디서 어떤 서비스를 진행하고 있는지, 실시간으로 확인할 수 있다. 서비스센터 직원들은 고객 요청을 실시간으로 접수하고, Field Service Lightning의 콘솔(시스템이나 장치)을 통해 업무를 현장직원에게 할당한다. 이 콘솔은 현장 서비스의 작업 진행률과 소요시간을 한눈에 볼 수 있는 대시보드를 제공한다. 이를 통해 항상 고객에게 정확한 서비스 가능 시간을 제공하고 가장 가까이에 있는 현장직원을 투입할 수 있다.

|그림 27| 현장과 현장직원 상황을 Map으로 구별하는 화면[2]

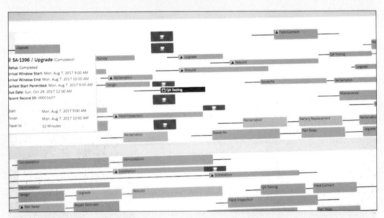

|그림 28| 현장직원 리소스 할당 차트

콘은 Field Service Lightning 서비스를 적용하기 전에 효율적인 영업활동과 견적 작업을 진행하는 'Sales Cloud' 서비스를 무난히 적용했다. 이를 통해 고객에 대한 완벽한 이해를 바탕으로 이미 혁신촉진센터(ITC-Innovation Transformation Center)를 출범시켰다. Sales Cloud의 성공을 필드 서비스 영역까지 확장해, 대고객 영업과 서비스 전 단계의 혁신을 추진한 것이다. 또한 세일즈포스 플랫폼의 기능을 극대화하기 위하여 IBM Watson IoT 기능과 세일즈포스 아인슈타인의 AI 기능을 접목했다. 이로써 설비 유지에 가장 적합한 주기를 관리할 수 있었으며, 이미지 인식 기능으로 부품 재고상황도 점검할 수 있게 되었다. 콘의 디지털혁신은 점진적이면서도 과감하다. 단계별로 성공의 경험을 축적한 콘은 이미 Marketing Cloud 영역까지 파일

럿 프로젝트를 추진하고 있다. **Marketing Cloud**의 도입으로 고객 행동에 대하여 더 많은 통찰력을 얻고자 하는 것이다. 끊임없이 진화하는 콘의 디지털혁신은 고객중심으로 마케팅-영업-서비스의 가치 사슬(Value Chain)을 오롯이 연계-통합하였다. 세일즈포스 플랫폼의 핵심 기능을 모두 적용하여 '고객중심'의 회사로 탈바꿈하고 있다.

345

제2장

Sales Cloud 적용 A :
디지털 시대의 영업혁신을
근원적으로 고민하다

 2-1 방향과 전략이 없으면 혁신의 배는 산으로

제품 혁신, 인재 혁신, 프로세스 혁신. 단어 자체만으로 어려운 게 혁신이다. 오랜 저성장, 새로운 기술, 경쟁자의 등장은 기업들에게 끊임없는 혁신을 강요한다. 경쟁사의 제품과 서비스를 벤치마킹하고 분석도 해보지만 'Fast Follower 전략'으로는 쫓아가기도 힘든 게 현실! 이때 기업이 가장 손쉽게 선택하는 혁신의 방법이 시스템을 통한 혁신이다. 업무 지원 도구인 시스템은 업무 프로세스와 밀접하게 연관되어 있다. 새로운 시스템의 도입은 일 하는 방식과 절차를 바꾸고 제도를 만들어, 사람을 교육함으로써 변화를 유도할 수 있다. 새로 시작하는 기업이 아닌 한, 규모에 상관없이 기존의 사업구조를 그냥 두고 혁신을 추진하기란 쉽지 않다. 특히 대기업이라면 기존 제품과 서비스 라인을 무시하고 기존 방식 위에 새로움을 더하는 작업은 불가능에 가깝다. 새로운 시스템, 특히 경쟁사나 선도 기업에서 성공한 모델의 시스템이라면 우리 회사에도 혁신을 통한 변화를 가져올 거라는 기대를 품고 프로젝트를 발주한다.

혁신의 시작은 늘 거창하다. "1위 탈환", "글로벌 진출", "성장동력 확보" 등 지금의 위기 상황을 벗어나 새로이 도약하겠다는 꿈으로 시작한다.

CEO와 핵심 임원의 지지 속에서 출범하는 혁신 조직이 있다면 그나마 상황이 낫다. '경쟁사가 하니까' 또는 '기존 시스템이 불편해서' 등 혁신의 이유를 뒤늦게야 찾는 경우도 많다. 회사의 방향성과 전략에 발맞추지 못한 혁신은 선장도 나침반도 없이 항해하는 배와 같다. 많은 기업이 성공적으로 사용하고, 경쟁사가 도입한 그 시스템이라면 분명 효과가 없지는 않을 터. 그러나 남들이 성공했으니 우리에게도 맞을 것이라는 생각으로 접근하면, 그 프로젝트는 십중팔구 실패로 끝난다. 기억하자, 새로운 시스템이 일하는 방식을 바꾸는 게 아니다. 우리가 바꾼 업무가 시스템에 녹아들고, 우리 혁신의 방향을 시스템에 반영할 때, 그 결과로서 변화-혁신된 우리 회사의 모습이 보이는 것이다.

〈세렌디피티〉의 저자 맷 킹던은 혁신의 가장 기본적인 공식을 이렇게 표현했다. "Garbage in = Garbage out!" 쓰레기를 넣으면 쓰레기가 나온다는 얘기다. 왜 혁신을 해야 하는지, 어떤 방향으로 혁신할 것인지, 명확한 답도 없이 시도되는 혁신은 주변의 영향과 반대론자에 부딪혀 제대로 추진하기 어렵다. 온갖 아이디어와 요구사항만 회의석상에 오간다. 겨우 목표를 수립하고 계획대로 실행한다 해도 각 부서의 이해를 구하다 시간만 낭비하기 십상이다.

성공적인 혁신을 이루기 위해서는 (1) 우리 회사의 방향성과 성장 목표 설정! 영업을 혁신하겠다면, 기존에 관리되지 않았던 고객정보를 모아 고객중심 영업을 할 것인지, 눈에 보이지 않는 영업사원의 활동을 파악해 코칭으로써 매출을 늘리는 게 목표인지 원하는 바를 명확히 해야 한다. (2) 혁신 팀을 선정하고 책임과 권한 부여! 혁신의 과정은 길고 험난하다. 프로젝트 조직을 짜서 진행해도 최소 6개월이 걸린다. 기존의 방식이 편한 것은 인지상정人之常情 아니겠는가! 반대 세력도 존재한다. 거대한 전체 조직 구성원을 동시에 새로운 방식으로 변화시키는 것은 어렵다. 긴 혁신의 과정에서 혁신 팀이 흔들리지 않고 나아갈 수 있도록 책임과 권한을 부여해야 한다. 그리고 혁신 결과에 대한 보상, 혁신 종료 후 팀의 운영 등, 중장기 계획도 함께 고려해야 한다. 마지막으로 의사결정자의 전폭적인 스폰서십도 중요하다. 담당임원은 혁신 과정과 팀의 활동을 눈여겨보고 지지해줄 뿐 아니라, 때로는 빠른 의사결정을 해주어야 한다. 또 결과만 볼 게 아니라 과정과 단계 점검을 통해 혁신이 후퇴하지 않고 앞으로 나아가도록 추진력을 불어넣어야 한다. CEO가 관심 가지는 프로젝트, 임원이 이슈를 해결해주고 전사에 알려주는 프로젝트라면, 앞으로 나아가지 않을 수 없다.

세일즈포스를 이용하는 회사뿐만 아니라 다양한 디지털혁신 도구를 적용하는 회사에 가장 먼저 하고 싶은 말은, 지금 시점에 어떻게 일하는 방식을 바꾸고 어떻게 고객서비스를 바꾸어 나갈 것인지 먼저 근원적으로 고민하라는 조언이다. 그런 고민이 선행되지 않은 업무 지원 도구의 도입은 대개 갈 길을 잃고 표류하기 쉽다.

텔레마케터, 컴퓨터 입력요원, 회계사, 보험사, 은행원 등은 최근 BBC가 향후 기술발전에 따라 없어질 것으로 예측한 직업군이다. 금융부문에서는 이미 비대면 기반의 금융서비스가 기존 오프라인 서비스를 대부분 대체했다. 이미 새 계좌를 개설하려고 은행에 갈 필요는 없다. 커머스 부문에서는 실시간 정보 분석 및 마케팅 기술이 최대로 적용되고 있다. 가령 내가 구글에서 검색한 특정 호텔이나 여행 정보는 즉시 분석되어 광고 플랫폼에 연계되며, 내가 클릭한 정보를 토대로 최적의 호텔이나 관광 상품이 추천된다. 세상은 점점 온-오프라인의 경계가 없는 비대면 환경으로 발전하고 있다. AI와 빅 데이터 기술은 우리도 모르게 일상에 녹아들어 새로운 산업혁명의 성장 드라이버가 되고 있다. 급변하는 비즈니스 환경 속에서 표류하기 싫은가? 그러면 비즈니스 변화 모습을 명확하게 정하지 않는 한, 그 어떤 솔루션을 사용하더라도 큰 의미가 없다.

디지털혁신의 도구로 세일즈포스를 적용했건만 실패한 회사도 적지 않다. 대부분 글로벌 표준 프로세스를 적용하고도 실패했다. 목적과 필요성에 대한 충분한 고민을 생략한 채 성급하게 프로젝트를 추진해 내부 직원들에게 외면당했기 때문이다. 한 번 실패한 기업은 다시 CRM(고객관계관리)을 자체 구축하게 되지만, 그마저도 조직 확산에 어려움을 겪는 경우가 많다. 우리는 그런 실패가 과연 혁신 도구 자체의 문제인지, 혁신 도구만으로 조직의 변화까지 끌어낼 수는 없는지, 구분할 필요가 있다. 글로벌 고객사의 경험이 반영된 표준화된 CRM에는 분명히 장점들이 있지만, 도입 자체만으로 혁신이 저절로 이루어지진 않는다.

혁신을 위해서는 우리 회사에 필요한 혁신의 본질에 대한 질문과 답이 가장 중요하다. "우리는 고객을 어떻게 파악하고 이해하는가?", "고객가치를 위해 우리 비즈니스를 어떻게 바꿀 것인가?", "그렇게 변하려면 어떤 자원을 갖추어야 하는가?" 등이 CEO의 가장 큰 숙제다. 이러한 본질적 변화는 인사, 영업, 마케팅, 서비스, 사후관리, 내부의 일하는 방식 전반에 영향을 미치게 된다.

다음 금융업의 사례를 통해 고객혁신의 과정을 살펴보자. 이제 디지털 네이티브 세대의 오프라인 은행 방문은 현저히 줄어들었다. 한국은행 통계를 보면 2005년도 영업점의 대면 거래는 26.3%였지만 2017년에는 10.6%로 크게 감소했다. 반면 인터넷뱅킹을 통한 비대면 거래는 같은 기간 18.6%에서 41%로 급증했다. 이런 고객과 시장의 변화는 금융사가 일하는 방식 자체를 바꾸게 한다. 예로 든 금융사는 우선 고객혁신의 지향점으로 3가지 미래 변화 방향을 규정한다. 디지털 네이티브 고객들을 대상으로 1) 고객을 찾아가는 서비스를 만든다 2) 기술 기반 업무 효율을 통해 단순 업무를Zero화한다 3) 줄어든 단순 업무를 고객 이해의 업무로 전환해 역량을 강화한다. 이를 위해 세일즈포스 CRM 도입을 결정하고 미래에 변화될 모습의 실천 계획을 수립한다고 가정하자.[6]

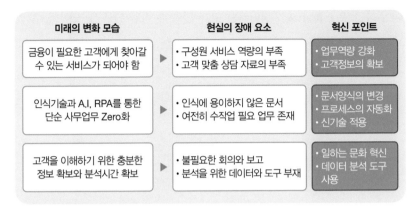

미래의 변화 모습	현실의 장애 요소	혁신 포인트
금융이 필요한 고객에게 찾아갈 수 있는 서비스가 되어야 함	• 구성원 서비스 역량의 부족 • 고객 맞춤 상담 자료의 부족	• 업무역량 강화 • 고객정보의 확보
인식기술과 A.I, RPA를 통한 단순 사무업무 Zero화	• 인식에 용이하지 않은 문서 • 여전히 수작업 필요 업무 존재	• 문서양식의 변경 • 프로세스의 자동화 • 신기술 적용
고객을 이해하기 위한 충분한 정보 확보와 분석시간 확보	• 불필요한 회의와 보고 • 분석을 위한 데이터와 도구 부재	• 일하는 문화 혁신 • 데이터 분석 도구 사용

고객변화에 따른 금융사 혁신 포인트 도출*

위 분석 결과를 보면 실제로 세일즈포스 도입만으로는 해결되지 않는 고객 혁신의 영역이 존재한다. 특히 인적자원에 대한 교육과 제도, 기존에 없던 시장 자료의 확보, 세일즈포스가 보유하지 않은 다른 IT 기술, 다양한 IT 기술을 수용하지 못하는 과거 업무수행 방식과 도구, 고객 인사이트 분석을 위한 역량 부족, 단순 업무 간소화 후에도 줄어들지 않는 근무시간, 보고를 위한 보고서 작성, 영업정보 공유를 회피하는 문화 등 수많은 장애 요소가 존재하게 된다. 혁신을 통한 업무방식을 바꾸려면, 단순한 시스템 도입이 아니라 전체 장애 요소를 인지하고 '제도와 사람, 프로세스, IT'에 대한 총체적인 혁신을 고려해야 한다.

실제 우리가 Sales Cloud 컨설팅을 위해 수행했던 설문조사에서도 업무방식 혁신을 위해 필요한 영역을 크게 문화, 프로세스, IT 관점으로 정리할 수 있었다. 이러한 3가지 관점의 혁신요소를 과감하게 손질하지 않고는

---

* 주) RPA(Robotic Process Automation 로보틱 프로세스 자동화): 사람이 반복적으로 처리해야 하는 단순 업무를 로봇 소프트웨어를 통해 자동화하는 솔루션

아무리 좋은 CRM 솔루션이라도 고객 만족과 직원 만족을 끌어낼 수 없다. 시스템 기능의 도입이 여기저기서 실패하는 이유도 바로 그것이다. 총체적 관점의 접근 없이 세일즈포스와 같은 디지털 업무 도구로써 업무방식을 바꾸면, 오히려 업무가 또 하나 추가되는 상황만 초래하여 사용자의 강한 내부 저항을 일으키기도 한다.

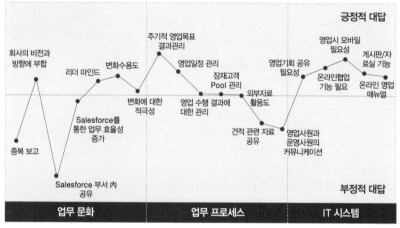

|그림| 업무방식 혁신을 위해 필요한 긍정적/부정적 요소 설문 결과

2-3 Sales Cloud 적용을 통한 혁신의 지향점

디지털 시대의 일하는 방식의 변화는 어떻게 추진해야 할까? 세일즈
포스가 Sales Cloud를 통해 지향하는 고객과 영업혁신의 모습은 아래와
같이 5가지로 요약된다.

Sales Cloud 적용을 통한 영업 혁신의 지향점

1	과거의 낡은 소통 방식을 바꿔라. 플랫폼 안에서 소통하고 공유하라.
2	모든 보고와 문서작성을 간소하게 줄이고 고객 접촉 빈도를 늘려라.
3	얼마나 잠재기회를 많이 만들고, 유의미한 사업기회를 만들어 내는지 과정을 함께 평가하라.
4	기존 고객 히스토리를 분석하고 새로운 인사이트를 찾아라.
5	모바일을 통해 현장중심으로 영업하라. 실시간으로 본사의 지원을 받아라.

(1) 먼저 이메일과 메신저로 대변되는 기업 소통 방식의 변화다. 특히
실시간 메신저로 이루어지는 모든 영업-마케팅의 정보는 한순간 휘발돼버
리는 정보로 공유될 뿐, 고객 관점의 히스토리로 축적되지 않는다. 이 때문
에 향후 깊이 있게 고객을 이해하는 데는 한계가 있으며, 고객정보도 제대
로 활용하지 못하게 된다. 새로운 영업사원의 채용이나 부서 이동 시 다시
제로에서 고객을 이해해야 하는 상황도 생긴다. 자, 이렇게 물어보자. "지
금, 여러분의 회사에 있는 과거 고객정보와 히스토리를 재검토하여 새로운
사업 기회로 삼을 대상을 추출할 수 있는가?" 여기에 자신 있게 "Yes!"라

고 답할 수 있는 회사는 매우 드물 것이다. 고객과 만나는 현장의 소통 정보가 지금까지 축적되지 않았기 때문이다.

|그림 30| **Chatter : SNS 형식의 기업용 소통 도구**[7]

(2) 보고, 문서 작성, 데이터 취합 업무에서 영업사원을 해방시켜주는 일이다. 우리가 경험한 상당수의 기업에는 아직도 '보고를 위한 보고'가 넘친다. 내부 보고를 위해 힘들게 사무실로 돌아와 미팅 보고서를 쓰는 경우도 많다. 한국 기업들의 '상급자에의 보고' 문화는 혁신의 커다란 장애요소다. 몇 년 전 많은 직장인을 열광하게 했던 드라마 「미생」의 원작에는 선배 김 대리의 지시로 장그래가 보고서 초안을 줄이는 장면이 나온다. 지금 우리나라 대부분 기업의 현실을 노골적으로 보여주는 장면이다.

우리는 왜 보고서에 얽매이는 걸까? 단지 윗사람에게 보여주려고? 내가 성취한 일의 성과를 증명하려고? 요약까지 하는 것은 상급자가 읽는 시간을 절약해주려고? 만약 그 시간에 미뤄두었던 거래처를 만날 수 있었다면? 보고서 작업과 고객 만나기, 그 둘 중 어느 쪽이 회사에 도움 될까?

이렇게 '지나친 보고'가 없는 회사가 되려면 일하는 방식과 문화가 완전히 변해야 한다. CEO부터 말단사원까지 종이 문서가 아닌 디지털화된 플랫폼 안에서 일상의 비즈니스 용어로 소통하고, 플랫폼에서 제공하는 데 이터로써 해석-소통하는 능력을 배양해야 한다.

(3) 영업 과정에 대한 효율적 모니터링이다. 대개 영업부서의 고민은 첫째 매출, 둘째 수익성이다. 하지만 우리 회사가 한 걸음 더 고객을 이해하고 뛰어난 경쟁력을 발휘하기 위해서는 영업 과정의 심도 있는 이해가 필요하다. 우리의 잠재 기회는 원활하게 창출되는 구조인지, 구체적인 비즈니스 기회로 만들기 위해 영업사원들이 어떤 활동을 하는지 그리고 그 결과 실제 계약으로 이어지는 비율은 몇 퍼센트인지, 이처럼 성과뿐만 아니라 성과에 이르는 흐름을 분석하여 근본적인 영업 체질 개선의 작업이 필요하다. 그래야 양적 성장보다는 질적 성장을 추구하는 회사로 변모할 수 있다. 하지만 현실은 아쉽다. 영업 평가는 여전히 매출 중심이고, 이직률도 가장 높은 직군이다. 영업사원이 목표 달성을 위해 개인 능력에 지나치게 의존하지는 않았는지, 효과적인 영업방식을 사용했는지, 효율적 영업을 위해 어떤 도움을 주었는지, CEO와 경영진은 다시 한 번 짚어볼 필요가 있다.

(4) 기존 고객들의 히스토리 분석이다. 고객 분석에는 다양한 관점이 필요하다. 가장 먼저 분석해볼 수 있는 요소는 기존 고객이다. 가격, 요구사항, 관계 등 조건이 맞지 않아서 거래가 끊어진 경우, 만약 과거 정보가 있다면 고객 풀을 재정의하고 영업을 다시 시도해볼 수 있다. 비즈니스 환경은 급변한다. 최근 주식시장을 보라. 북한과의 정상회담 이후 철강산업, 인프라사업, 중공업 등 SOC(Social Overhead Capital)와 관련된 산업이 다시 주목받고 있다. 과거의 실패나 실수로 한때 멀어졌던 고객일지라도 시장변화에 따라 지금은 다시 핵심고객이 될 수 있다. 과거 고객과는 어떤 연유로 멀어졌는지 알아야겠지만, 지금 시점에서 그들을 만족시킬 수 있는 경쟁력

이 우리에게 있다면, 영업 관점에서 충분히 가치 있다고 본다. 실제 컨설팅 경험 중 어느 신입사원이 이미 관계가 끊어진 과거 고객에 대한 자료를 검토한 다음, 현 시점에서 충분히 가능성이 있다고 판단하여, 그 고객을 접촉해 짧은 시간에 다른 선배들보다 월등한 성과를 낸 사례가 있었다. 또 고객사도 끊임없이 신사업을 개척하고 있으므로 함께 새로운 비즈니스를 추진할 수 있는지 궁리해봐야 한다. 「미생」을 다시 생각해보라. 주인공 장그래가 요르단 중고차 수주에 실패했다 해도, 몇 년이 지난 지금 그런 기회가 다시 주어지지 말라는 법은 없잖은가. 세상은 빠르게 변하고 지금 거래처의 핵심 인물도 언젠가는 이직하거나 다른 사업부로 옮겨갈 수 있다. 그래서 기존 고객의 히스토리는 새로운 사업기회를 발굴하기 위한 훌륭한 재료가 될 수 있다.

(5) 마지막은 모바일 시대로의 변화다. IDC는 BYOD(Bring Your Own Device)가 기업 업무환경의 주된 트렌드라고 밝히고 있다. BYOD에 대한 선호도는 2015년 19%에서 2017년 31%로 증가했다. 네트워크 속도의 발전과 디바이스 성능의 증가, 모바일 앱의 고도화는 언제 어디서나 일할 수 있는 환경을 제공한다. 특히, 고객관계관리 업무를 수행하는 영업이나 마케팅 담당자에겐 모바일 환경을 가장 필수적이다. 현장에서 바로 수집된 고객정보를 공유하고 사내 부서와 실시간으로 협업이 많기 때문이다. 시차가 다른 글로벌 회사에서 영업을 담당하는 직원에게 BYOD와 모바일 환경은 더욱더 필수다. '일과 삶의 균형' 또는 '워라밸(Work-Life Balance)'이 직업 만족의 핵심 요소인 시대에 모바일 업무 환경은 이제 선택이 아닌 필수다. 디지털 네이티브 세대는 모바일 환경에 익숙하다. 모바일 환경은 단순히 모바일 네트워크의 활용이나 디바이스를 사용하는 수준이 아니라, 언제 어디서나 회사 업무에 접근할 수 있도록 클라우드 기반 플랫폼으로 전환되어 있다는 의미다. 영업뿐만이 아니라 연관된 모든 부서의 업무도 플랫폼과 연

계되어 자연스럽게 처리돼야 한다. 세일즈포스의 견적/계약 기능을 통해 현장에서 영업담당자가 고객에게 견적을 발송하고, 확정된 계약은 자연스럽게 경영·영업지원 부서로 연계되어 당월 예상 매출실적으로 인식되어야 한다. 또한 고객서비스를 이행하기 위한 생산, 물류, 재무 등 유관부서에 실시간으로 정보가 전달되어야 한다. 이 과정이 모바일에서 시작돼 사내의 전체 시스템을 통해 실시간으로 진행될 수 있도록 업무 환경을 고민해야 한다. 모바일 환경을 구축하기 위해 이제 기업의 핵심 업무기능도 클라우드 플랫폼과 밀접한 관계를 가져야 한다.

세일즈포스를 도입했거나 검토하고 있는 회사에 가장 확실히 전하고 싶은 메시지는 앞서 언급한 5가지 지향점을 근본적으로 고민하라는 것이다. 명확한 방향 설정이 없다면 혁신의 배는 갈 곳을 정하지 못한 채 표류하게 될 것이다. 세일즈포스라는 클라우드 기반 CRM 소프트웨어를 단순히 사서 쓴다는 것이 아니라, 세일즈포스가 제공하는 기능 하나하나가 담고 있는 디지털혁신의 지향점을 이해하면서 회사를 변화시켜나갈 방향을 또렷이 설정할 수 있다면, 지금까지 기업에서 이뤄낸 혁신 중 가장 혁명적인 변화가 이루어질 것이라고 확신한다. 이거야말로 진정한 의미에서 기업의 업무환경이 디지털 환경으로 전환(Digital Transformation)되는 것이다.

디지털 영업 혁신의 지향점에 대해 고려할 요소

2-4 세일즈포스로 전환하기 위한 준비

디지털 시대, 고객 시대의 시스템 도입은 준비와 도입 방식이 과거와 는 사뭇 다르다. 우리가 세일즈포스를 통한 디지털혁신 컨설팅을 진행하면 서 느낀 점 중 하나는 아직도 '인하우스(In-House)' 방식으로 서버를 구입 하고 네트워크를 연결하며 개발 프레임워크를 도입해 업무 시스템을 개발 하는 기존 습관이 기업 문화에 뿌리 깊게 남아 있다는 것이다. 세일즈포스 프로젝트는 기존 IT 부서의 전통적인 역할을 넘어서는 많은 의사결정을 요 구한다. 내부 프로세스나 규정 그리고 보안 관점에서 변해야 할 근본적 요 소들이 많기 때문이다. 그래서 기존 IT 시스템이란 관점에서 세일즈포스를 검토했다가 도입 후 기업에 큰 반향을 일으키지 못하거나 아예 기존 방식 으로 회귀하는 경우도 비일비재하다. 이렇게 되면 새로운 디지털혁신은 회 사 내에서 언급조차 하기 힘든 주제가 돼버린다.

반면, 세일즈포스 적용에 성공한 기업들은 클라우드 기반에서 누구보 다 빠르게 혁신적인 IT 서비스를 적용할 수 있도록 기업문화, 제도, IT 전 반의 기반부터 조성한다. 세일즈포스 같은 새로운 플랫폼과 솔루션에 대 한 충분한 학습도 병행한다. 세일즈포스는 1년에 3번씩 자체 업데이트로 기능을 개선하며, 시스템 관리는 아파트에 사는 것처럼 관리비(사용료)만 내 면 세일즈포스가 알아서 해준다. 물론 각 가정의 인테리어는 각자가 하듯 이, 세부 기능의 활용은 각 기업의 몫이다. 솔루션의 도입에 성공한 기업은 디지털혁신을 넘어 AI 영역으로의 진화를 모색하기도 한다. 플랫폼과 함께 기업의 디지털 성숙도도 진화하는 것이다.

우리가 디지털혁신을 추진하면서 가장 힘들었던 일은 전혀 디지털혁

신을 이뤄본 적이 없는 기업에게 세일즈포스 같은 디지털혁신 도구를 이해
시키는 일이었다. 치열한 고민과 많은 회의와 워크숍 등을 거쳐 얻어낸 해
답은 결국 직접 써보게 한다는 것뿐이었다. 지금 이 순간 세일즈포스 혹은
다른 디지털혁신을 고민하는 회사가 있다면, 일단 먼저 사용해보라고 조언
하고 싶다. 지금이라도 세일즈포스의 교육자료 사이트 Trailhead를 보거나
개발자 계정 Developer를 생성해서 체험해보라고 말이다. 컨설턴트의 열
마디 설명보다 한 번 사용해보면 훨씬 빨리 이해할 수 있을 것이다.

　　세일즈포스 도입을 준비하기 위해서는 앞서 강조했듯이 세일즈포스
의 지향점을 이해하고 구체적인 혁신의 주제들을 확정하는 일이다. 세일즈
포스의 전면 도입은 큰 비용과 위험을 수반하므로 처음에는 작게 시작해
서 확대해나가는 방식이 일반적이다. (전체 사업계획과 예산은 크게 잡더라도 실
행은 단계별로 특정 조직, 특정 기능으로 한정하여 진행한다는 뜻) 디지털혁신 프로
젝트를 시작할 때 비전과 로드맵을 수립한 후에 이를 실행시키기 위한 4가
지 주제영역을 구체적으로 고민해야 한다. 각 주제 영역의 세부 내용은 다
음 장에서 하나씩 설명하고자 한다.

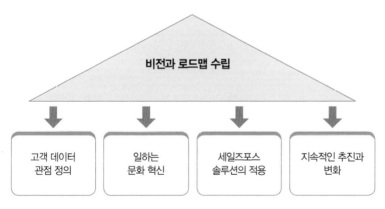

|그림31 세일즈포스 추진을 위한 4가지 주요 테마

　　세일즈포스 적용을 위해서 위의 전략적 테마도 반드시 준비해야겠지만,

IT 실무라는 관점에서 사전에 준비-점검할 사항은 다음과 같이 요약할 수 있다. 그러니까 아래 7가지는 프로젝트 준비 시 반드시 고려할 사항이다.

(1) 클라우드 서비스 도입에 따른 기존 보안정책과의 상충 부분 이해
(2) 세일즈포스에서 사용되는 콘텐트 및 파일, 모바일에 대한 보안정책 적용 방법
(3) 세일즈포스 사용 용량, 오브젝트(기능)의 수, 라이선스의 종류, 개발플랫폼의 사용 유무
(4) 세일즈포스 적용 대상 부서의 규모와 추진 방식(일괄 혹은 단계적)
(5) 세일즈포스 환경에서 국가별-대륙별 보안정책을 기업 상황에 맞게 적용할 방법(중국 개인정보 보호, EU의 개인정보보호법 대응 가이드라인 등에 대한 회사별 대응책 필요)
(6) 세일즈포스가 적용되었을 때 현업 실무자와 IT 운영자의 역할 그리고 향후 운영 방법
(7) 기존 시스템과 연계되는 인터페이스 대상과 방식

사전 준비 작업이 완료되면 프로젝트의 목표와 방향, 대상과 범위를 또렷이 규정하여 어떤 단계로, 어떤 기능을, 얼마나 오래, 어떤 대상에게 제공할 것인지를 추진 로드맵으로 구성할 수 있다.

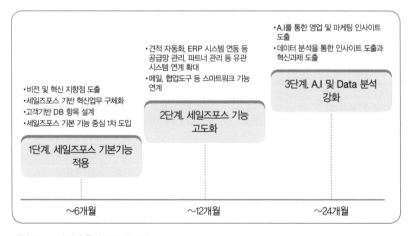

세일즈포스 단계별 추진 로드맵 제시

고객 통합 정보와 글로벌 표준 영업 프로세스

아마존 웹 서비스(Amazon Web Service, 이하 AWS)는 서버 및 개발 플랫폼을 클라우드 형태로 제공하는 대표적인 클라우드 서비스 사업자다. 클라우드 매니지먼트 기업 라이트스케일의 시장조사 보고서에 따르면 AWS는 이미 기존 IT 강자인 마이크로소프트, 구글, IBM보다 월등히 높은 시장점유율을 확보하고 있다. AWS도 세일즈포스처럼 고객의 성공을 최우선 가치로 추구하는 회사인 만큼, 고객관리에도 큰 노력을 기울이고 있다. AWS는 전 세계 190개국에 있는 수천 고객을 대상으로 비즈니스 운영 서비스를 지원한다. 이처럼 글로벌 서비스를 제공하기 위해서는 본사, 권역별 헤드오피스, 국가별 지점 사이의 커뮤니케이션이 매우 중요하다. 그런데 영업담당 매니저는 대개 각 권역의 헤드오피스에 위치하는 경우가 많아 권역 산하 영업담당자의 현장 영업활동에 대한 실시간 정보 공유와 소통이 매우 중요함에도 불구하고 이를 제대로 파악하지 못하는 경우가 많았다. 이에 AWS는 세일즈포스 플랫폼을 이용해 전 세계 고객과 담당자를 연결하고 이를 권역과 권역 산하 영업 담당자와 소통할 수 있는 글로벌 영업혁신을 추진하게 된다.

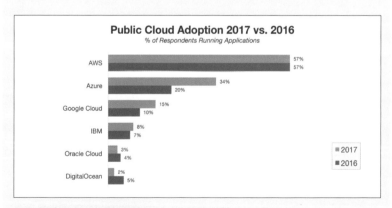

|그림 32| 퍼블릭 클라우드 시장점유율

고객에 대한 통합정보 제공

AWS는 영업사원의 역량 강화를 위해 다양한 내·외부 시스템의 고객 데이터를 분석하여 그 결과를 영업사원에게 제공한다. 업무에 활용할 수 있는 고객정보가 제공되기 때문에 영업사원은 고객과 소통할 자료를 지원받고, 고객에 대한 이해를 바탕으로 서비스를 제공할 수 있게 된다. 영업사원이 활용하는 주요 정보는 고객 구매성향에 대한 자료로, 이를 통해 고객 성향에 따라 다음 활동에 필요한 것들을 사전에 준비할 수 있게 된다. 또한 사업기회 발굴, 거래승인, 계약 등 주요 영업 프로세스를 표준화하고 글로벌 공통의 정보 수집체계를 구축하여 영업사원 간 공유 및 업무 활용이 가능하도록 하였다.

|그림 33| **AWS의 리드(잠재고객) 스코어링 화면**

글로벌 표준 영업 프로세스의 적용

AWS 영업사원의 업무는 세일즈포스에 등록된 고객 확인에서 시작된다. 이들 영업사원은 고객의 제반 사항을 먼저 아는 것이 영업 관리의 기본임을 공감한다. 수집된 고객정보는 세일즈포스의 고객계정(Account)에 일관되게 저장된다. 회사 위치, 분야, 규모 등 기본 정보와 해당 고객이 구매한 제품, 거래명세 등의 정보를 계속 업데이트하고 관리한다. 고객과의 미팅 결과는 세일즈포스의 **Chatter**를 통해 실시간으로 기록—저장하고 영업팀과 매니저가 쉽게 공유하여, 서로 같은 눈높이에서 진행을 이해할 수 있도록 했다. 전 세계 각기 다른 시간대에서 일하는 영업 담당자들은 24시간, 365일 세일즈포스를 통해 서로 연결되어 있다. 이들은 언제 어디서나 웹과 모바일 등 다양한 채널로 또 다른 사업기회를 만들어갈 수 있는 글로벌 표준 영업 프로세스를 갖추게 된 것이다.[8]

|그림 34| 모바일을 통한 고객정보 활용과 실시간 소통[9]

제3장

Sales Cloud 적용 B ;
고객이 곧 데이터다

 3-1 고객관리 혁신, 시스템 도입만으론 불가능

"Information is the oil of the 21st century,
and analytics is the combustion engine."

"정보는 21세기의 원유이며,
분석은 그걸 태우는 연소기관이다."

- 피터 존더가드/ 가트너 리서치

"In this age of the customer,
the only sustainable competitive advantage is
knowledge of and engagement with customers."

"지금과 같은 고객의 시대에서 지속 가능한 경쟁 우위는
오로지 고객에 대한 지식과 고객관계뿐이다."

- 포레스터 리서치

업종과 산업을 불문하고 요즘은 누구나 '고객중심'을 외친다. 우리나라의 경기순환 사이클 역시 1990년대까지의 고성장에서 2000년 이후의 저성장 시대로 들어섰다. 〈어떻게 돌파할 것인가〉의 저자 김현철 서울대학교 교수는 우리나라도 일본처럼 대량생산을 통한 공급자 위주의 시대가 끝나고 장기 저성장 시대에 돌입했다고 한다. 10인1색의 마케팅과 영업이 가능하던 시대에서 10인10색을 소비하는 시대가 오래도록 이어지며, 이 때문에 저성장기 기업들은 고객을 대응하기가 매우 어려워졌다고 한다.

2010년 이후로 금융, 유통 등 B2C 기반의 기업들은 새로운 도전에 직면한다. 고객의 요구는 점차 다양해지고, 개인화되며, 가격은 웹사이트에서 쉽게 비교할 수 있다. 상품뿐만 아니라 배송에서도 다양한 옵션이 제공되는 등 개인의 성향과 기호는 점점 더 정교해지고 있다. 또한 여러 비즈니스를 구분했던 고유의 경계도 점점 희미해지며, 고객에게 어떤 가치를 제공할 것인지를 더 깊이 고민해야 하는 '가치중심'의 대고객서비스가 진화하고 있다. 최근 들어 신용카드사들이 다양한 문화 콘텐트와 이벤트 등 라이프스타일과 제휴사 멤버십 중심으로 영역을 넓혀가고 있는 것도 시장 변화와 무관하지 않다.

씨티은행은 다이닝 로열티 프로그램으로 고객의 우편번호를 분석해 고객이 거주하는 지역의 레스토랑을 추천하고 쿠폰을 제시한다. 정교하게 개인화된 추천 서비스는 쿠폰과 프로모션의 성공률도 높여준다. 앞으로 고객의 입맛이나 기호 같은 데이터까지 추가로 축적하고 분석할 수 있다면, 고객에게 훨씬 신뢰도 높은 추천을 제공할 수 있을 것이다.

또 하나는 이미 널리 알려진 미국 대형마트 '타깃(Target)'의 빅 데이터 사례다. 유통업에서 고객의 행동 정보를 얼마나 상세하게 분석하는가를 또렷이 보여주는 이야기로, 어떤 남자가 자기 딸한테 타깃이 임신 관련 쿠폰을 보냈다고 격분하여 항의한다. 하지만 뒤늦게 딸의 임신 사실을 알고 오

|그림 35| 씨티뱅크의 다이닝 로열티 프로그램[10]

히려 타깃의 매니저한테 사과했다고 한다. 이 사례는 바로 고객데이터를 통해 고객의 행동을 예측할 수 있다는 뜻이며, 이러한 고객데이터 분석을 통해 경쟁사보다 한 발 더 앞서 고객을 확보할 수 있다는 뜻이기도 하다.

기업 B2B 영업에서 위의 경우만큼 흥미로운 데이터 분석을 통한 사례는 없지만, B2B 마케팅에도 고객의 정보는 여전히 매우 중요하게 활용된다. 영업에서 대표적으로 중요한 고객정보는 고객사의 핵심인물(Key Account)이다. 그 인물과의 친밀도, 신뢰관계 형성은 매우 중요한 요소다. 가령 기존에 담당하던 핵심인물이 서비스를 독점하고 있는 다른 경쟁사로 이직을 한 경우, 우리 회사에는 새로운 영업기회가 될 수 있다. 이처럼 B2B 영업이 B2C보다 가격 이외의 품질, 신뢰, 관계 등 다른 비정형성 요소들이 많기 때문에 이에 대한 히스토리 관리는 더욱 중요하다.

다른 CRM도 마찬가지이겠지만, 설계 시 가장 먼저 고려해야 할 점은 이것이다. "플랫폼에 어떠한 정보를 담아낼 것인가?" 영업 플랫폼에 자료를 등록하고 저장하는 과정은 쉽고 간단해야 한다. 입력 정보가 너무 많으면 결국 여기저기 '공란' 투성이인 고객 DB만 얻게 될 수 있다. 따라서 고객사가 속한 산업군의 특성을 분석해 적절한 고객관리 DB, 리포트, 대시보드를 설계하는 일은 세일즈포스를 구축할 때 가장 중요한 작업이다.

3-2 어떤 고객 DB를 만들까 :
360도 View의 정의

Sales Cloud 컨설팅을 진행하면서 놀랐던 점은 너무나 많은 기업의 영업방식이 아직도 개인 역량에 의존하고 있다는 사실이다. 경험 많고 유능한 영업사원은 자신만의 고객 프로파일을 갖고 있으며, 매일 시장정보와 상권정보를 탐색-분석하는 나름의 방식을 가지고 있다. 하지만, 대부분은 구글링이나 인터넷 검색으로 잠재고객을 발굴하고 있으며, 회사의 역량으로 영업하는 것이 아니라 직접 자료를 찾아 출력한 다음, 사무실을 찾아가 담당자와 일단 부딪혀보는 식으로 영업을 수행한다. 흔히 영업에서 많이 활용하는 기업정보 DB인 크레탑(http://www.cretop.com)이나 해외기업 정보 DB인 D&B Hoovers(http://www.hoovers.com)조차 활용하지 않는 경우도 흔히 보았다. 영업을 잘하려면 좋은 기업을 골라내는 것도 중요하지만, 거래하기 나쁜 기업도 걸러내야 하지 않겠는가? 잘 만들어진 고객 DB가 있는 회사와 없는 회사, 애당초 영업의 '기초 체력'이 다르다.

세일즈포스를 소개할 때 가장 강조하는 기능 면의 장점은 고객에 대한 360도 뷰(View)를 제공한다는 점이다. 한 고객을 중심으로 다양한 정보를 연결해 한 페이지로 요약-정리해서 보여준다는 콘셉트. 하긴 기존에 전혀 없던 새로운 방식은 아니다. 하지만 누구나 이용할 수 있고 어떤 기술로도 구현 가능한 고객 360도 뷰는 고객 관점으로 일하는 출발점이 된다. 세일즈포스는 정보의 시작을 고객으로 보고 'Account' 화면에 고객과 관련된 모든 데이터가 축적, 소통, 분석되도록 하고 있다.

고객에 대한 360도 관점의 뷰가 무엇을 의미하는지, 예시를 통해 알아보자. 식당이나 레스토랑에 식자재를 납품하는 '김씨네 채소가게'(이하 K사)라는 기업이 있다고 가정하자. K사의 영업을 담당하는 김 대리가 새로운 고객을 발굴하고, 기존 거래처와의 관계 및 계약을 잘 유지하려면 어떤 정보가 필요할까? 온라인 서비스를 제공하는 B2C라면 사이트를 방문한 고객정보에 대한 웹 로그를 분석할 수 있다. 사이트를 방문한 경로, 주로 구경하는 상품, 상품별 클릭 수, 구매 이력 등 고객이 남기는 다양한 흔적 정보를 분석하여 고객의 성향을 객관적이고 통계적으로 분석하는 것이다. 그러나 주된 활동이 오프라인에서 이루어지는 B2B는 어떨까? 영업에 영향을 미치는 요소가 온라인보다 훨씬 많지만, 고객정보 수집-분석에는 한계가 있다. 만약 K사가 오프라인 영업을 통해 고객의 360도 뷰를 완성해간다면, 온라인 비즈니스처럼 고객의 이해와 고객정보를 바탕으로 한 데이터 분석 그리고 이를 통한 서비스 개선이 가능하다. 자, 영업사원이 고객사 L 레스토랑을 대상으로 오프라인 영업을 통해 수집하는 정보를 정의하고 그런 정보가 모인 다음에는, 어떤 정보를 어떻게 활용할 수 있을까?

L 레스토랑

기본정보	고객을 360도 이해하기 위한 정보	
• 회사명	인물정보	▶ 핵심 인물의 최근 관심사와 동향은 어떠한가?
• 직원 수	거래이력	▶ 우리 회사와의 거래추이는 어떠한가?
• 주소	영업활동	▶ 최근 접촉이력은 언제인가?
• 연락처	클레임 정보	▶ 최근 이슈나 불만이 있었는가?
• 대표자	외상정보	▶ 남아 있는 외상잔액은 얼마인가?
• 매출	제품 납품 단가	▶ 품목당 제공되는 단가는 얼마인가?
• 신용도	최근 동향	▶ 최근 사업 확장 등 새로운 소식은 없는지?
• 뉴스	경쟁 현황	▶ 주변 경쟁자 동향은 어떠한가?
• 평판		

고객을 이해하기 위한 다양한 관점

A. 인물 및 연락처 : 기업에 대한 일반 정보뿐만 아니라 인물 정보는 가장 중요한 정보가 될 수 있다. 고객사 핵심인물의 출신 지역, 학교, 관심사, 취미는 일단 고객과의 친밀도를 형성하는 데 큰 도움이 된다. 개인적인 친분을 통해 새로운 거래처를 소개받을 수 있고, 사업 확장 시 좋은 파트너가 될 수 있는 근간이다. 예컨대, 이미 알고 있는 고객이 새로운 대규모 점포를 낸다는 소문을 들었다면, 그가 좋아하는 골프 약속을 잡고 자연스럽게 신규 영업 가능성에 접근해볼 수 있지 않을까? B2B 영업에서는 사람과의 관계와 신뢰가 계약에 매우 중요한 역할을 차지할 때가 많다.

B. 거래 이력 : 거래 이력은 상당히 다양한 해석이 가능한 정보다. 거래 규모를 기반으로 고객에게 제공하는 서비스를 차별화할 수 있는 맞춤 마케팅도 가능하다. 가령 매출 상위 30%의 고객에게는 회사의 안정적 매출 유지를 위해 우수한 품질의 자재를 선별하여 납품할 수 있고, 가격할인 정책의 적용도 가능하다. 최근 거래가 갑자기 줄어들고 있는 고객은 왜 그렇게 줄었으며, 사업상 어떤 변화가 있는지를 파악하고 직접 현장을 찾아가 영업 관점의 '마켓 센싱(Market Sensing)'도 할 수 있다. 혹은 완전히 거래가 끊어졌지만 이후 거래의 가능성이 있는 고객은 서서히 접촉을 늘려볼 필요가 있다.

C. 영업활동 : 영업활동의 이력을 통해서 새 고객, 기존 고객별로 정보를 나누어 방문 계획을 수립할 수 있다. 더불어 영업사원별로 주-월-연간 활동 수준을 점검하면 활동 정보 조정 및 갱신, 업무 협조 지원 등이 가능하다. 한동안 방치되어 관리되지 않던 고객은 이탈할 가능성이 높으므로, 영업 인원 대비 적정 활동 일수를 관리함으로써 방문주기를 정할 수 있다. 가령, 영업사원이 몇 번 방문하고서야 비로소 고객이 되었는지를 정량 분

석할 수 있다면, 같은 고객이라도 몇 번 찾아가야 할지 효율적인 계획을 수립할 수 있을 것이다. 그리고 우수 영업사원의 활동 패턴을 분석해, 성과가 낮은 사람에게 가이드해줄 수도 있다.

D. 고객 클레임 : 고객 클레임과 불만 등 서비스 과정에서의 이슈는 혁신 관점에서 반드시 분석되고 개선 방향을 찾도록 해야 한다. 이것은 단지 영업만의 역할은 아니며, 제품생산 부서나 서비스 제공 부서에서 함께 고민하며 영업과 소통할 영역이다. 이런 정보는 각 클레임의 처리를 위해서도 중요하지만, 숨김없이 회사 내에 잘 공유해 재발을 방지하는 것도 매우 중요하다. 클레임 정보는 회사가 가지고 있는 고객 커뮤니티 게시판이나 전화나 이메일을 통해 수집되고, 세일즈포스와 연계하여 관리하도록 일원화하는 것이 매우 중요하다. 실수나 문제점을 숨기는 것만큼 영업을 어렵게 하는 요소는 없다.

E. 외상 및 단가 : 고객에게 적정 수준의 신용을 제공하고 있는지에 대한 정보를 통해 영업사원은 판매뿐만 아니라 금융 관점의 리스크도 항상 인지하고 있어야 한다. 이런 면에서 본다면, 고객에게 어느 정도의 신용을 제공할지에 관한 회사 차원의 가이드라인 및 기준을 수립할 때 영업담당자가 관여할 필요가 있다. 획일적인 내부 기준을 적용했다가는 핵심고객 중 일부가 영향을 받을 수 있기 때문이다. 같은 채소라도 공급처와 수요처마다 구매-납품 가격이 다를 수 있다. 고객마다 납품가가 다른 경우, 그런 가격들이 고객의 기여 수준이나 로열티에 비추어 적정한지를 분석할 수 있다. 이를 통해 정기적으로 가격을 조정할 수도 있고, 재무부서가 수익률 관점의 시뮬레이션을 할 수 있는 기초 자료도 된다.

F. 최근 면담 기록과 경쟁사 현황 : B2B 영업에서 데이터 분석으로 기회의 창출규모와 영업성공(수주) 확률을 100% 도출할 수 있다고 생각하는 사람은 아마도 없을 것이다. 그만큼 B2B는 다양한 환경 요소에 영향을 받기도 하며, 때로는 운에 좌우되기도 한다. 그래서 고객과의 면담 기록은 수치화할 수 없는 비정형 요소이기에 매우 중요하다. 고객사의 제품 물량 확대, 신사업 진출, 인물 포지션의 변화, 사업구도의 변화 등 수많은 영업 변수가 빠짐없이 기록되고 표현되어야 한다. 영업담당자의 능력은 이런 정보를 활용해 기회를 포착하고 실제 사업으로 만드느냐의 여부로 귀결될 수 있다. 또한 이 과정에서 자연스럽게 취득되는 경쟁사의 동향은 경쟁사 대응 전략을 수립할 때 훌륭한 소스가 된다.

|그림 36| 각 Account별 360도 뷰 적용 화면 예시 [11]

3-3 또 하나의 시나리오: 2~3년 후의 고객 활용

세일즈포스 도입이 단기간에 CRM 경쟁력을 높여줄 수는 있지만, 좀 더 고도화된 CRM 분석 영역으로 진화하기 위해서는 잘 정의된 데이터와 활용 시나리오가 필요하다. CRM 활용과 분석 기반 영업은 시차를 두고 접근해야 한다는 얘기다. 예를 들어, 우리가 경험한 다수의 고객사는 처음부터 단순한 영업활동 관리나 기회 관리가 아닌 그 이상의 기대치를 가치고 세일즈포스를 도입한다. 하지만 영업이나 기획 부서에서 진정으로 필요로 하는 가치에는 일정 기간 이상의 데이터가 축적되어야 비로소 가능한 분석 기반 시나리오가 많다.

보통 영업사원들이 생각하는 영업 CRM은 이런 식이다. "고객 이력을 열심히 관리하고 영업활동을 열심히 시스템에 입력하면, 대체 나한테 무슨 이득이 되는 걸까? 기껏 의사결정자에게 우리를 통제하기 위한 데이터만 주는 게 아닐까? 결국 내가 할 일만 늘어나는 것이 아닐까?" 이것은 세일즈포스를 추진하는 혁신 TF가 들을 수 있는 가장 보편적인 질문이다. 이에 합리적으로 답하려면, 영업 CRM을 위한 명확한 비전을 제시해야 한다. 결국 영업사원이 고객 자료를 수집하고 영업활동을 관리하면, 이런 데이터를 어떻게 활용할 수 있게 되는지에 대해 청사진을 제시하는 것이 혁신 TF의 가장 큰 숙제다. 실제 영업담당자가 CRM 시스템을 통해 원하는 수준의 눈높이는 다음과 같다.

영업사원의 니즈

1. 내가 영업해야 할 후보군을 시장분석으로 찾을 수는 없을까?
2. 지금 잘 되는 사업과 유사한 성격의 회사(잠재고객)는 어디일까?
3. 유사한 품목의 경우 견적이 자동으로 시뮬레이션 되어 산출될 수 없을까?
4. 기간이 만료되는 계약이나 입찰 건을 자동으로 알려줄 수 없을까?
5. 잠재 고객 중 가능성이 높은 고객들에게 할인쿠폰을 한 번에 보낼 수 없을까?
6. 소셜 미디어를 통해 영업기회를 모색해볼 수 있을까?

위와 같은 질문들은 초기 영업 CRM을 구축할 때의 기본적인 기능만으로는 쉽게 충족시킬 수 없는 난이도 높은 요구사항들이다. 보통 이러한 니즈를 충족시키려면 우선 고객-시장-영업에 대한 데이터의 활용 시나리오를 설계해야 한다. 영업담당자에게 진정한 가치를 줄 수 있는 시스템이 아니라면, 언젠가는 영업담당자가 외면해버리는 시스템으로 전락한다. CRM을 도입한다고 해서 현실적으로 위와 같은 문제들을 100% 해결해줄 수는 없다. 무엇보다 충분히 분석하기에는 데이터의 양이 현저히 부족할 수 있으며, 때로는 아예 데이터가 없어서 시도조차 불가능한 경우도 있다. 가령, 견적 자동화의 경우 품목별 원가에 대한 상세 데이터가 없거나, 기존 ERP 같은 시스템이 관련 정보를 CRM으로 공유(Interface)해줄 수 없다면, 실행이 어렵게 된다. 단순 요구 같은 이런 기능을 실행하려면 CRM 구축 이상의 작업이 필요할 수도 있다. 또한 시장분석을 통해 유사 산업군의 영업기회를 찾아주기 위해서는 많은 양의 기업정보 확보와 분석체계가 선행되어야 한다. 결국, CRM의 현재의 모습과 미래의 모습에 대한 청사진을 먼저 정의해야 한다. 이에 맞춘 고객 데이터 항목의 설계는 Sales Cloud를 실행하기 위해 중요한 전제조건 중 하나다. 영업사원의 다양한 요구사항을 충족시키는 일은 단기에 완성될 수 없다. 영업활동의 결과와 정보 획득의 반복을 통해 지속적으로 고도화해나가야 한다. 확보된 정보의 양과 질에 따라, 영업사원의 니즈와 각 회사의 준비가 최소 2년 이상이 소요될 수 있다.

앞서 예로 든 K사(채소가게)의 가상 시나리오를 통해 좀 더 설명해보자. K사 사장은 CRM을 구축하면서 다음과 같은 시나리오를 수립한다.

"지금 고객을 핵심고객과 일반고객으로 나누어서, 핵심고객에게는 사장인 내가 대면 접촉의 영업활동에 집중하고, 일반고객에게는 관심을 유도할 수 있도록 샘플을 제공하는 방식으로 적용하여, 상품별로 영업 방식이나 마케팅 방식을 차별화하고 싶은데…"

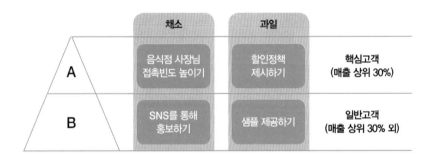

자, 그럼 K사가 CRM을 활용하는 구체적인 시나리오를 만들어보자. 가령 고객매출 분석을 통해 적절한 영업활동 정의 및 영업계획 가이드라인을 세우는 모습이다.

K사의 김 대표는 다음과 같은 영업전략을 수립한다. 고객의 매출 기

여 수준에 따라 고객 로열티 강화를 위해 전략을 차별화하는 것이다. 핵심 고객 상위 30% 중 채소는 대면 관계가 중요하므로 음식점 사장님과 더 자주 접촉하기로 하고, 과일은 가격탄력성이 높으므로 과감한 할인 정책을 제시하여 더욱 장기간 거래하도록 전략을 수립한다. 일반 고객은 쉽게 이탈하는 경향이 있으므로 김 대표가 직접 접촉하지 않고 채소의 경우 SNS로 신선도를 홍보하고, 과일의 경우 샘플을 제공해서 품질을 인정받는 전략을 택한다. 우선 이 같은 시나리오를 짜놓으면 그 다음부터는 이 시나리오에 필요한 CRM의 데이터가 쉽게 확보된다. 첫째, 고객군 분석을 위한 매출 정보가 CRM에 담겨야 한다. 둘째, 매출기준의 계산 로직을 반영하여 핵심 고객과 비핵심 고객을 구분해서 볼 수 있도록 구성한다. 셋째, 채소와 과일이라는 대표 품목군으로 연결될 수 있게 품목의 트리를 구성한다. 넷째, 이렇게 잡은 시나리오대로 핵심고객은 유지되는지, 일반고객은 증가하는지, 영업활동 대비 매출 추이 분석 매트릭스(Matrix)를 구성하여 주별, 월별로 영업활동 대비 효과를 분석한다.

K사의 예시와 같이 영업혁신을 위한 아이디어를 다양한 시나리오로 구성할 때 비로소 지금 CRM 구축을 위해 어떤 데이터가 필요한지, 그 답이 나오는 것이다. 이러한 접근은 단순히 세일즈포스라는 IT 솔루션을 업무지원 도구로 도입하는 수준이 아니라, 업業에 대한 전략적 고민을 먼저 해야 한다는 의미다. 지금은 비즈니스 혁신의 아이디어와 데이터만 있다면 얼마든지 AI를 통해 데이터를 분석하고 유의미한 결과를 얻을 수 있는 시대다. 세일즈포스는 이미 2017년부터 Einstein 기능을 통해 AI 분석 서비스를 제공하고 있다. 디지털 시대에 맞는 어떤 전략을 수립하느냐가 디지털혁신의 핵심이요 경쟁력이다. 그 전략을 데이터로 정의하는 능력이야말로 회사가 가진 디지털혁신의 핵심 경쟁력이다.

단순히 시스템으로 영업사원의 활동을 관리하거나 모바일 기기로 몇 가지 정보를 제공할 목적만으로 CRM을 도입한다면, 영업직원들도 그다지 열광하지 않는다. 현장에서 영업 담당자들이 정말로 원하는 기능과 정보가 무엇인지, 이를 만들어가는 방법과 과정은 어떠해야 하는지, 각자가 노력해야 하는 바는 무엇인지, 그런 것들을 미래 비전 중심으로 공유해야 한다. 그래야만 직원들의 행동 변화를 유도하고, 혁신된 업무수행 방식에 따라 경쟁력 있는 고객응대가 가능해진다.

고객자산 관리 및 맞춤형 고객대응 서비스

씨티은행(Citibank)의 역사는 200년이 훌쩍 넘는다. 그 오랜 기간 다른 은행을 인수-합병하며 자산 규모를 키워왔다. 2018년 포브스의 발표에 따르면, 씨티은행은 1.88조 달러의 자산 규모로 미국에서 3번째로 큰 금융기업이었다. 그런데 인수-합병 이후 피인수 기업의 프로세스 통합을 위한 새로운 시스템이 필요했다. 그들의 강점인 자산관리(Wealth Management) 노하우를 고스란히 시스템에 반영시키기 원했으며, 이를 위해 세일즈포스의 Service Cloud를 도입하게 된다. 씨티은행은 직원과 고객이 서로 멘토가 되는 공간, 서로의 고객경험을 공유할 수 있는 공간을 만들고자 했다. 혁신팀은 고객 응대·현장 서비스를 다루는 Service Cloud와 전담팀이 핵심고객에 밀착 대응할 수 있는 Partner Community를 통해 고객 중심의 새로운 자산관리 업무 기능을 기획하게 된다.

|그림 37| 씨티뱅크의 Salesforce 기반 자산관리 시스템

고객 그룹의 모든 자산관리 정보를 토대로 한 개인화 서비스

일반적으로 금융정보와 서비스는 한 개인을 중심으로 제공된다. 씨티은행의 자산관리는 고객 정보를 한 개인에 국한시키지 않고 그의 가족과 연계한 가계도(Household)를 중심으로 금융 니즈를 파악해 서비스를 제공한다. 이런 서비스를 구현하기 위해 "Customer Relationship View"를 설계하여, 가족이나 기업 등 자산관리의 대상을 개인이 아닌 '관계 맺은 고객집단'으로 정의한다. 그렇게 정의된 대상에 관한 정보를 통

합적으로 수집하여 금융 서비스를 제공하는 것이다. 씨티은행의 자산관리사는 해당
고객그룹의 전체 자산 현황을 한눈에 파악하여 각 고객에게 좀 더 특화된 자산설계 서
비스를 제공할 수 있게 된다.

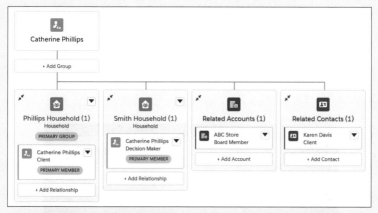

|그림 38| 고객 집단별 자산관리를 위한 가계도 관리 화면[12]

씨티뱅크는 고객에게 통합된 고객경험을 제공하기 위해 예금, 대출, 적금과 같은 금융
절차를 하나의 모바일 앱으로 묶었다. 고객이 서비스를 이용할 때 발생한 정보는 세일
즈포스와 실시간으로 연동된다. 자산관리사들은 세일즈포스의 자산관리 화면에서 고
객이 모바일 또는 오프라인을 통해 거래한 이력과 자산변동 현황을 실시간으로 확인
할 수 있도록 한다. 이를 토대로 자산관리사는 Chatter를 이용해 소통하며 맞춤형 피
드백을 줄 수 있게 된다.

Account
Rachel Adams (Sample)

DETAILS   FINANCIAL ACCOUNTS   RELATIONSHIPS   GOALS   RELATED

Financial Summary

TOTAL INVESTMENTS	TOTAL BANK DEPOSITS	TOTAL INSURANCE	WALLET SHARE
$1,337,000	$112,677	$2,000,000	84 %

Investment Accounts (2)   New

FINANCIAL ACCOUNT NAME	TYPE	OWNER TYPE	HELD AWAY	DATE OPENED	BALANCE	
> Investment Account (Sample)	Brokerage	Primary	☐	Dec 20, 2011	$895,000.00	▾
Mutual Fund Investment (Sample)	Mutual Fund	Primary	☑	Aug 3, 2013	$142,000.00	▾

View All

Bank Accounts (1)   New

FINANCIAL ACCOUNT NAME	TYPE	OWNER TYPE	DATE OPENED	BALANCE	
Bank of BAS Checking Account (Sample)	Checking	Primary	Oct 2, 2015	$100,000.00	▾

|그림 39| 자산관리 통합정보와 Chatter 화면

라이브 채팅 서비스로 더욱 빠르게

씨티은행 자산관리 부서는 대기시간이 긴 ARS보다는 홈페이지에서 상품을 보다가 즉시 문의하고 싶은 고객을 응대하기 위해 Service Cloud의 "Live Agent pre-chat" 기능을 도입해 고객과 소통할 수 있는 채널을 구성했다. 고객이 홈페이지나 모바일 중 어떤 채널이든, 언제 어디서든, Live Agent를 통해서 필요한 금융상품에 대해 문의할 수 있도록 한 것이다. 이러한 상담 이력들은 다시 Service Cloud로 피드백되어 하나의 완성된 고객 자산관리 기록으로 활용된다.[13]

|그림 40| **Live Agent pre-chat**을 활용한 고객과의 채팅

제4장

Sales Cloud 적용 C ;
일하는 방식부터 혁신하라

4-1 기존의 문화와 업무방식은
혁신의 아킬레스건!

"세일즈포스를 설명하면서 왜 일하는 문화를 이야기하는가?"

그렇게 궁금해 하는 사람들이 있을지 모르겠다. 세일즈포스는 수많은 디지털혁신의 한 방법, 한 가지 도구에 불과하다. 결국 세일즈포스의 도입-적용도 디지털혁신이라는 범위 안에 있다. 디지털혁신은 '혁신적인 디지털 기술의 적용'이라고 수월하게 이해할 수 있지만, 그 외에도 변화에 꼭 필요한 여러 가지 요소가 고려되어야만 디지털혁신도 가능하다. 다보스 포럼의 제4차 산업혁명 발표 이후, 세계 각국은 새 시대의 리더가 되기 위한 범국가적 디지털 전략을 발표하였다. 영국의 디지털혁신 전략인 "Government Transformation Strategy 2017 to 2020"에 담긴 중점 사항을 보면, 디지털혁신은 단지 기술로만 이루어지는 것이 아님을 쉽게 확인할 수 있다. 특히 비즈니스 혁신이라는 첫 번째 분야에서는 스마트하고 효율적으로 일하는 혁신이 가장 먼저 언급된다. 결국 디지털 기술을 사용하는 사람들의 일하는 방식이 함께 변해야 디지털혁신이 이루어질 수 있다는 이야기다.

영국 정부의 디지털 트랜스포메이션 전략 2017~2020의 중점분야[14]

[비즈니스 혁신] 사용자 경험을 근본적으로 개선한 세계 최고 수준의 디지털 서비스 확대 및 스마트하고 효율적인 업무방식으로의 혁신

[사람, 기술 및 문화] 시민-정부 간 소통을 통해 기술과 문화를 개발하고 시민들의 요구에 적절히 대응할 수 있는 환경 마련

[도구, 프로세스 및 거버넌스] 공무원의 디지털 역량 강화 및 공무원이 일하기 좋은 IT 기반 환경 구축, 업무 프로세스 및 부처 간 협업체계 정립

[더 나은 데이터 사용] 정부 투명성 제고 및 부가가치 창출을 위해 혁신적인 민관 협업을 통한 데이터 활용 기반 마련, 안전한 보안시스템 도입

[플랫폼, 구성 요소 및 비즈니스 역량] 디지털 트랜스포메이션의 속도를 높이기 위해 표준화 기반의 공유 플랫폼 적극 활용

우리나라에는 디지털혁신을 근원적으로 저해하는 문화적 아킬레스건이 있다. 대한상공회의소의 2016년 조사 내용을 보면 우리나라의 지식근로자는 거의 세계 최하 수준의 환경에서 일하고 있다. 잦은 야근, 비효율·비생산적 회의, 형식에 치우치고 과도한 보고 문화가 대기업과 중견기업에 팽배해 있다. 우리도 스마트워크를 위해 어느 회사를 대상으로 설문을 진행한 적이 있다. 하지만 모두가 찬성하리라고 생각했던 SNS 소통-공유 및 앱 중심의 사내 포털 등 최신 디지털 기술에 대해, 젊은 직원들은 대체로 변화가 필요하다고 인식했지만 40대 후반 이후의 상급자들은 스마트워크를 통한 변화가 필요 없고 현재 방식이 더 낫다는 의견이 지배적이었다.

많은 회사가 호칭을 파괴하거나 직급체계를 단순화하여 수평적인 일하는 문화를 추구하고 있지만, 아직은 국내 기업의 77%가 구시대적인 업무행태를 바꾸지 못하는 게 현실이다. 예를 들어, 아직도 페이스북을

한 번도 경험해보지 못한 상급자에게 디지털혁신을 어떻게 이해시킬 수 있을까? 아직도 대면 결재가 익숙한 경영진에게 디지털혁신 도구들은 새로운 기술이 아니라 오히려 셀프서비스 레스토랑에 온 것과 같은 불편함만 가져다준다.

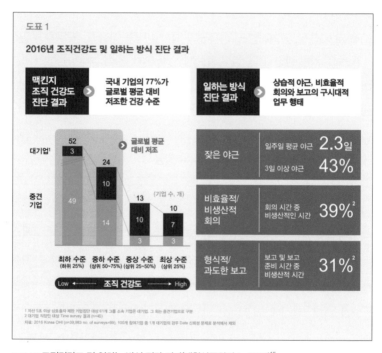

|그림 41| 조직건강도 및 일하는 방식 진단 결과(대한상공회의소, 2018)[15]

리더들이 먼저 변해야 한다. 디지털 시대, 고객의 시대로 바뀌면서 더 신속한 업무처리와 의사결정은 필수 요소다. 개인의 라이프스타일도 이젠 '일과 삶의 균형'을 중요시하는 쪽으로 바뀌고 있다. 잡 리크루트 사이트만 봐도 그 회사의 급여-복지수준 및 분위기를 쉽게 이해할 수 있다. 권위주의에 젖은 복지부동형 리더들이 아직 주류를 차지하고 있다면, 10년 후 그

회사의 미래는 불 보듯 뻔하다. 인재들은 절대 그런 회사에 오래 머물지 않는다. 디지털혁신 수준도 가장 낙후된 채 머물러 있을 수밖에 없다. **바야흐로** 지금은 짧은 SNS 몇 문장만으로 업무보고가 완결되는 시대, 글로벌 소싱과 영업도 실시간으로 이루어지는 시대이기 때문이다. 아직도 보고서를 만들고 대면보고를 하는 문화를 가진 회사가 있다면 디지털혁신의 기차는 이미 놓쳐버렸다는 것을 알아야 한다. 디지털혁신의 시작 시점은 바로 지금이다.

4-2 일하는 방식을 다시 정의하라

포레스터(FCAI: Forrester Consulting and Accenture Interactive)의 연구에 따르면, 디지털혁신 추진 과정에서 기업 문화와 조직은 프로세스와 기술에 뒤처지는 경향이라고 한다. 그러나 디지털혁신의 성공은 기업문화나 교육 측면의 변화와 함께 가야 한다. 다른 디지털혁신도 그렇겠지만, 세일즈포스의 성공적인 도입은 회사의 일하는 방식과 문화를 바꿀 수 있느냐에 달려있다. 앞서 지적했던 우리네 기업문화의 고질적 병폐를 디지털 시대의 업무수행 방식으로 전환할 수 있느냐가 중요하다는 얘기다. 우리가 세일즈포스 컨설팅을 진행하면서 가장 어려움을 겪는 일은 그 기능을 설계하고 도입하는 일이 아니다. 세일즈포스가 지향하는 디지털 방식의 영업방식으로 전환하는 일이 가장 어려웠다.

| 디지털 혁신 기술 도입 | + | 일하는 문화의 변화 | = | 디지털 혁신 |

세일즈포스의 실제 구축은 3~5개월의 단기로 이루어진다. 하지만, 그 시스템이 성공적으로 적용되는 데 필요한 업무방식 및 문화의 변화는 1년 이상이 소요된다. 따라서 세일즈포스를 추진하는 부서는 변화의 관리를 간과하지 말아야 한다. 세일즈포스 구축을 준비하면서 가장 먼저 해야 할 일은 다음과 같이 세일즈포스 적용 후의 일하는 모습에 대한 규칙과 정책

(Rule&Policy)을 정하는 일이다. 세일즈포스가 제공하는 Sales Cloud의 핵심 기능을 중심으로 가장 일반적인 업무방식의 변화는 다음과 같다. 물론 기업의 형태와 영업의 형태에 따라 더 많은 아이디어가 도출될 수도 있다.

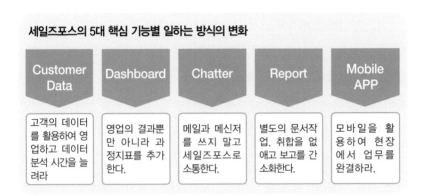

세일즈포스의 5대 핵심 기능별 일하는 방식의 변화

Customer Data	Dashboard	Chatter	Report	Mobile APP
고객의 데이터를 활용하여 영업하고 데이터 분석 시간을 늘려라	영업의 결과뿐만 아니라 과정지표를 추가한다.	메일과 메신저를 쓰지 말고 세일즈포스로 소통한다.	별도의 문서작업, 취합을 없애고 보고를 간소화한다.	모바일을 활용하여 현장에서 업무를 완결하라.

(1) 세일즈포스가 제공하는 고객 360도 뷰 데이터를 축적하고 활용하는 시간을 늘리는 것이다. 이를 위해서는 모든 직원이 고객중심의 뷰를 통해 고객을 이해하고 데이터를 축적해야 한다. 영업사원은 수집한 정보를 빠짐없이 현장에서 기록해 히스토리화하고, 상위 관리자는 별도 보고 없이 실시간으로 피드백을 줄 수 있는 문화가 만들어져야 한다. 비즈니스 기회에 대한 후속 조치 역시 세일즈포스를 통해 요청하고 동시에 지원부서의 도움을 받을 수 있어야 한다. 고객과의 미팅 전 모바일을 통해 전임자의 고객 대응 히스토리를 빠르게 숙지하고 전략을 구상할 수 있어야 한다. 따라서 모든 부서가 영업 스피드 향상을 목표로 재편되어 영업사원은 고객을 만나 사업을 수주하는 데 필요한 협상과 준비에 집중하게끔, 일하는 방식과 업무분장이 재편되어야 한다. 이는 회사가 점점 영업중심, 고객중심으로 재편됨을 의미한다. 이렇게 오랜 기간에 걸쳐 고객중심 데이터가 축적되었을 때 비로소 데이터 기반의 인사이트(Insight)를 가질 수 있게 된다. 물론 1

~2년에 이루어질 일은 아니다. 그러니까 지금 당장 실행해야 한다. 4차 산업혁명에서 이야기하는 오프라인과 온라인이 결합한 디지털혁신을 구현한 회사는 이미 많으며, 그 핵심역량은 고객의 데이터다.

(2) 영업활동 평가에 극히 중요한 매출 비중을 낮추고 영업 과정 중심의 성과관리를 강화하는 일이다. 회사의 지속가능성 측면에서 볼 때, 지금 당장의 매출보다는 영업대상 풀이 넓어야 하며 이를 매출로 실현하는 성공률이 무엇보다 중요하다. 이 과정을 철저하게 관리하다보면 현재 우리 영업의 건전성도 파악할 수 있다. 지금 당장의 매출에 눈이 멀어 잠재고객을 발굴하는 일을 소홀히 한다면, 향후 매출이 급감할 수 있다. 그리고 특정 품목에 대한 사업기회가 점점 감소하고 있거나 성공률이 감소하는 추세라면, 신속한 대응책이 요구된다. 하지만 매출 달성에만 초점을 맞춘 문화에서는 한 두 명의 슈퍼맨 영업사원이 달성하는 실적에 충분히 만족할 수 있다. 영업사원의 개인기에 의존하지 말고 회사의 영업 체력을 높이기 위한 지표를 마련하고 성과에 반영하는 문화가 되어야 진정한 고객중심의 회사로 변모할 수 있다. 세일즈포스를 통한 잠재기회(Lead)와 사업기회(Opportunity)로 영업을 관리하면, 매출 이외의 여러 다른 지표들이 눈에 들어올 것이다.

(3) 커뮤니케이션 방식의 변화다. 대다수 기업의 공식적인 업무 소통 수단은 여전히 이메일이다. 최근에는 사내 메신저나 사외 메신저가 많이 늘었지만, 과연 이런 의사소통 결과가 먼 10년 후 어떤 가치를 지닐지 생각해보자. 그저 한순간의 메시지로 생겨났다가 연소돼버리는 것과 같지 않은가. 고객과 밀접하게 관련된 영업 정보를 그런 소통으로 얻는다면, 한순간 휘발되어 사라질 확률은 더 높다. 새로 입사한 영업사원에게 제일 필요한 것은 맡은 고객에 대한 히스토리다. 세일즈포스에는 CRM과는 전혀 상관

이 없을 것 같은 기업용 SNS 기능이 기본으로 내장되어 있는데, 이것은 고객의 시대에는 소통의 결과도 데이터 분석의 일부가 될 수 있다는 전제에서 출발한다. 고객과의 소통 정보가 CRM 안에서 기록-축적되지 않으면, 고객 히스토리는 영영 모을 수 없다는 이야기가 된다.

지금 회사의 CRM 서버에 접속해보라. 고객정보 중 얼마나 최신의 내용이 기록되어 있는가? 미팅 결과를 문서로 저장해놓을 수는 있지만, 문서는 이미 파워포인트나 워드나 한글 프로그램에 종속된 정보일 뿐, 데이터가 아니다. 결국 디지털로 기록되더라도 분석과 내용 조회가 불가능한 정보가 된다. 그래서 적어도 고객과 관련한 업무를 다루는 부서의 커뮤니케이션은 더구나 기록 가능한(사내 메신저나 SNS 같이 정보 축적이 가능한) 형태가 되어야 한다. 페이스북에서 친구를 팔로우하듯이 고객을 팔로우하면 자동으로 고객의 최신 정보가 실시간 알림으로 전달된다. 그런 알림을 보고 친구에게 댓글을 다는 것처럼, 소통 그 자체가 고객의 히스토리로 기록되어야 한다. 이렇게 소통 수단-방식만 바꿔줘도 한 순간에 고객중심의 히스토리 정보를 가진 회사가 된다. 하지만 가장 무서운 것은 기존의 커뮤니케이션 습관이다. 이것을 바꾸는 것이 세일즈포스를 구축하는 일보다 훨씬 어렵다.

(4) 영업에 관한 보고서나 수작업 취합 업무를 최소화하는 일이다. 4가지 일하는 방식의 변화 중에서 가장 쉽게 느낄 수 있다. 하지만 우리 생각에는 전혀 그렇지 않다. 왜냐하면 이 문제의 본질은 중간관리자들의 행동 변화를 요구하기 때문이다. 보고서나 단순 취합은 주로 중간관리자에게 보고하기 위한 것이다. 이를 다시 요약하면 그 다음 임원에게 보고하는 중요한 기초자료가 된다. 보고서와 수작업이 사라진다는 것은 이제 중간관리자 이상의 임원과 경영진도 직접 Dashboard와 Report를 활

용해야 한다는 의미다. 영업담당자가 자신의 활동을 잘 기록하기만 하면 주간보고도 얼마든지 자동으로 생성되도록 할 수 있다. 하지만 이 또한 주요 경영진과 임원들에게 '스스로 노력하기'를 요구한다. 이들이 밑에서 올라오는 보고서를 읽는 게 아니라, 불편하더라도 기꺼이 찾아서 읽도록 만드는 변화가 필요하다. 세일즈포스를 도입해놓고도 기존의 보고서 작성이나 취합 업무를 여전히 계속하고 있다면, 영업사원에겐 세일즈포스가 오히려 짐이 될 뿐이다.

(5) 마지막은 모바일을 통해 현장에서 업무를 완결하도록 하는 것이다. 그러려면 과감하게 대면보고 문화를 없애야 하며, 영업 담당자가 본사로 돌아와야 할 관련 업무를 모바일에서 처리할 수 있도록 틀을 짜야 한다. 물론 기존 시스템도 대부분 전자결재 형태가 많으므로 그런 기능을 세일즈포스가 대체하긴 어렵겠지만, 과감하게 모바일에서 업무를 완결하도록 결재 단계를 Chatter로 바꿔보는 것도 하나의 아이디어가 될 수 있다. 기존의 형식적인 결재와 프로세스를 업무속도 중심으로 과감하게 타파하는 것이 디지털혁신의 지향점이니까. 이제 전 세계 어디서나 네트워크가 미치지 않는 곳이 없다. 그렇다면 모바일 기기야말로 가장 훌륭한 업무도구 아니겠는가. 이렇게 좋은 업무 환경이 제공되는데 군이 과거의 방식을 고집할 필요가 있을까? 우리가 컨설팅을 수행하면서 얻은 인사이트 중 하나는 우수한 영업사원일수록 자기 나름의 모바일 디바이스를 통한 업무기록 방식을 가지고 있다는 것이다. 세일즈포스는 이들에게 날개를 달아주는 것이며, 추후 이들이 세일즈포스를 통한 디지털혁신의 전도사가 될 것이다.

4-3 혁신의 전도사는 바로 핵심 임원들

기존의 점진적 프로세스 혁신과 디지털혁신은 추구하는 방향이 완전히 다르다. 디지털혁신은 예전의 부분적 혁신이 아니라, 새로운 가치 창출을 위해 비즈니스 모델 자체를 바꾼다는 뜻이며, 이를 실현하기 위한 인적자원, 프로세스, 시스템의 변화를 의미한다. 가트너는 2017년도 아·태지역 디지털혁신 기업 순위를 발표하면서, 기업의 80%가 2021년까지 혁신을 위한 경쟁에서 도태되거나 실패하여 시장점유율의 10%를 잃을 것이라고 예견했다. 세일즈포스는 기업의 비즈니스 모델 자체를 변화시키는 혁신 지원 도구는 아니지만, 적어도 CRM 영역 안에서는 확실한 디지털혁신을 추구한다. 그렇다면 디지털혁신의 성공을 위한 핵심 요소는 무엇일까?

글로벌 컨설팅 업체 프라이스워터하우스쿠퍼스(PwC)의 디지털 IQ 서베이가 제시하는 디지털 전략 실행 점검항목 Top10은 다음과 같다.[16]

> (1) CEO는 디지털을 위한 투사 혹은 옹호자가 되어야 한다.
> (2) 디지털을 추진하는 임원은 비즈니스 전략 수립 전반에 관여해야 한다.
> (3) 비즈니스와 연계된 디지털 전략은 C레벨 임원에게 공유한다.
> (4) 비즈니스 및 디지털 전략은 전사적으로 잘 공유되어야 한다.
> (5) 떠오르는 신기술 적용에 대한 새로운 아이디어를 모으기 위해 외부업체와 소통한다.
> (6) 디지털기업이 되기 위한 투자는 주로 경쟁 우위를 확보하기 위해 이루어진다.
> (7) 비즈니스 가치를 견인하기 위해 수집된 모든 데이터를 효과적으로 활용한다.

(8) 디지털혁신 프로젝트의 보안 및 개인정보 유출 위험을 사전에 평가하고 계획을 세운다.

(9) 비즈니스 역량 및 프로세스, 디지털 및 IT 구성요소 등 디지털기업을 향한 다년간의 여정을 가지고 있어야 한다.

(10) 디지털 기술 투자의 결과를 일관되게 측정한다.

여기서 주목할 것은 CEO와 고위임원들이 직접 디지털 변화를 주도하고 전략 수립에 관여해야 한다는 점이다. 즉, 디지털혁신은 회사 조직, 비즈니스 모델, 프로세스 등 전반의 변화를 수반하므로 C레벨의 디지털혁신임원(CDO : Chief Digital Officer)이나 CEO가 직접 주도해야 성공할 수 있다는 의미다.

스타벅스는 2000년 후반 폭발적인 매장 증가로 인해 점포끼리 매출을 갉아 먹으며 전체 매출-수익성이 악화하고 주가가 폭락한 시절이 있었다. 더욱이 미국에 서브프라임 사태가 불어 닥치며 상황은 더욱더 악화되고 있었다. 하지만 스타벅스는 CEO 하워드 슐츠의 진두지휘 하에 몇 년간 완전한 IT DNA를 이식했다. 주니퍼 네트웍스 CEO 케빈 존스를 영입하고 마이크로소프트 CEO 사티야 나델라를 이사회 이사로 선임하는 등 디지털혁신의 DNA를 스타벅스에 적용한 것이다. 이제 스타벅스는 그저 커피를 파는 곳이 아니라 고객경험의 혁신을 느낄 수 있는 곳이 되었다. 사이렌 오더를 통해 미리 주문할 수 있으며, 알렉사를 통한 음성주문도 가능하다. 스포티파이와 손잡아 고객들은 바리스타가 틀어주는 음악을 감상하고 평가하며 노래신청도 할 수 있다. 이러한 총체적인 디지털기업으로의 변화는 바로 핵심 임원만이 추진할 수 있는 변화다. 그래서 디지털혁신은 '디지털 이노베이션(Digital Innovation)'이 아니라 '디지털 변혁(Digital Transformation)'

이라고 불린다.

　앞서 우리가 제시한 세일즈포스를 통한 업무방식의 변화는 구성원들에게 커다란 변화를 요구한다. 세일즈포스 적용 후 일하는 방식과 역할의 변화에 대한 저항은 실로 만만치 않다. 물론 아무것도 혁신하지 않고 그냥 하나의 도구로서만 사용한다면 다르겠지만 말이다. 이는 세일즈포스를 추진하는 부서에 상당한 부담으로 작용한다. 특히 IT부서가 추진하는 경우엔 혁신의 부담으로 새로운 프로젝트 시도마저 피하게 만들어버린다. 그래서 C레벨 임원들이 혁신에 대한 공통된 의견과 합의를 가지는 것이 중요하다. 또 경영진의 메시지가 지속해서 구성원들에게 전파되어야 한다. 중요한 것은 고위 임원들의 행동 변화다. 가령 그들이 세일즈포스 모바일 앱을 자신의 태블릿 위에 띄워놓고 매일 영업 어젠더(안건)를 논의하자고 나선다면 어떨까? 혹은 임원이 예상 매출을 전망하는 리포트를 직접 Dashboard로 보면서 적절한 사업기회 확보에 대한 질문을 던진다면 어떨까? 임원이 Chatter를 통해 새로운 거래처를 개척한 영업사원을 칭찬해준다면 어떨까? 상상해보라, 중간관리자 이하에서 어떤 변화가 생기겠는가?

　디지털혁신은 리더가 중심에 서야 한다. 디지털 시대의 리더는 이제 직접 디지털 환경에서 일하는 리더라야 한다. 좋은 도구를 가져다준다고 해서 이미 기존 업무형태에 익숙한 구성원들이 변화하라고 절대 믿지 말자. 세일즈포스 적용에 실패한 많은 국내외 사례가 그것을 말해주고 있다. 우리나라보다 앞서 세일즈포스를 적용하고 생태계를 발전시킨 일본의 경우도 세일즈포스의 변화 관리를 위해 1~2년 정도의 장기 로드맵을 적용해 추진한다. 얼마 전 세일즈포스 관련 행사에서 직접 고객으로부터 인상 깊은 적용 사례를 들었다. 그 사례를 발표한 것은 바로 그 회사의 CIO(Chief Information Officer)였다. C레벨 임원이 직접 디지털혁신을 진두지휘했을 때 디지털혁신의 DNA는 빠르게 조직에 침투된다.

다국가–다문화 고객응대 서비스 표준화

로제타스톤(Rosetta Stone)은 1922년부터 미국에서 서비스되고 있는 대표 외국어
학습브랜드다. 전 세계적으로 많은 고객을 보유하고 있어서, 다양한 문화에 속한 고객
과 접촉해야 하는 과제를 안고 있다. 로제타스톤의 CIO 마크 몰리는 세일즈포스와의
인터뷰에서 이렇게 말한다. "모든 고객과 상호 작용하는 것은 결코 쉬운 일이 아니다."
로제타스톤은 세일즈포스를 통해 고객 데이터를 통합하기로 했으며 다양한 채널의 고
객정보를 통합하여 이를 바탕으로 서비스를 제공하기로 하였다.

|그림 42| 로제타스톤 홈페이지

Sales Cloud를 통한 고객 360도 뷰

로제타스톤은 Sales Cloud 기능을 이용하여 고객정보를 통합하고 다양한 기회를 관
리하고자 했다. 우선 고객을 지역별–언어별로 나눠 쉽게 고객정보를 찾아볼 수 있게
했다. 로제타스톤은 미국에서 공교육에 이용되기 때문에 주 영업대상은 학교다. 각 학
교에 대한 영업 이력과 거래 이력을 실시간으로 파악–소통할 수 있도록 기회관리 기
능을 적극 활용했다. 고객정보와 영업기회를 연결하여 고객 360도 뷰를 완성한 다음,
이를 바탕으로 고객의 거래명세, 프로그램 다운로드 내역, 지원에 관한 모든 정보를
쉽게 활용하도록 만들었다.

Service Cloud를 통한 실시간 고객대응

로제타스톤은 전 세계 100개국에 서비스되고 있다. 하나의 문화권을 대상으로 서비스하는 것도 대응하기 어려운 일인데, 하물며 100개국 대상이니 오죽하겠는가? 다양한 언어와 문화라는 복합적인 변수가 추가돼 동일한 고객서비스를 제공하기란 극히 어렵게 된다. 이 때문에 그들의 비즈니스에서는 고객의 소리를 듣고 응대하는 업무가 가장 중요해졌다. 로제타스톤은 고객대응 문제를 해결하기 위하여 세일즈포스의 Service Cloud를 도입했다. 고객별 전담 직원을 배정하기 위한 Assignment Rule 과 고객등급별 혜택을 관리하는 Entitlement Management를 통해 고객별–등급별 자동화된 서비스를 제공할 수 있었다. 다양한 문화권과 여러 디바이스에 대한 고객경험을 고려해, 다채널 고객응대가 가능한 Omni–Channel 관리 기능도 적용했다. 전화, 채팅, SNS 등 여러 채널에서 수집되는 고객의 요청을 하나의 시스템으로 접수하고 서비스할 수 있게 했다. 또한 고객이 선호하는 접근 채널이 과거의 전화에서 채팅으로 변했음을 파악해, 채팅 및 SNS 요청에 실시간으로 대응하는 세일즈포스의 라이브–에이전트–서비스(Live–Agent–Service)를 적용하게 된다. 이로써 다양한 고객대응 서비스를 통해 업무량을 고려한 고객 배정이 가능해진 덕분에, 500여 명에 달하는 로제타스톤 고객센터 직원들은 고객의 요청에 효율적으로 응대하고 신속하게 처리할 수 있게 되었다. 고객 채널 중심의 디지털혁신으로써 국가–언어를 넘어 균질한 고객응대 서비스의 표준화를 이룩한 것이다.[17]

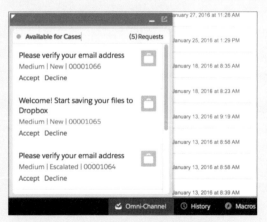

|그림 43| **Ommi–Channel을 통한 고객별 담당직원 할당**

제5장

Sales Cloud 적용 D :
옷을 고치지 말고
옷에 몸을 맞춰라

5-1 개발은 최소! No Software!
플랫폼을 즐겨라!

플랫폼.

적어도 온라인 비즈니스를 하거나 뭔가 새 사업을 구상하는 사람이라면 으레 떠오르는 보통명사다. 10년 전만 해도 플랫폼 비즈니스나 플랫폼 전략을 설명하려면 그 개념과 특징부터 파워포인트 첫 장에 소개하고는 했다. 그러나 이젠 누구나 다 알 것처럼 익숙하게 들린다. 그럼에도 '플랫폼'을 잘 모르는 사람은 여전히 많다. 우연히 특정 분야에서 온라인 플랫폼의 성공을 맛보고, 그 사례를 책으로 펴내려는 분을 만났다. 당연한 일이겠지만, 그는 대화 중 플랫폼이라는 말을 많이 사용했다. 그런데 정작 옆에 있던 사람이 플랫폼이 뭐냐고 묻자, 제대로 설명하지 못하는 것이었다. 이런저런 예를 들어 설명하려 애썼지만 정확히 와 닿지 않았다. 널리 공통된 의미로 쓰이는 이런 용어들의 개념조차 현장에서 정확히 알려져 있지 않으면 그릇된 소통 결과를 초래할 수도 있다. 세일즈포스도 플랫폼이다. 플랫폼의 특징과 속성을 그대로 가지고 있어서, 플랫폼 자체로 최대한 활용되어야 한다. 그런데 많은 기업이 이를 SI 프로젝트로 인식하고 뜯어고쳐버린다. 물론 세일즈포스의 Force.com(PaaS, 개발Tool)을 통해 SI 프로젝트처럼 진행할 수도 있다. 이렇게 고쳐버린 플랫폼은 해당 기업 고유의 시스템은 될 수 있지만, 더 이상 플랫폼이 주는 장점과 혜택은 누릴 수 없게 된다.

〈플랫폼 전략〉을 쓴 히라노 아쓰시 칼 교수는 "플랫폼=장場"이며 장을 가진 자가 미래의 부를 지배한다고 한다. 그가 말하는 '장'에서는 1) 관련 있는 여러 그룹, 그러니까, 흔히 말하는 공급자와 수요자가 보여야 한다, 2) 그룹 멤버 간 관계를 형성하게 하고 고객 모집 등 다양한 기능을 제공한다, 3) 검색-광고 등 통합된 기능은 전체 운영비를 줄인다, 4) 모인 구성원들은 입소문과 같은 네트워크 효과와 다양한 가치를 창출한다. 이와 같은 4가지 플랫폼 전략은 생태계를 구축하게 돼, 비즈니스 전반에 변화를 가져온다고 설명하고 있다.

히라노 교수의 설명을 빌자면, 플랫폼 사업자란 바로 이 '장'을 만드는 사람이며 기업이다. 플랫폼은 디지털과 온라인이 가져온 새로운 비즈니스 모델이 아니다. 인류 역사만큼이나 긴 '시장'도 플랫폼이며, 산업화와 함께 등장한 철도 사업, 신용카드 비즈니스도 플랫폼이다. 공간과 장소를 마련하고, 편리한 시설과 서비스를 제공하여 여러 사람을 모아 그 공간과 장소에서 관계를 형성하고, 소통하고, 거래하는 일련의 행위가 일어나면 그곳이 바로 플랫폼이다.[18]

플랫폼 비즈니스의 조합은 무궁무진하다. 우리나라에는 메신저와 같은 소통 기반으로 성장해 지도, 상품 판매, 기업광고 연계, 택시 서비스까지 영역을 넓혀가고 있는 카카오 플랫폼이 있다. 스타트업 창업을 지원하고 사무공간을 대여하는 위워크(WeWork), 사용자가 만든 동영상을 공유하고 구독자 수에 따라 광고료를 지급하는 유튜브, 검색 서비스를 통해 사용자를 모으고 광고 공급자를 연계하여 맞춤 검색을 제공하는 구글, 판매 공간과 함께 화장실·주차 공간 등 편의시설을 제공하여 상품 판매자와 구매자를 연결하는 백화점, 쇼핑몰, 전단지 중심 배달 기능을 온라인 광고와 결재로 연결한 배달의민족, 상거래의 등장과 함께 인터넷·모바일 결재까지 확장한 신용카드사와 PG사 등 온-오프라인 구분 없이 플랫폼 비즈니스는 오래되고 다양하다. 플랫폼 기업은 제품과 서비스를 공급 고객과 수요 고객에게 충족시키기 위해 플랫폼의 브랜드, 보안, 시설, 정책 등을 관리하며, 플랫폼이 작동할 수 있도록 물리적 공간(오프라인)과 시스템 인프라(온라인)를 제공해준다.

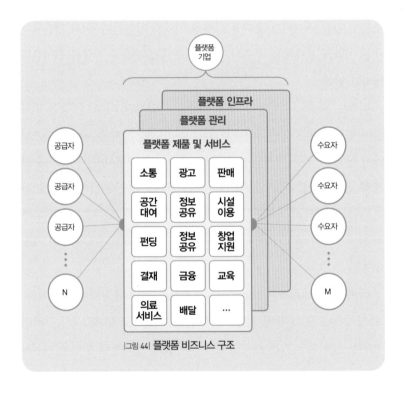

[그림 44] 플랫폼 비즈니스 구조

세일즈포스가 제공하는 Sales Cloud, Marketing Cloud, Service Cloud, Community Cloud가 플랫폼 제품과 서비스에 해당한다. 세일즈포

스는 플랫폼의 품질과 브랜드를 관리한다. 고객사의 정보와 저장, 관리될 수 있도록 인프라를 제공하고 있으며 그 형태가 클라우드다. 또 하나의 서비스로, 플랫폼 생태계 내에서 고객사나 다른 개발사가 세일즈포스 플랫폼과 연동하여 새로운 기능을 만들 수 있도록 개발 툴인 Force.com을 제공한다.

자, 생각해보자. 유튜브 기능이 마음에 안 든다고 유튜브가 제공하는 동영상 기능을 새로 만드는가? 구글의 검색기능이 안 좋다고 나한테 맞는 검색 기능을 다시 만드는가? 아니다. 마찬가지로 세일즈포스를 플랫폼으로 이해한다면, 플랫폼 자체의 서비스에 익숙해져야 한다. 그리고 우리의 기존 시스템이나 방식을 거기에 적응시켜야 한다. 이런 과정 없이 기존에 써오던 익숙한 시스템 방식대로 만들거나 세일즈포스 플랫폼을 맘대로 손본다면, 자체 개발보다 더 불편하고 더 비효율적인 시스템을 갖게 될 뿐이다.

플랫폼은 고객이 이용하는 부분 외에도 그 이면에서 플랫폼 기업이 관리하고 제공하는 영역이 별도로 존재한다. 세일즈포스를 단순히 IT 개발 도구로 인식해 도입한다면, 플랫폼 서비스 기업이 제공하는 서비스와 새로 만든 시스템 간의 연결성은 끊어진다. 세일즈포스는 1년에 세 번 큰 업그레이드를 한다. 연결성이 떨어진 플랫폼은 플랫폼 관리 기능에서 제공하는 기본적인 부분만 이용할 수 있을 것이며, 새롭게 만든 부분의 업그레이드와 관리는 고친 기업의 몫으로 돌아가게 된다. 이는 플랫폼이 주는 가치 중 운영비용 감소라는 효과를 없애버리는 것과 같다.

5-2 세일즈포스의 신뢰성 vs 우리 시스템의 신뢰성

세일즈포스 프로젝트를 수행하다보면 IT 담당자로부터 세일즈포스 아키텍처와 내부 구조를 알고 싶다는 문의를 종종 받는다. 내가 만든 시스템이라면 얼마든지 알려주고 싶지만, 플랫폼의 기능을 사용하는 입장에서 일반 사용자나 이를 활용하는 기업 모두 내부 아키텍처를 알기는 어렵다. ERP 시스템인 SAP나 MS Office 365의 내부 구조를 알고 싶다고 해서, 그 기업들이 그것을 공개하겠는가? 그와 같은 맥락이다. 세일즈포스는 SaaS 기반 솔루션이고 별도 문서로 내부 아키텍처를 제공하지 않기 때문에, 어떠한 스펙으로 구성되어 있는지 알 수 없다. 다만, 유럽, 미국, 일본 등 각국의 법과 표준 규약에 따라 받은 국가인증을 통해 고객이 궁금해하는 시스템 안정성, 보안, 표준 등에 대한 신뢰성을 제공한다.

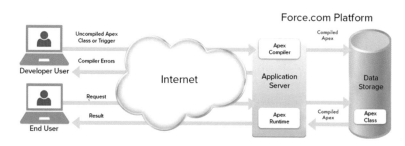

|그림 45| **세일즈포스로 표현 가능한 아키텍처 구조**[19]

세일즈포스는 제공하는 서비스의 안정성과 신뢰성을 고객에게 알리기 위해 'Trust' 사이트를 통해 정보를 제공한다. Trust는 전 세계에 분산

된 세일즈포스 서버의 상태를 투명하게 관리하여, 고객들이 모니터할 수 있도록 제공한다. 사용자는 Trust를 통해 국가별 서버의 현재 상태, 점검 사항 등을 실시간으로 확인할 수 있으며, 해당 서버가 점검 중인지, 원활히 서비스가 제공되고 있는지, 항상 확인할 수 있다.

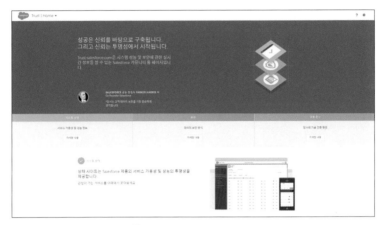

|그림 46| Trust, 서버 운영 상황판[20]

　　세일즈포스가 국가별로 준수하는 규정은 다양하다. ISO 국제정보보안표준, 미국 공인회계사협회의 SAS70 감사표준에서 최근 유럽의 GDPR(General Data Protection Regulation; 유럽연합 데이터보호규정)까지 준수하며 이를 위한 인증을 받는다. 이를 통해 글로벌 서비스 사업자로서 표준화되고 일관된 서비스 제공이 가능하다. IT 시스템 및 정보보호와 관련된 인증 외에도 회계감사 표준을 준용함으로써, CRM 매출 데이터를 통한 예측 기능에 대해서도 기능상 문제가 없음을 외부 전문기관으로부터 확인받고 있다. 각국이 요구하는 규정과 이에 대한 인증 현황 또한 Trust에서 확인할 수 있다.

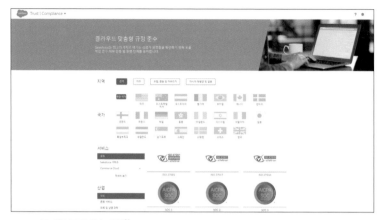

|그림 47| **국가별 규정 준수 사항**[21]

세일즈포스는 글로벌 표준 서비스를 제공하기 위해 개발자를 위한 표준 규약인 OWASP(Open Web Application Security Project)를 통해 지침을 제공한다. OWASP는 웹 애플리케이션을 개발할 때 지켜야 할 10가지 지침이다. 세일즈포스는 PaaS 형태로 플랫폼 내 개발 기능을 함께 서비스하고 있기 때문에, 개발자를 위한 규정과 지침도 모두 제공한다.[22]

우리가 이용하는 서비스를 깊이 있게 이해하고 알아가는 것은 중요하다. 공개가 필요한 범위는 각 기업에 따라 다를 수 있다. 구글처럼 오픈소스 기반으로 상생-협업하는 구도도 있지만, 특정 제품을 개발한 노하우와 소스의 공개는 없어도 제3의 기관을 통해 신뢰성을 검증 받아 IT 서비스를 제공하는 기업도 있다. 필요한 자료를 요청할 때도 이런 서비스 차이를 이해하고 접근해야 한다.

우리가 프로젝트를 하면서 안타까운 순간은 크게 세 가지다.

첫째는 플랫폼이 가진 여러 제약이다. 15만 기업이 사용하도록 만들려면 기능의 표준화가 필요하다. 진화 중인 플랫폼이다 보니, 고객사에 꼭 필요한 기능이 미미한 경우도 없지 않다. SI형이었다면 직접 개발이라도 하겠지만, 정해진 서비스를 사용해야 하는 SaaS 모델이므로 주어진 기능 내에서 서비스를 이용할 수밖에 없다. 그런 한계가 있다.

둘째는 고객사의 시스템이 신뢰할 만한가의 문제다. 세일즈포스 아키텍처를 요청하는 기업 중에는 자사 시스템이 비표준으로 개발되어 세일즈포스와의 연계(Interface)가 어려운 경우가 있다. 한 번 로그인으로 여러 사내 사이트를 이용하는 SSO(Single Sign On) 서비스 표준을 준용하지 않거나, 한국의 보안규정만 지키다보니 유럽-미국 진출 시 새로이 준비해야 할 경우도 생긴다. 한국형-사내형 기술로 포장된 시스템이 많아 글로벌 표준과 상충하기 쉽다는 얘기다.

마지막으로 시스템의 신뢰성과 사내 정책이 없어서 혼란이 생긴다. 세일즈포스가 준용하고 인증 받은 개인정보보호와 보안은 시스템 및 서비스에 대한 제공자 관점의 신뢰성이다. 즉, 제품으로서 하자나 문제가 없다는 뜻일 뿐이다. 그런데도 SaaS 제품을 구매한 고객은 자사의 보안정책과 규정까지 모두 저절로 준용되는 것으로 오해한다. 제품 구매 이후, 고객의 정보를 어떻게 수집-관리-저장할 것인가는 고객사의 정책 문제다. 세일즈포스 서비스를 이용하는 기업은 정보 표준을 세일즈포스에 요구할 것이 아니라(세일즈포스는 이미 나라마다 인증을 받은 상태. 추가로 필요하다면 제품에 대해서는 세일즈포스가 인증을 받을 것이다), 우리 회사가 글로벌 표준을 준수하는지, 국가별 정책을 준용하는지, 검토해서 이에 대한 정보보호 정책을 준비해야 한다.

5-3 UI가 불편해? 물론 낡은 옷이 편하긴 하지!

세일즈포스 플랫폼, 클라우드, 속을 알 수 없는 시스템 아키텍처까지. 조직에 새로운 것을 적용하는 일은 낯설고 불편하다. 기존에 사용하던 시스템이 있다면 이 새로운 업무도구는 불편하기 짝이 없다. 그런데도 꼭 새로운 변화에 익숙해져야 하는가? 왜? 바로 우리 회사에 비전과 목표가 있기 때문이다. 일 년에 한 번쯤은 운동으로 건강한 몸을 만들고 싶어진다. 나이가 더 들기 전에 한 번쯤 패션에 변화를 주고 싶을 때도 있다. 이유야 무엇이건, 일단 변화라는 목표가 생기면 그 과정은 힘들고 어색하다. 건강한 몸을 만들려면 정기적으로 러닝머신과 헬스 기구를 사용하고 야외 운동을 하며 시간과 노력을 투자해야 한다. 계절 따라 패션을 바꾸려면 어색함을 참아야 한다. 몸과 생각이 익숙해지는 데 시간이 필요하니까.

세일즈포스의 어색함은 '고객중심의 기능'이란 특징에서 비롯된다. 기존 영업활동은 공급자 중심이었다. 우리 회사가 판매할 제품-서비스를 놓고, 생산량과 재고에 따라 목표를 할당해 밀어내기 식으로 시장에 내다 팔았다. 판매 목표는 정해져 있으니 수단과 방법을 가리지 않고 고객을 찾아다녀야 했고, 없던 수요도 만들어내야 했다. 브랜드가 약하면 매스 마케팅을 위해 광고도 해야 했다. 이 같은 방식은 산업화 이후 성장기에 지구촌 어디서나 진행된 영업방식이다. 하지만 어느 시점에선가 그 구도가 바뀌었다. 경쟁자는 많아지고, 제품과 서비스는 넘쳐나고, 소비자는 더 똑똑해졌다. 어느 순간 힘의 중심이 소비자에게 옮아가면서 다품종 소량생산을 하는 기업이 등장했다. 이제 고객이 원하는 바를 먼저 알아내고, 재빨리 전달하는 것이 경쟁력이다. '고객의 시대'가 도래한 것이다.

고객중심 영업이라 해도 고객-제품-판매라는 영업의 영역은 같다. 다만 관점이 고객에서부터 시작된다. 판매할 제품-서비스를 기준으로 판매목표를 설정하는 것이 아니라, 고객이 누구인지, 무엇을 원하는지, 시장 및 경쟁 구도는 어떤지 등을 파악해 목표를 설정한다. 그 다음 그 목표에 적합한 담당사원을 배정한다. 모든 정보는 고객에 집중되고, 이를 고객 360도 뷰라고 불렀다. 고객의 니즈와 요구에 대한 정보가 모이면, 영업은 그 다음부터다. 영업팀은 어떤 고객에게 어떤 주기로 어떻게 다가갈지를 고민한다. 한정된 자원을 배분해야 하는 시점이다. 고객의 니즈와 요구를 충족시키기 위해 수차례 방문과 면담, 전화, 이메일 등 접촉이 이루어진다. 과거엔 이 과정이 영업 담당자 개인의 역량이었으며, 다른 사람들은 모르는 비밀이었다. 세일즈포스는 이 또한 놓치지 않고 수집한다.

기존 관점으로 볼 때 '고객→영업기회→실제 계약'이 이루어지면 그걸로 영업은 끝이다. 하지만 디지털 영업에선 한 단계가 더 남아 있다. 분석 및 활용이다. 고객중심으로 정보가 연계되어 있으므로 고객별 성과와 기여를 파악할 수 있다. 소위 좋은 고객, 나쁜 고객을 구분할 수 있는 시점이다. 어떤 영업과 마케팅이 유효했는지, 우리 회사 전체 고객 풀은 얼마인지, 이 중 몇 퍼센트가 구매로 이어지는지 파악할 수 있다. 열심히 했지만 성과가 안 좋은 영업 사원과 활동은 별로 없는데 성과가 좋은 영업 사원도 집계된다. 그들의 방문/면담 이력을 보고 영업방식의 차이점도 연구한다. 관리자는 이 모든 과정을 팀원에게 피드백하고 코치한다. 다음 고객과 다음 계약에는 더 나은 방식으로 접근하도록 개선하고, 관련 사항을 'Account'에 기재해둔다.

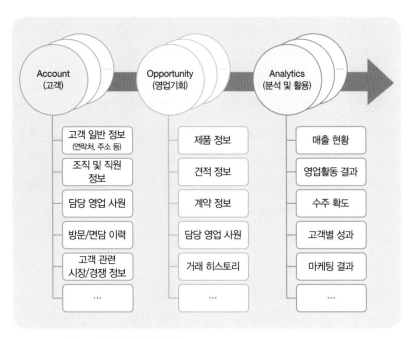

|그림 48| 세일즈포스의 디지털 영업 관점

　'고객-영업기회-분석 및 활용'으로 이어지는 이 구조는 새로운 시스템을 도입해 잘 구성했을 때의 그림이다. 이러한 선순환 구조를 만들기 위해서는 사용자인 영업부서 및 유관부서의 참여와 협조가 필수적이다. 바쁜 와중에 일하는 방식이 바뀌면 이 또한 스트레스! 하지만 새 옷에 몸을 맞추는 이 과정을 거치지 않고서는 좋은 결과를 가질 수 없다. 정보가 축적되고, 비교-분석-활용하는 데는 충분한 시간이 필요하다. 이 과정이 어렵다보니 또 일만 늘어났다고 불평하는 사람들도 많다. 하지만 시간이 지나 정보가 축적되면, 예전에 못 풀었던 여러 가지 질문에 대한 해답이 나온다. "우리 회사는 고객정보가 없어", "사람마다 영업방식이 다르잖아", "전임자가 해놓은 일에 대해 자료가 하나도 없어", "우리 회사의 Key Account들은 정말 이익 기여도가 높은 걸까?" 등의 질문에 대해서 말이다.

5-4 이젠 Agile! 결과물로 소통하라!

세일즈포스를 통한 애자일(Agile) 프로젝트 방법은 제3부에서 상세히 다룰 것이므로, 여기서는 애자일에 따라 소통하는 방법만 소개하겠다. 기업마다 부서마다 별의별 프로젝트가 진행된다. 프로젝트도 결국 사람이 하는 일이다보니 팀 역할이 중요하다. 축구팀을 스타급 선수들로만 구성한다고 반드시 승리할 순 없잖은가? 비즈니스 프로젝트도 핵심 인력으로만 구성할 필요는 없다. 다만, 팀이 구성되면 한 사람이 움직이듯 팀원들이 각자 머리, 몸, 팔, 다리의 역할을 맡아 수행한다. 더구나 혁신이나 신기술 도입처럼 해보지도 않았고 경험자도 없는 프로젝트의 경우는 팀의 협력이 더더욱 중요하다. 최근 린 스타트업(Lean Startup), 디자인 씽킹(Design Thinking) 등과 함께 주목받고 있는 애자일 방법은 팀원 사이의 협업이 그 근간이다.

우리가 처음부터 협력을 강조하는 이유는 '디지털혁신'과 같은 업무혁신 프로젝트는 하나의 답이 정해져 있지 않기 때문이다. 조직의 상황에 따라 서로 다른 해법이 있기에 우리 회사만의 방법을 찾아야 한다. 이때 팀은 업무 전문가, 시스템 전문가, 비즈니스 분석가, 현장 전문가 등이 모두 모여 자신의 경험과 노하우를 쏟아 부어야 한다. 정해진 기간 내 팀원들이 집중해 답을 찾아야 한다. 간혹 프로젝트 담당자가 본인의 업무와 겸업하여 투입되는 경우가 있다. 나중에 평가는 본연의 업무를 바탕으로 매겨지고 혁신 프로젝트는 그저 노와수는 형태라면, 어느 누가 최선을 다해 열심히 하겠는가? 단기 프로젝트에 100% 인력을 투입할 수 없는 기업의 상황도 이해하지만, 향후 우리 회사의 일하는 방식을 뿌리부터 바꾸는 작업을 외부인에게 맡겨놓고 "알아서 혁신해주세요!" 한다고 해서 혁신이 되겠는가? 다른 회사의 성공 사례를 우리한테도 그냥 적용해달라고 부탁한다고 혁신이 되겠는가?

세일즈포스라는 새로운 옷도 어색한 판국에, '나'라는 존재에 대한 이해는 빠진 채 아무 스타일이나 가져다 붙이는 꼴은 곤란하다. 나와 어울리지도 않고 취향에도 안 맞는 옷을 과연 몇 번이나 입겠는가? IT 프로젝트도 마찬가지. 알아서 저절로 되는 것은 없다. 3~6개월간 전담 인력을 구성해 제대로 혁신을 추진할 여력이 없다면, 우선 그런 여력을 만든 후에 진행할 것을 권장한다.

팀이 구성되면 애자일 방법에 따라 프로젝트 회의 일정을 잡고 전 팀원이 참석해 회의를 진행한다. 애자일 방법론에서는 이 과정을 스프린트(Sprint)라 한다. 기존 IT 프로젝트와 달리 세일즈포스 플랫폼에는 이미 SaaS를 통해 기본 기능이 완성되어 있어서, 애자일 방법론에 따라 민첩하게 요구 사항을 반영할 수 있다. 〈스프린트〉를 저술한 구글 수석 디자이너 제이크 냅(Jake Knapp)과 그의 동료들은 구글 벤처스가 기획하는 신사업을 5일 동안 집중적으로 진행한다. 고객 요구사항 파악, 유사 기능 벤치마킹, 유사 기능 조합을 통한 프로토타입 개발, 고객사용성 검토, 최종 기능 보고 및 선택 등등의 과정을 모든 팀원이 합심하여 짧은 기간에 진행하고 최종 의사결정까지 마무리한다. 각 분야의 전문가가 얼마나 열정적으로 참여하는지를 느낄 수 있다.

세일즈포스는 전체 프로젝트를 이 같은 스프린트 방식으로 진행하는데, 비즈니스 요구사항의 범위나 복잡도를 고려해 일정을 다양하게 구성한다. 세일즈포스 플랫폼이 제공하는 기본 기능으로 구현 가능할 때는 1~2일 내 결과물을 볼 수 있으며, 참조할 것이 없거나 다소 난이도가 있는 요구사항은 1~2주, 복잡성이 높은 요구는 3주 이상 소요되기도 한다. 요구사항에 답하는 기간은 다르지만, 진행 과정은 모두 같아서 전 팀원이 참여하는 스프린트 회의를 통해 토론하고, 답을 찾고, 결과물을 확정하는 과정을 반복한다. 하나의 요구사항이 완결되면, 다시 다음 단계 스프린트를 진행한다. 영업목표, 영업활동, 리포트 등 업무 분야별로 2~3개 프로젝트팀을 구성해 각 영역을 동시에 진행할 수도 있다.

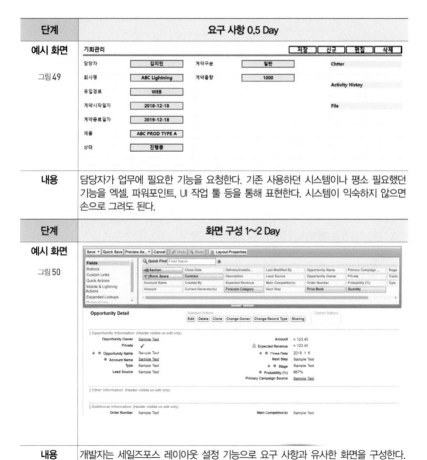

단계	요구 사항 0.5 Day
예시 화면 그림 49	
내용	담당자가 업무에 필요한 기능을 요청한다. 기존 사용하던 시스템이나 평소 필요했던 기능을 엑셀, 파워포인트, UI 작업 툴 등을 통해 표현한다. 시스템이 익숙하지 않으면 손으로 그려도 된다.
단계	화면 구성 1~2 Day
예시 화면 그림 50	
내용	개발자는 세일즈포스 레이아웃 설정 기능으로 요구 사항과 유사한 화면을 구성한다. 가장 기본적인 화면 구성과 기능만을 제공한다. (프로토타입 생성)

단계	의견 및 토론 3 Day
예시 화면 그림 51	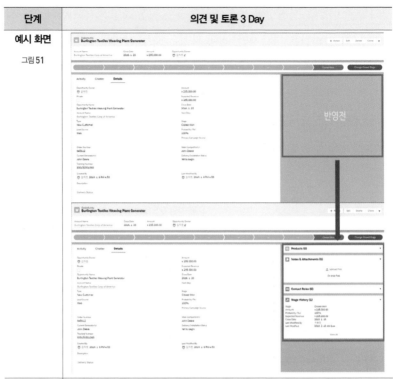
내용	기본 화면 구성이 완료되면 업무 담당자와 개발자 등 프로젝트팀이 모여 결과물을 확인한다. 이때, 기존 업무방식을 바꿀 수도 있고, 기능을 개선하여 업무를 지원하도록 설계할 수 있다. 요청사항이 시스템으로 가능한지, 즉각 확인한다.
단계	최종 확정 4 Day
예시 화면 그림 52	
내용	전체 프로젝트팀의 회의(Sprint) 결과를 최종 반영하여 화면 및 기본 기능 구성을 완성한다. 정보 생성–수정–저장은 되지만 타 기능 간의 연계나 기존 사내 시스템 간 연계는 되지 않는 상태임.

세일즈포스 프로젝트의 소통 과정에서 두 가지는 꼭 생각하자! 첫째, 애자일의 민첩함은 스프린트 과정에서의 민첩함이다. 주어진 기간 내에 얼마든지 아이디어를 내고 고치고 다시 만들 수 있다. 하지만 일단 한 스프린트가 끝나면 다음 스프린트로 나아가야지 다시 뒤로 돌아가면 안 된다. 프로젝트에는 '일정 준수와 공수 관리'라는 중요한 요소가 하나 더 있다. 시간과 자원이 무한하다면 얼마든지 되돌아갈 수 있지만, 제3자의 의견이나 외부자의 요청으로 이미 확정된 사안을 번복한다면 프로젝트 지연과 함께 팀 사기에도 악영향을 끼치게 된다. SaaS형 세일즈포스 플랫폼은 완성 이후에도 얼마든지 기능을 변경-삭제-추가할 수 있다. 완성도 높게 만들어진 기능도 추후 변화관리 및 업무환경 변화에 따라 얼마든지 바뀔 여지가 있다. 혹시나 빠트린 것이 있더라도 아쉬워하지 말고 과감히 전진한 다음, 전체를 놓고 다음 단계 변화관리에 반영하는 것이 옳다.

둘째, '새로운 옷에 얼마나 맞출 것인지'를 고려해야 한다. 앞서 플랫폼으로서의 세일즈포스의 특성을 설명했다. 가장 좋은 방법은 SaaS 형태로 제공되는 본연의 기능을 사용하는 것이다. 하지만 현재 세일즈포스를 이용하고 있는 크고 작은 15만 기업 중 그런 기능을 그대로 사용하는 경우는 드물다. 각자의 경영 환경에 맞추어 조금씩 다르게 사용한다. 최소한 고객관리 정보에 필요한 필드 값이라도 차이가 나기 때문이다. 세일즈포스는 이와 같은 각사의 업무 및 시스템 환경을 고려해 SaaS 외에 개발자를 위한 PaaS도 함께 제공한다.

세일즈포스를 우리 회사에 적용하는 방법은 크게 다섯 가지로 요약할 수 있다. 표준설정(Standard Configuration)은 만들어진 기능에 설정 값을 바꾸어 화면을 만드는 것이다. 업무 프로세스 자동화(Workflow Automation)는 비즈니스 로직을 반영해 화면을 구성하는 방식이며, 기본 설정과 함께 SaaS로 제공되는 기본 기능을 그대로 사용하는 방법이다. 이는 어떤 형태로 화면을 만들건 플랫폼 내 기능과 속성을 그대로 이용하기 때문에, 세일스포스가 주는 서비스를 그대로 이용할 수 있다.

만약 우리 회사에만 필요한 기능이 있다면 일부 자체 개발을 반영하는 '세일즈포스 프레임워크 기반 개발'과 'Full Page 개발'을 통해 구현할 수 있다. 여기부터는 자체 개발로 인해 세일즈포스 플랫폼과의 관계가 분리되게 된다. Full Page 개발은 세일즈포스 개발 언어를 통해 직접 전체 기능을 개발하는 방법으로, 기존 SI형 자체 개발과 같아진다. 이 두 방식은 플랫폼과의 관계가 분리됨으로써 매년 3회 플랫폼 업그레이드 시 추가개선되는 기능을 이용하는 데 제약이 생길 수 있다. 플랫폼과 분리 정도가 심할수록 향후 비즈니스 요건 변경 및 운영 시 유지보수 비용이 증가하게 된다. SI형 개발과 같이 시스템 구축 후 별도 운영, 유지보수를 통해 기능을 추가 개발하거나 관리해야 하기 때문이다.

마지막 AppExchange는 세일즈포스의 앱 스토어다. 필요한 상용 기능을 내려 받아 설치해 바로 플랫폼에서 이용할 수 있는 서비스다. 다만 이 앱은 전 세계 개발 파트너들이 자체적으로 만들어 상용화한 것으로, 세일즈포스와 별도로 비용을 내고 운영-관리해야 한다. 세일즈포스 프로젝트팀은 이런 고려사항을 숙지해 비즈니스 요구와 IT 시스템화 가능성을 조율하고 분석, 설계, 개발, 테스트를 진행해야 한다.

구분	설명	장점	단점
Standard Configuration	• 세일즈포스가 제공하는 가장 기본적인 기능. 설정을 통해 화면 및 기능을 만들 수 있음. • 오브젝트 설정, Validation Rule 등 클릭을 통해서 설정.	• 누구든지 쉽게 배울 수 있음. • 유지보수가 편리함.	• 제약이 있어 유저가 원하는 반응 및 결과를 얻지 못할 수 있음.
Workflow Automation	• 세일즈포스의 비즈니스 로직 개발을 위한 Visualization Tool 또는 간단한 설정을 통한 개발.	• 업무 흐름대로 조건 값과 설정에 따라 개발과 같은 결과를 볼 수 있음.	• 러 닝 커 브 (Learning Curve)가 있어 IT 로직에 대한 기초 지식이 필요함.
세일즈포스 프레임워크를 통한 개발	• Visualforce, Lightning Component, Apex 같은 개발언어를 제공하며 가이드에 따라 직접 개발.	• 세일즈포스의 UI 프레임워크로 유연한 개발 가능. • Java와 같은 언어 • 세일즈포스 연3회 업데이트 지원.	• 유지보수 어려움.
Full Page 개발	• 세일즈포스 제약을 피해 자체 개발 가능. • 외부 인터페이스, 다른 PaaS 플랫폼과의 연동이 가능하도록 개발.	• 세일즈포스에서 가능하지 않은 UI로 표현 가능함. • Heroku 등 PaaS 플랫폼과 연동해 사용자만의 자체 서비스 개발 가능.	• 유지보수 어려움. • 연 3회 업데이트 적용 안 됨. • 개발–유지 비용 상승.
AppExchange 활용	• 개발 파트너를 통해 등록된 다양한 종류의 App, Component, Template 등을 설치할 수 있음.	• 이미 개발되어 있는 App, Component 등을 설치해 유저가 원하는 서비스 이용 가능.	• 버그가 생기면 즉시 대처 불가능. • 별도 서비스 이용료 발생.

구분	Standard Configuration
예시 화면 그림 53	
비고	기본 설정 화면

구분	Workflow Automation

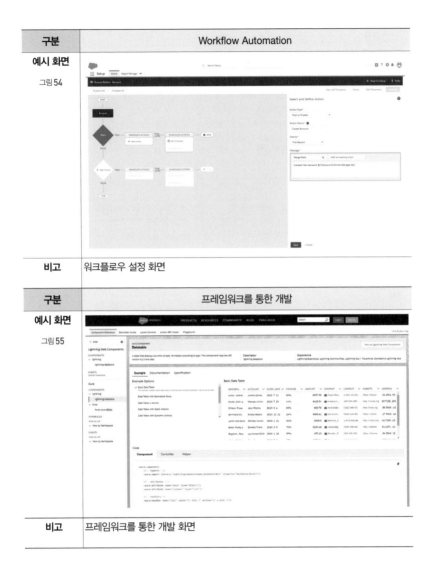

예시 화면
그림 54

비고	워크플로우 설정 화면

구분	프레임워크를 통한 개발

예시 화면
그림 55

비고	프레임워크를 통한 개발 화면

구분	Full Page 개발
예시 화면 그림 56	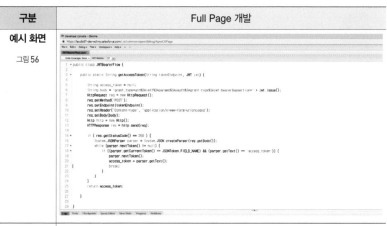
비고	Full Page 개발 화면

구분	AppExchange 활용
예시 화면 그림 57	
비고	앱 스토어인 AppExchange 화면

5-5 기본 리포트 덕분에 너도 나도 분석가

디지털 시대의 영업에는 고객에 대한 이해와 정보가 중요하다. AI도 그렇지만, 기본적으로 시스템은 이렇게 설명된다. "쓰레기를 넣으면 쓰레기가 나온다(Garbage in, garbage out)." 저절로 되는 건 없다. 누군가가 입력을 하든, 시스템을 통해 자동으로 수집하든, 일차적으로 정보가 모여야 한다. 이렇게 수집된 정보는 다시 집계-분석할 수 있도록 정리되어야 한다. 세일즈포스는 고객을 중심으로 정보를 축적하고, 영업사원이 고객과 만나고 소통하는 일련의 과정을 정보로 활용하게끔 축적한다. 기본적으로 '잠재고객(Lead)', '고객(Account)', '사업기회(Opportunity)', '연락처(Contact)', '계약(Contract)', '제품(Product)' 등의 '오브젝트(Object)'로 구성되는 정보를 최종 리포트로 정리해 업무에 활용하는 것이다.

세일즈포스의 리포트는 흔히 기업에서 사용하는 정보분석용 BI(Business Intelligence)와는 사뭇 다르다. 정보분석 시스템은 경영 가설이나 각 기업에 맞는 리포트를 추출하기 위해 다차원 분석이 가능하도록 구성한 통계 기반의 툴이다. 반면, 세일즈포스의 리포트는 세일즈포스 내에서 생성-저장되는 다양한 정보를 직관적인 2×2 형태의 매트릭스 구조로 제공한다. 업무 현장이나 모바일을 통해 직관적으로 사용할 수 있게 리포트 기능이 구성되어 있어, 가로축과 세로축의 변수를 2×2로만 설정할 수 있다. 우리나라 기업들은 대개 경영정보 시스템이나 분석시스템을 통해 채널/지역/영업소/영업사원별, 연도/분기/월/주별, 제품 대/중/소별 판매현황을 보는 등, 다차원 리포트를 사용한다. 이것이 정보분석용 BI 툴과 세일즈포스 사이의 가장 큰 차이점이라 할 수 있다. 세일즈포스는 현장의 영업사원-영업팀-영업조직과 고객과의 관계에서 생성된 정보를 중심으로 리포트를 구성하다보니, 직관성과 가시성에 초점을 맞춘 결과라 할 수 있다. 유료 AI 기술과 분석 기능을 통해 분석 차원을 3×3으로 확장하는 등 분석 및 리포트 기능을 강화하고는 있지만, 기존 정보분석 툴과는 목적과 사용성이 다름을 인지하고 업무 적용 방법을 모색해야 한다.

세일즈포스는 일반 시스템에서 볼 수 있는 메뉴를 오브젝트라 부른다. 리포트 생성을 위한 데이터는 각각의 오브젝트(잠재고객, 고객, 연락처, 견적, 계약, 영업활동 등)에서 추출할 수 있다. 세일즈포스는 11가지 종류의 표준 보고서를 제공하고 있으며, 사용자가 어떻게 조합하느냐에 따라 무한대에 가까운 리포트를 생성할 수 있다. AppExchange에서는 기존 경험을 바탕으로 만든 60여 가지의 리포트를 상품으로 판매하기도 한다.[23]

표준 보고서 타입명	설명
Account & 연락처 보고서	Account 및 연락처 정보를 활용해 Account의 활동 기록을 추적하거나 연락처 별로 기회를 추적하도록 리포트 구성-제공
활동 보고서	진행 중이나 완료된 활동, 또는 위임한 활동 등에 대한 보고서를 구성할 수 있도록 제공
관리자 보고서	로그인 보고서, Feed 관련 보고서 등을 구성할 수 있도록 제공
캠페인 보고서	마케팅 활동 분석, 캠페인 투자수익률(ROI), 캠페인으로 유입된 Lead 등을 추적하도록 구성하는 리포트 타입 제공
파일 및 콘텐트 보고서	업로드된 파일 및 콘텐트(Library를 사용)에 대한 리포트를 구성할 수 있는 타입 제공
Forecast 보고서	영업기회 또는 제품별 예측보고서를 구성할 수 있도록 제공
잠재고객 보고서	잠재고객의 상태, 잠재고객 발굴 경로, 소요된 시간, 잠재고객의 정보 등에 대해서 리포트 구성할 수 있도록 제공
영업기회 보고서	영업활동이 진행 중인 건수, Account별, 담당자별, 단계, 수량 등의 정보에 대한 리포트를 구성할 수 있도록 제공
제품 및 자산 보고서	제품과 자산이 관련된 영업기회 및 사례에 대한 리포트를 구성할 수 있는 타입 제공
계약 및 주문 보고서	계약과 관련된 연락처, 주문이 있는 계약, 주문내역 등의 리포트를 구성할 수 있는 리포트 제공
고객 지원 보고서	Case의 접수 건, Case의 댓글, Case 담당자 별, 사례 상태 변경 시간 등의 내용을 리포트를 구성하여 내용을 예측-추적할 수 있도록 제공

세일즈포스는 리포트와 대시보드 구성 시 기업에서 고려할 5단계를 제시하고 있다. 영업 프로세스의 핵심은 목표 설정 후 영업사원의 활동 독려, 모니터링 그리고 코칭을 통한 피드백이다. 리포트는 설정한 목표 기준으로 실제 결과치가 어떻게 달성돼 가는지 볼 수 있도록 한다. 신규 고객을 만들고 기존 고객을 관리하여 매출을 일으키는 과정을 영업 파이프라인과 영업활동 관리 기능을 통해 정량화하고 집계한다. 영업사원은 대시보드를 통해 자신에게 할당된 목표와 활동 정보를 리포트와 확인하고 부족한 부분을 채워나간다. 관리자는 피드백과 코치를 위한 리포트와 대시보드를 구성해, 영업사원의 역량이 개선될 수 있도록 한다. 보고를 위한 리포트를 만드는 게 아니라 입력된 정보가 그대로 리포트가 되도록 하여 중복–반복 업무를 제거해야 한다. 이에 익숙해진 사용자는 직접 자신만의 리포트와 대시보드를 구성할 수 있다.

단계 1. 조직의 목표와 경영진이 원하는 바를 우선 파악하라.

경영진이 원하는 정보는 조직의 목표와 전략에 따라 의사결정을 할 수 있게 도와주는 정보다. 신규 거래처 확보, 기존 고객 유지율 강화, 영업활동 독려, 기간별 매출 변화 등 비즈니스 목표에 따라 영업 조직에 필요한 시스템 기능도 달라지며, 이에 따른 보고서도 달라진다. 조직 목표와 경영진의 희망에 따라 구성된 리포트와 대시보드는 영업팀 구성원들과 모두 공유하여, 동료들과 비교하면서 진행 상태를 추적할 수 있도록 해야 한다.

단계 2. 믿을 만한 올바른 데이터를 수집하라.

아무리 시스템이 좋아도 데이터의 신뢰성이 떨어진다면 활용 가치가 떨어진다. 우리 회사가 보유한 정보와 데이터의 상태를 점검하자. 조직목표 달성의 과정과 결과에 대한 지표를 정립하고, 이 지표가 현실적으로 수집 가능한지, 조직 안에 존재하는지, 활용 가치가 있는지 파악해야 한다. 일을 위한 일이 되면 곤란하다. 영업활동 자체가 정보를 최대한 생성하고 입력하는 과정이 되도록 프로세스도 사전에 정비해야 한다. 세일즈포스 가이드라인에 따르면 측정 지표는 핵심성과지표(KPI)보다 많은 5~10개 수준을 권장한다. 보고서와 대시보드는 특정 비즈니스 목표와 연결된 내용에 초점을 둘 수 있는 개수로 한정해야 한다.

단계 3. 보고서 작성과 기본 리포트 활용 역량을 갖추라.

　　세일즈포스는 기본 오브젝트를 통해 11개 유형의 표준 리포트를 추출할 수 있게 해준다. 초기 개발 과정에서 만들어진 리포트 외에도 사용자가 직접 추가-생성하여 자신만의 리포트를 구성할 수 있다. 가장 흔히 사용하는 테이블 형식 보고서는 엑셀처럼 단순하고 빠르게 데이터를 집계할 순 있지만, 대시보드로 전환할 수 없는 단점이 있다. 요약보고서는 '영업 담당자별로 마감된 수주기회에 대한 평균 값' 등을 도출하도록 구성된다. 행렬보고서는 2×2 매트릭스 구조로 수평-수직 기준에 따라 데이터를 요약하는 방식으로, '매년 분기별 영업담당자 판매 현황' 같은 정보를 표시한다. 기본 리포트 외 회사별로 필요한 영업 리포트가 별도로 존재한다면 PaaS(Force.com, 개발 플랫폼)를 통한 직접 개발도 가능하다. 다만 자체 개발 시엔 리포트의 복잡도와 난이도에 따라 추가적인 공수 산정이 필요할 수 있다.

단계 4. 대시보드로 업무 상황을 직관적으로 파악하라.

　　대시보드는 자동차 계기판처럼 영업 전반의 상태를 표시하는 도구다. 자동차 계기판은 속도계, RPM, 주유 상태 등 운전하면서 알아야 할 가장 기본-핵심적인 사항을 담고 있다. 운전 중 차량에 문제가 생기면 경고등이나 신호음을 통해 운전자에게 알려준다. 경영목표-보고서가 조직 경영을 위한 차체라면 대시보드는 그 위에 작동하는 상태 표시 도구다. 관리자와 영업담당자는 본인에게 필요한 대시보드 설정을 통해 진행 상태, 미진한 부분, 알람 및 챙겨야 할 사항을 직관적으로 파악해 업무를 신속하게 처리할 수 있다. 대시보드는 직관적인 정보 제공을 위해 가로 막대, 세로열 차트(지역별 데이터), 원형 및 도넛 차트(리드 소스별 리드 수와 같은 비율 정보), 깔대기형(영업기회 관리 같은 단계 관리) 등으로 구성된다.

단계 5. 정보-분석 기반 업무도 영업활동의 연장선에 **놓아라.**

아무리 잘 쓰고 잘 만든 보고서와 대시보드가 있다 해도, 널리 쓰이지 않으면 죽은 시스템일 뿐. 많은 기업이 정보계, 분석계라 불리는 다양한 보고체계를 도입했다. 하지만 어렵사리 모은 정보가 실제 현장에서 사용되지 않거나, 관리 소홀로 꾸준히 업데이트되지 않아서 무용지물이 되는 경우가 허다하다. 이에 세일즈포스는 3가지 방안을 제시한다. 첫째, 임원과 관리자의 스폰서십. 단순한 격려나 동기 부여가 아니라 입력된 정보로 보고받고, 의사소통에까지 녹아 들어가야 한다. 둘째, 이메일이나 연락처 등이 빠져있는 주요 고객정보를 '적격' 상태로 전환할 수 있도록 데이터 품질을 점검할 수 있는 지표와 대시보드를 구성-관리해야 한다. 마지막으로, 경영 목표를 따르되 현장의 필요성과 정보 수집 가능성을 충분히 고려해, 직원 모두가 참여하고 활용할 수 있는 보고서와 대시보드가 구성되어야 한다. 정보 수집과 활용, 분석 리포트를 통한 의사결정이 '일을 위한 또 다른 일'이 되면 안 된다. 영업 업무의 일부가 되도록 자연스럽게 프로세스가 정립되어야 한다.[24]

고객 목록 화면

고객 리포트 추출

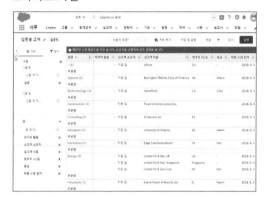

그래프 변환

|그림 58| 전체 고객 오브젝트에서 실거래가 발생한 고객 리포트 추출과 그래프 변환

5-6 성공적인 시스템과 문화 정착, 적어도 1년 이상

기업이 성장할 때나 위기 상황일 때나 혁신이라는 용어는 항상 등장한다. 그러다보니 실제 업무 현장에서는 늘 듣고 사용하는 용어처럼 여긴다. 하지만 '혁신'이라는 단어의 영향력을 고려한다면, 혁신의 과정도 힘들지만 그 결과를 유지하기도 어렵다. 특히 기업 경영에서 디지털의 중요도가 점점 주목받는 요즘, 디지털혁신은 반드시 넘어야 할 기업의 또 한 가지 숙제다.

금융권에 ATM 기기가 보급되었을 때, 매장이 축소되고 많은 인력의 업무가 전환 배치되었다. 후발은행도 신생은행도 ATM이라는 영업망 없이는 금융업을 할 수 없는 상황이 순식간에 일어났다. 이젠 싫든 좋든 은행업의 기본적인 기반 기술로 안착돼버렸다. 디지털 시대엔 기술 진입 장벽이 낮아져, 대기업의 전유물이었던 기술도 누구나 쉽게 이용할 수 있게 된다. 시스템조차 빌려 쓰는 시대가 되면서 디지털혁신은 더 빠르게 진행되고 있다. 하나의 기술을 이해하기도 전에, 금방 더 나은 기술이 등장하는 시대가 도래한 것이다. 기술의 발전 속도가 기하급수적인지라, 이를 받아들이는 조직과 사람은 쫓아가기조차 바쁘다. 이런 시대에 우리 회사는 끊임없이 진화 발전하는 시스템을 어떻게 도입하고 적용해야 할까?

지금의 정보기술 기반 업무지원 서비스는 과거와 많이 달라져 있다. 정보산업시대라 일컫던 1990~2000년대는 IT 기술이 업무를 지원하는 역할에 국한되는 경우가 많았다. 그러나 오늘날 디지털 환경은 단순한 업무 지원을 넘어, 기술 자체가 비즈니스고 기술을 모르면 도태되는 상황이다.

우리에게 맞는 기술을 찾고 적용하려면 크게 두 가지를 고려해야 한다. (1) 이 책에서 우리가 끊임없이 얘기하는 비즈니스 목적과 방향의 명확한 정의다. 그리고 (2) 선택된 기술에 대한 충분한 연구와 단계별 적용—확산이다.

고속도로에서 시속 100킬로로 달리는 운전자를 상상해보라. 가야 할 방향을 알고 앞만 보면 속도감도 크지 않고 표지판도 뚜렷이 보인다. 그러나 좌우 두리번거리며 운전한다면, 빠르게 지나가는 풍경과 함께 순식간에 지나가는 표지판의 숫자도 놓칠 것이다. 지금의 기술 성장이 빠르게 느껴지는 것은 우리가 기술 성장의 옆을 보고 있기 때문이다. 가령 ATM이 등장해 누구나 사용하는 보편적 기술이 되기까지는 시간이 걸린다. 그 전에는 누구나 기술 주도권을 갖고 경쟁한다. 회사마다 자신에 맞는 최상의 기술을 찾아 적용하는 과정을 반복하다가, 가장 적합성이 높은 기업이 승자가 되는 방식이다. 결국 어떤 기술을 도입하든 우리 비즈니스에 얼마나 적합한지가 가장 중요하다는 얘기다. 적합성은 저절로 이루어지는 게 아니라 기술을 채택한 기업과 사용자가 만들어간다. 이때부터 힘들다는 혁신의 과정을 경험하게 된다. 이 과정을 잘 넘겨야만 혁신의 단맛을 누릴 수 있다.

어떻게 해야 세일즈포스라는 디지털 기술을 우리 조직에 맞춰갈 수 있을까? 산출물 작업이나 Fit-Gap 분석 등으로 완성도 높은 프로그램을 얻는 결과도 중요하지만, 이보다 더 중요한 것은 리더의 스폰서십과 프로젝트 담당자의 책임감이다.

실제 사례를 통해 새로운 기술을 조직에 적용하는 과정을 들여다보자. 제조와 유통 판매망을 모두 가진 A사의 경영진은 고민이 크다. 사업은 글로벌 시장으로까지 확대했는데, 도통 현장 상황을 제대로 파악할 수가 없는 것이다. 주요 의사결정 때마다 일일이 현지를 찾는 것도 한계가 있다. 현지 유통망에 무슨 문제가 있는지, 제대로 파악도 안 된다. 어디선가 정보 단절이 되는 것 같은데, 보고 자료만으로는 알 수 없다.

경영진은 디지털 TF를 만들어 시장에 나와 있는 기술부터 검토시켰다. 디지털 기술에 친숙한 젊은 대리, 글로벌 소통이 잦은 글로벌 매니저, IT 부서 중에서도 평소 신기술을 연구하는 개발자 그리고 대표와 직접 소통이 가능한 전략팀 매니저로 구성했다. 자연스레 분야 전문가로 구성된 TF는 업체도 방문하고 동종-이종 기업의 사례도 찾아보았다. 각종 세미나와 포럼도 방문해 한 달 동안 모은 자료를 바탕으로 세일즈포스를 최종 선택했다. 그렇다고 실제 도입을 결정한 것은 아니다. 이제부터 세일즈포스를 연구할 차례다.

유튜브 동영상으로 성공 사례도 찾아보고, 정말 필요한 기능인지, 우리에게 적합한지, 검토한다. 그렇게 또 한 달이 지나간다. 이제 대표와 경영진이 디지털 TF에 요구한 문제와 방향을 정의하고 필요한 업무 기능과 요구사항을 정의한다. 회사에 미칠 영향도 파악하고, 글로벌 현지의 현황도 조사한다. 필요한 예산과 조직도 예상해본다. 이제 제안요청서(Request for Information)를 작성하고 외부 기업의 의견을 듣고자 한다. 3개월간 진행된 디지털 TF의 준비과정 덕분에 팀원 모두가 이제 세일즈포스에 대해선 준전문가다. 외부 기업에서 참여한 제안발표회와 자료를 통해 다시 지식을 보강한다. 이제 업체가 선정되고 프로젝트가 본격적으로 진행되면, 이들은 비즈니스 문제를 하나씩 해결하며 실현해가게 된다.

디지털 TF의 사전 현지 조사로 문제점이 구체적으로 나열되자, 경영진도 안심이 된다. 고민할 대상을 확실히 찾았으니까. 이제 적어도 안개 속을 헤매지는 않아도 된다. 드러난 문제들이 해결된다면 다시 본사와 해외 거점을 연결하는 비즈니스가 제대로 돌아갈 것으로 예상된다. 프로젝트가 시작될 땐 디지털 TF가 임시조직이었지만, 프로젝트가 종료되면 미래 기술을 선도하는 조직으로 성장시키고, TF 구성원들이 원한다면 그 역할을 맡길 것이라고 대표는 말한다. 팀원들도 문제를 해결하고, 돌파구를 찾고,

성장해가는 스스로의 모습에 적극적이다.

프로젝트가 본격적으로 돌아가니, 일이 더 많아진다. 처음 생각했던 가설이 틀리는 일도 생기고, 기술적 한계도 보인다. 해외 법인의 협조도 미온적이다. 힘 빠지는 순간이 계속 나타난다. 이때 대표가 등장한다. 디지털 TF의 결과물을 우선 적용할 해외법인을 정한다. 해외법인의 사용, 진행 사항, 결과물을 대표가 정기적으로 보고받겠다고 선언한다. 디지털 TF의 요청에 따라 해당 법인은 즉각 대응팀을 구성해 지원하라고 지시한다. 디지털 TF는 다시 힘을 얻고, 몇 차례 성공과 좌절을 반복하며 프로젝트를 완결해나간다. 디지털 TF도 혁신의 선봉대이기 전에 기존 조직의 구성원이다. 그래서 기존 조직의 팀원을 설득하고 독려한다. 직접 시연해보이기도 하고, 사용법을 알려준다. 기존 업무방식과 무엇이 다른지, 계속 소통한다.

어느 순간 젊은 직원들을 중심으로 디지털 TF의 지지자가 늘기 시작했다. 대표도 전반적인 변화를 정기적으로 살피며 혁신의 속도와 간격을 조절한다. 해외법인의 대응팀도 초기의 거부 분위기에서 이젠 스스로 요구사항을 조금씩 내기 시작한다. 프로젝트 시작 4개월이 넘어서야 반응이 나타나기 시작한다. 지금까지 7개월을 달렸다. 처음부터 다 같이 적극적으로 했다면 하는 아쉬움도 있지만, TF는 '첫술에 배부를 수는 없지!'라며 서로를 다독인다.

3개월의 조사를 포함해 6개월간 진행된 프로젝트가 종료되었다. 이제 실제 운영 단계에 진입! 막바지 두 달간 변경된 업무를 직원들에게 이해시키고 참여시키는 데 많은 시간과 노력을 들였다. 디지털 TF는 '디지털혁신팀'으로 정식 발령이 나고, 기존 IT 부서에 세일즈포스 전담 조직도 생겼다. 모든 것이 마무리되고 이제 사용만 하면 되는 시점. 그런데 해외법인에서 연락이 온다. 시스템을 오픈하고 두 달 사용해보니, 현장에 안 맞는 부분이 있단다. 현지 매장 관리를 위한 기능도 필요하단다. 때마침 경영진은 해외법인용으로 만들어진 몇몇 기능을 본사에도 적용하자고 한다. 시스템에 대한 반대가 아니라 발전의 신호라서, 그나마 위안으로 삼는다. 디지털혁신팀의 진짜 업무는 지금부터 시작. 해외법인에서 요구한 매장 관리 기능이 AppExchange에 있는지 확인하고, 제2의 디지털혁신 프로젝트를 다시 기획한다.

세일즈포스를 통한 디지털혁신의 성공 사례를 요약한 위 이야기는 실제 세일즈포스를 잘 활용해 지속적인 혁신을 달성하고 있는 기업의 공통점을 정리해본 것이다. 우선은 외부 전문가에게 맡기는 것으로 끝나지 않고, TF 스스로 플랫폼을 이해하기 위해 노력해야 한다. 때로는 개발자나 컨설턴트가 놓치는 부분을 담당자가 알고 있는 경우도 있다. 적절한 때 경영진과 임원의 개입, TF에 대한 동기 부여, 전사 조직과 직원의 협조 요청은 필수적이다. 담당자 한두 명의 일정 관리만으로는 절대로 거대한 조직을 바꿀 수 없다. 프로젝트는 소수 인력으로 추진되지만, 완성은 직원 모두의 관심과 협조를 요구한다. 관심과 협조를 넘어 시스템을 직접 사용할 사람의 관점에서 "내 것을 만든다!"라는 주인의식까지 있다면 금상첨화다.

혁신은 단발성 행사-프로젝트가 아니다. 기업 성장과 비즈니스 방향에 따라 민첩하게 대응할 전략이다. 이 점을 인식하고 혁신의 추진 주체, 조직, 방법을 끊임없이 고려하는 기업이야말로 디지털 시대의 혁신 경쟁력을 바탕으로 성장할 것이다.

5-7 전문가를 활용한 전문가 양성

　지금까지 '어색한 새 옷'과 같은 플랫폼 기반 솔루션을 통한 디지털혁신을 위해 고려할 사항을 알아보았다. 이제부터는 마지막으로 프로젝트에 접근하는 방법 중 '외부 전문가 활용' 방법을 다루고자 한다.

　우리는 건강, 여행 등 다양한 목적으로 운동을 한다. 이때 나의 몸 상태와 운동 방법을 충분히 안다면 내 나름의 방법으로 할 수 있다. 하지만 의지가 약해 외부의 도움이 필요하거나, 근육과 관절을 효율적으로 사용하는 체계적 방법을 알고 싶다면, 전문 트레이너에게 배울 수도 있다. 디지털혁신 프로젝트도 마찬가지다. 조직의 상황, 전담 인력의 존재 여부, 솔루션에 대한 이해와 경험 등에 따라 다양한 형태로 팀을 구성해 진행할 수 있다. 만약 내부의 동인動因만으로 혁신을 유발하기 어렵거나 어떤 단계-절차로 진행할지 모르겠다면, 외부의 경험을 우리 조직의 경험으로 바꾸는 것이 어떨까.

　앞서 살펴본 사례와 같이 뛰어난 디지털 TF를 통해 자체적인 연구와 고민으로 시행착오를 겪어가며 성장할 수도 있다. 우리 조직의 준비 정도, 역량, 경험에 따라 과정과 결과는 다양하게 나타난다. 외부 전문가를 활용할지의 여부는 아래 그림처럼 업무와 IT의 간격을 얼마나 메울 수 있는지에 따라 결정하자. IT부문 담당자가 업무영역을 충분히 이해하거나 업무담당자에게 IT 경험이 있다면, 사내 인력으로도 충분히 가능하다. 만약 이런 중재자가 떠오르지 않거나 세일즈포스라는 새로운 플랫폼을 조직에 적용하는 방법이 어떤 식으로든 잘 그려지지 않는다면, 전문가의 소견을 활용할 필요가 있다.

외부 전문가가 참여하더라도 디지털 TF의 시행착오는 그대로 존재한다. 앞서 사례로 든 기업 또한 외부 전문가 그룹과 함께 팀을 이루어 진행했다. 여기서 전문가의 역할은 기능부서 간 소통에 필요한 자료와 방식을 제공하는 것이다. 업무와 IT 부분의 요구와 현황을 파악해 세일즈포스의 적용 가능성을 사전 검토하고, 해당 조직에 적합한 방안을 제시한다. 프로젝트 도중 팀 내에서 나오게 될 많은 이슈와 아이디어를 다른 회사에서의 경험을 통해 실현하도록 가이드를 제공하기도 한다. 때로는 처음 겪는 문제와 이슈에 대해 공동으로 머리를 맞대고 해결책을 모색하기도 한다.

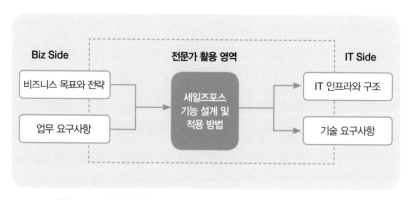

|그림 59| 세일즈포스 전문가 활용 영역

외부 전문가를 활용해 프로젝트를 수행하면서 조직 내 부족한 역량을 보충하고, 해당 경험을 내재화하여 우리의 디지털 프로젝트 역량을 강화하는 데 목적을 두어야 한다. 이를 위해서는 외부 전문가 활용 이후의 과정도 중요하다. 바로 우리 직원의 적극적 참여다. 경영진은 TF를 만들면 모두가 자발적으로 알아서 해주기를 바란다. 그래서 소위 "알아서 해주세요!" 이슈가 발생한다. 프로젝트팀의 활동에도 '알아서 저절로 되는 것'이 없듯이, 역량과 경험의 내재화도 팀만 구성된다고 저절로 되는 게 아니다. 비어 있는

역량을 확보하기 위해서는 최소 3개월에서 12개월까지의 기간 동안 관련 업무담당자와 IT 담당자를 초기부터 함께 참여하도록 해야 한다. IT 담당자는 개발역량만 있다면 개발사와 한 팀이 되어 작은 기능이라도 직접 구현하고 손으로, 감각으로, 느끼며 배워야 한다. 한 번의 프로젝트로 세일즈포스 개발 사상을 모두 이해할 수는 없지만, 적어도 종료 시점에 받는 인수인계 교육보다는 훨씬 많은 역량과 경험을 얻게 된다.

　　업무담당자도 초기에는 세일즈포스 플랫폼을 모르니까 필요한 기능만 개발사에 요청할 수 있다. 하지만 후반부가 되면 업무담당자도 파워 유저(Power User)가 되어 있어야 한다. 세일즈포스 프로젝트는 애자일 방법론에 따라 정해진 기간 동안 요구사항-분석-설계-개발-테스트를 동시에 진행한다. 그 동안 일정 기간마다 나오는 결과물을 하나씩 눌러보고 사용해보며 내가 먼저 친숙해져야 다른 동료들에게 전파-확산할 수 있다. 내가 모르는 기능을 동료들이나 다른 부서한테 사용하라고 독려할 수는 없으니까. 외부 전문가를 활용한다면 단순히 업무의 아웃소싱이 아닌 '내부 직원 적극 참여→전문가 양성→경험과 역량 내재화'의 과정이 되어야 한다. 그래야 우리 회사만의 디지털혁신 방법을 정립할 수 있다. 또 우리만의 디지털혁신 방법(제도, 조직, 방법론 등)이 생겨야 프로젝트 종료 후에도 자발적 상시 혁신을 할 수 있는 기업으로 진보하게 된다.

복잡한 기술보다 고객에 필요한 핵심 기능 하나!

도요타는 1937년에 세워진 일본의 대표 자동차 기업. 전 세계 어딜 가도 도요타를 볼 수 있을 정도로 세계 2위의 판매량을 자랑한다. 도요타는 정보화 시대에 스마트폰의 폭발적인 확산과 SNS를 통한 커뮤니케이션의 변화에 주목했다. 사람과 가장 밀접한 도구인 자동차에서도 SNS를 통한 고객과의 소통이 이루어지게끔 도요타 프렌즈(Toyota Friends)라는 서비스를 기획하게 된다. 친구라는 말이 암시하듯, 이 서비스는 언제 어디서든 친구처럼 자동차와 소통할 수 있음을 의미한다. 도요타는 2012년에 출시한 전기 자동차에 '프렌즈' 서비스를 시범적으로 탑재했다. 배터리가 부족할 때 자동차가 알려준다든지, 외부 SNS의 알림 메시지를 자동차에서 확인할 수 있게 하는 등, 도요타는 혁신적인 메신저 기반 고객 소통 서비스를 제공하게 된다.

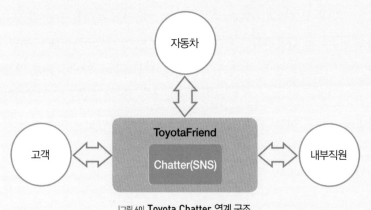

|그림 60| **Toyota Chatter 연계 구조**

도요타 프렌즈는 단지 자동차와 고객의 소통만을 지원한 게 아니라, 전 세계 지사의 직원 간 소통을 위해서도 활용되었다. 새로운 소통 방식의 도입은 과거 이메일이라는 단방향 소통 방식에서 SNS 형태의 양방향 소통문화로 전환하는 계기가 되었다. 이를 통해 도요타는 일하는 방식과 직원 간 소통에 있어 근본적인 변화를 이룰 수 있었다. 전 세계 직원들은 업무에 대한 질문과 답변, 때로는 일상생활까지 소통한다. 이렇게 만

들어진 친밀감은 서로 다른 국가에 있는 직원으로부터도 쉽게 업무 협조를 받을 수 있는 문화로 발전했다. 또 질문과 답변은 언제 어디서든 쉽게 검색할 수 있기 때문에 회사의 중요한 지식자산이 되었다.

|그림 61| 도요타의 Chatter 활용[25]

세일즈포스의 대표적인 소통기능인 Chatter는 SNS 형태다. 기존 메일처럼 단방향 소통이 아닌 동료와의 협업을 전제로 한다. 일반적인 자료는 개인화되고, 시간이 지나면 소멸한다. 하지만 SNS는 서로 실시간 양방향 소통이 가능하며, 시간이 흘러도 쉽게 재검색하고 기록을 추적해 지식으로 재활용할 수 있다. 도요타는 SNS 소통문화를 바탕으로 기업의 일하는 방식을 크게 바꾸고자 했다. 도요타는 세일즈포스의 전 기능을 업무에 적용하기보다 Chatter 한 가지에 집중하여 주로 기업 문화 혁신을 도모하려 했다. 도요타의 사례는 디지털혁신을 위해 많은 최신 기술이 필요한 것이 아니라, 기업과 고객의 필요에 최적화된 한 가지 기술로도 충분히 혁신할 수 있음을 보여준 경우라 하겠다.[26 27]

제6장

Sales Cloud 적용 E ;
전략 없는 혁신은 실패하게 마련

6-1 반대세력 없는 혁신은 없다

대표적인 글로벌 선진기업의 혁신 사례를 자주 접하게 된다. 그런데 궁금하다, 그들은 과연 최초의 혁신을 이룩한 다음, 지속적으로 성과를 창출했을까? 불행하게도 대부분은 그렇지 않다. 디지털혁신의 대명사가 된 GE는 많은 기업이 앞 다투어 소개한 성공 사례지만 실상은 그렇지 않았다. CEO의 교체로 진정한 혁신보다는 단기 매출성장과 실적에 매달린 나머지 지속적인 디지털혁신의 성취에는 실패했다. 2018년 3월호「하버드 비즈니스 리뷰」는 GE, P&G 등 대표적인 글로벌 기업의 실패 사례에서 얻은 교훈을 설명하고 있다. 그 중 우리가 가장 공감한 내용은 요컨대 이런 것이다. "디지털은 조직에 플러그를 꽂듯이 바로 적용하는 것이 아니라 IT시스템, 사람, 장비, 업무 프로세스 등 전반을 지속해서 개선해나가는 것이다."[28]

디지털혁신은 우리가 2009년 아이폰 3GS를 처음 접했을 때 느꼈던 감정처럼, 잠깐의 흥분이 아니라, 그 이후 10년간 꾸준히 정보를 소비-소통하는 방식과 사진으로 표현하는 사용자의 경험을 지속적으로 향상하고 변화를 기대하게 만드는 것이다. 따라서 세일즈포스의 성공적인 적용도 좀 더 긴 관점으로 바라볼 필요가 있다. 아무리 반대하는 사람이 많을지라도 말이다.

우리는 세일즈포스 프로젝트를 경험하면서 참 궁금했다. 글로벌 기업들이 사용하는 선진 CRM 도구를 제공하는데 왜 그걸 거부하는 사용자들이 있을까? 이런 반대자들은 실제로 프로젝트 진행의 큰 걸림돌이 되기도 한다. 성과 차원에서 보면 반대하는 부서나 구성원 때문에 초기 시스템을 오픈하더라도 사용률이 매우 저조해질 수 있다. 반대 그룹의 기본 논리는 세일즈포스의 추진으로 인해 조직 간 헤게모니가 영향을 받는다든지, 기존 업무방식이 너무 익숙해서 바꾸기 싫다는 것이다. 가령 세일즈포스의 적용으로 영업 현황이 실시간으로 공개되어 불편을 느끼는 중간관리자가 있을 수 있다. 새로운 사업기회를 등록하면 아직 초기 단계임에도 불구하고 중간관리자가 이런저런 질문을 할까봐 사용을 망설이는 직원들도 있다. 이런 경우 반대 그룹은 끈질기게 세일즈포스 기능의 한계나 제약을 성토하고 불만을 터뜨리기도 한다. 조직에 자꾸 부정적인 신호를 보내는 것이다.

하지만, 결국 혁신을 반대하는 사람들까지 모두 한 배에 태울 수 있어야 진정한 혁신이 아니겠는가! 이들에게는 어떤 설명도 통하지 않으니, 오직 성과로 논리적 근거를 확보하는 수밖에 없다. 어떻게 보면 처음부터 이런 부서들은 과감하게 배제하고 실행하는 것이 정답일지 모른다. 초기부터 무리하게 적용 범위를 크게 잡는 것보다는 단계적인 접근이 향후 문화의 확산에 훨씬 좋다. 그래서 반대세력을 설득하는 데 힘 빼지 말고, 얼리 어댑터(조기수용자) 부서를 공략해서 우선 성공사례를 만드는 것이 중요하다. 중간관리자가 디지털 기술에 거부감이 없으며 좀 더 효율적인 관리-소통을 원하는 조직은 얼마든지 있다. 이 경우 중간관리자의 주도 아래 혁신의 성과물을 빨리 만들 수 있다. 그런 부서는 별도의 교육을 하지 않아도 기본 디지털 역량이 있기 때문에 쉽게 적용하고 SNS 영태의 소통에도 매우 익숙하다. 결국 10%의 직원이 회사 전체의 문화를 바꾸고 선도하는 것이다. 이처럼 변화에 적극적인 팀을 찾아내 전략을 함께 추진해나가는 것이 성공적인 추진방법이 될 수 있다.

스마트폰이 한창 퍼져나갈 때에도 2G폰을 선호하던 사람들은 있었다. 하지만 점차 스마트폰 이용자들의 대화방식이 메시지나 카카오톡으로 넘어오면서 결국은 비교적 디지털 기기에 익숙하지 않은 사람들조차 스마트폰을 사용하게 되었다. PC가 있어야만 얻을 수 있는 많은 정보를 대중교통을 이용하면서도 손쉽게 획득하게 되자, 스마트폰이 없는 이들은 상대적으로 문맹에 가까운 불편을 느끼며 자연스럽게 디지털 모바일 시대에 적응하게 된 것이다. 세일즈포스도 마찬가지다. 업무 소통은 문서나 전화에서 자연스럽게 SNS 방식으로 변할 것이며, 다양한 영업정보나 업무처리는 회사에 가지 않고도 대부분 처리할 수 있다. 변화와 혁신에 반대하는 자들도 이처럼 강렬하게 불편을 느낀다면 가만둬도 변화에 동참할 수밖에 없을 것이다.

6-2 변화를 위한 단계별 로드맵

    세일즈포스를 통한 혁신을 이루기 위해서는 전략이 필요하다. 초기부터 모든 담당자가 파워유저가 되는 것은 아니다. 금융권의 차세대 뱅킹 시스템이나 대기업의 전사 ERP 프로젝트는 대부분 1~2년의 장기 프로젝트로 진행되며, 교육과 변화관리만도 거의 1년이 소요된다. 결국 시간이 지나면 사용자들이 기업의 핵심 업무 시스템에 차츰 적응하게 마련이다. '업무=시스템'이라는 등식이 생기는 순간, 사실 변화관리는 거의 강제가 된다. 하지만 오랫동안 답습해온 보고-소통 문화, 업무공유 방식은 그리 쉽게 바뀌지 않는다. CRM이 아닌 개인 간 메일로 영업업무를 처리한다 한들 사실 크게 문제 될 건 없다. CRM은 '업무=시스템' 이라는 등식이 적용되기에는 아직 낯선 영역이다. 차근차근 이들이 변화에 적응할 수 있도록 적절한 시간적 여유를 갖고 접근해야 한다.

    국내 기업들은 코어 업무 시스템이 아닌 다른 영역의 변화관리에 비교적 서툴다. CEO와 경영진이 솔선수범한다면 변화관리가 더 촉진되겠지만, 실제로 우리 기업문화에서는 그런 모습을 쉽게 볼 수 없다. 더욱이 많은 대기업의 경우, 프로젝트 추진 주체, 사용 주체, 관리 주체가 분리돼 있어서 장기적인 변화관리 추진이 더욱 어렵다. 실제 사례를 바탕으로 세일즈포스 변화관리의 가장 일반적인 추진 단계를 도식화해봤다.

|그림 62| **변화관리 추진 로드맵**

1단계에는 초기 사용자 교육과 사용자의 시스템 유입이 매우 중요하다. 이를 위해 주요 임원과 경영진을 대상으로 디지털혁신의 취지와 방향에 공감하는 자리를 갖는 것이 중요하다. 초기 참여자들이 사실 변화관리 성공의 '열쇠'이므로 세심한 1:1 맞춤교육이 필요하다. 세일즈포스는 물론 디지털 네이티브 세대에겐 쉽게 파악-사용할 수 있는 시스템이지만, 고위 임원들에게는 일정 기간의 컨시어지(Concierge) 서비스가 필요하다. 사용자들의 관심을 고취시키는 영상이나 이미지 배포도 효과가 크다. 본 단계를 진행하면서 가장 필요한 것은 '핸즈온'(Hands-on: 직접 써보고 체험하는) 교육이라 할 수 있다. 강사가 일방적으로 설명하는 교육은 큰 도움이 되지 않는다. '놀이터의 모래와 장난감을 가지고 노는 아이처럼' 한번 직접 로그인해 사용해보는 경험을 선사하는 것이 이해에 훨씬 큰 도움이 된다. 더욱이 클라우드 기반의 솔루션이기 때문에 말로는 그 장점과 기능을 이해시키기 어렵다.

2단계에서는 성공사례를 만드는 작업이 매우 중요하다. 아무리 1단계 교육이 잘 이루어졌다 할지라도, 대개 교육 이후에는 사용률이 서서히 감소하기 마련이다. 변화관리 프로젝트의 실패 확률이 대체로 높다고 하는 이유는, 변하지 말고 그냥 있고 싶은 '관성의 법칙' 때문이다. 이를 극복하려면 확실히 변한 모습을 사례로 입증해줘야 한다. 일하는 방식의 변화는 Chatter를 통한 쉽고 빠른 소통, 글로벌 및 지사가 함께하는 커뮤니케이션, 모바일을 통한 실시간 영업현황 파악 등 얼마든지 시나리오로 표현할 수 있다. 성공사례를 최대한 많이 만들고 혁신의 효과를 사내에 전파할 수 있다면, 사실 세일즈포스의 변화관리는 51%이상 성공했다고 말할 수 있다. 이를 위해 변화에 우호적인 시각을 갖춘 진취적인 부서를 발굴해내고 관계를 지속해서 유지하는 전략도 필요하다.

3단계는 단계적인 확산이다. 물론 세일즈포스를 '빅뱅'으로 단번에 전사에 오픈할 수도 있다. 하지만 차근차근 공들여 한 부서씩 오픈하는 것을 추천한다. 그만큼 적용이 필요한 영업부서의 요청사항과 사용성을 충분히 검토해야 하기 때문이다. 아무리 클라우드 시스템이라 할지라도 사용자는 '내 몸에 딱 맞는 옷'처럼 내 업무형태와 방식에 최대한 맞춰주기를 원한다. 이를 위해서는 오랜 기간의 프로젝트 예산이 필요할 수도 있겠지만, 초기 구축 시 세일즈포스를 충분히 학습했다면 그리 어려운 일도 아니다. 세일즈포스의 운영과 개발방식은 기존 시스템과 크게 다르지 않으며, Java에 익숙한 개발자들은 Apex라는 고유 개발언어에도 쉽게 적응한다. 단계적 확산에 공을 들인 만큼 변화관리는 잘 이루어질 수 있다. 우리의 영업방식과 일하는 방식을 바꿀 수 있다면, 1년의 기간이 뭐 대수롭겠는가?

4단계는 전체 조직에 세일즈포스가 확산되면서 그것이 지향하는 영업과정의 다양한 성과지표(KPI)를 업무에 반영하는 단계다. 영업업무와 성과지표를 연계함으로써 세일즈포스가 공식적으로 제 역할을 하는 회사의 중요 시스템으로 편입된다. 매출 뿐 아니라 매출을 발생시키는 영업의 KPI를 동시에 관리하는 회사로 거듭나는 시점이다. 영업과정의 주요 KPI로 관리하는 요소에는 보통 영업활동에서 발굴한 새로운 잠재고객, 이들에 대한 사업기회 창출 그리고 사업기회를 계약으로 바꾸는 전환율 등이 있다. 세일즈포스를 정착시키기 위해 과거 형식적인 보고나 결재를 최소화하고 영업활동에 집중할 수 있도록 사내 규정도 적극 바꿔나가야 한다.

호기심을 갖고 세일즈포스를 초기에 시범 도입한 회사들은 대부분 처음 사용 후 변화관리 실패로 자체 개발을 하거나 CRM 도입 자체를 포기한 경우가 많았다. 도입 이전에 '영업 관점의 혁신적 변화란 무엇인지'를 정의하지 않은 채, 툴이 좋으니까, 해외에서 인정받았다고 하니까 써보자는 식으로 접근하면 성공하기 어렵다. 이런 혁신을 어떻게 추진해 조직을 변화시킬 것인지 신중하게 계획하지 않는다면, 1단계에서 멈추게 될 가능성이 매우 높다. 그래서 세일즈포스 도입에 조직이 어떻게 반응할지 예측하고 준비하는 것이 프로젝트 추진을 맡은 TF의 가장 큰 역할이라 할 수 있다.

어떤 이유에서든 일단 도입한 회사라면 앞 단계를 거치지 않았다고 낙담할 필요는 전혀 없다. 이미 디지털혁신에 한 발 내디딘 기업으로서 변화 속도를 조절하여 다시 단계별로 혁신을 진행하면 된다. 변화 신호를 조직에 알렸으니, 시행착오를 거치며 변화 방향, 영업목표와 계획, 바꿀 업무 대상 정의, 플랫폼 시스템을 통한 개선 작업을 다시 진행하면 된다. 이것이 클라우드 기반 플랫폼 솔루션이 가진 '민첩 경영' 혹은 어질리티 비즈니스 (Agility Business)를 가능하게 하는 특징이다.

6-3 전 직원이 참여하는 프로그램 실행

최근 레고를 이용해 다양한 로봇 원리를 체험하고 코딩을 이해하는 핸즈온 프로그램이 아이들에게 인기다. 산업용 로봇이 어떤 원리로 움직이는지 직접 보고 체험하는 동안 어린이들은 입맛을 다시며 프로그램에 참여한다. 직접 디자이너가 되어 레고 브릭을 조립하는 동안 질문도 하고 해답도 스스로 찾아낸다. 리모컨으로 로봇을 조작하면서 코딩 원리를 스스로 깨우칠 수 있게 도와주는 흥미로운 프로그램이다. 이처럼 최근 학습 프로그램의 중심은 참여형 교육이다. 세일즈포스의 경우도 생소한 클라우드 소프트웨어 기능을 전 직원이 몸소 체험하는 핸즈온 프로그램이 효과적이다.

차수	실행과제	
1일차	로그인, 다국어 설정하기, 모바일 앱 설치하기	Link
	Chatter 작성하기, Chatter 그룹 만들기	Link
2일차	Account 정보 확인하기	Link
	Contact 정보 입력하기	Link
3일차	신규 사업기회 등록하기	Link
…	…	

|그림 63| **핸즈온 프로그램 예시**

두 번째는 세일즈포스가 제공하는 Trailhead라는 온라인 교육 프로그램이다. 누구나 손쉽게 세일즈포스 계정으로 로그인하여 참여할 수 있으며, 흥미를 더하기 위해 '배지(Badge)'를 획득하고 퀴즈를 풀면서 점수를 획득하는 방식이다. 참여하는 구성원들은 다양한 배지를 수집하며 점점 더 상위 랭커로 올라가려고 경쟁하게 되어, 전사적 교육 수단으로 활용한다면

아주 재미있는 이벤트 효과를 낼 수 있다.

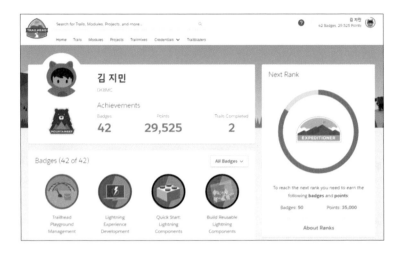

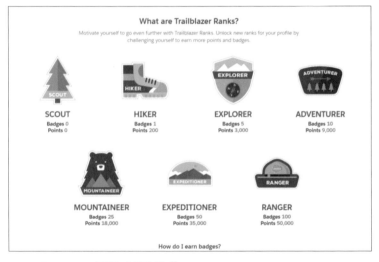

|그림 64| **Trailhead** 교육점수 예시 및 랭크[29]

    세 번째, 어느 구성원(혹은 부서)이 세일즈포스를 더 잘 활용하느냐를
다투는 프로그램도 좋은 방법이다. 글로벌 컨설팅 회사 PwC는 세일즈포

스를 컨설팅-구현하는 서비스를 제공함과 동시에 세일즈포스를 사용하는 고객사이기도 하다. PwC는 2017년도부터 Client IQ라는 프로그램을 통해 세일즈포스에서 수행한 활동을 점수화하는 프로그램을 시행했다. 전 직원의 적극 참여를 유도해, 5일 동안 모든 구성원이 "Client IQ=150"을 달성하기 위한 프로그램을 시행했다. 이런 프로그램은 단순히 구성원들을 강제하는 것이 아니라, 긍정적인 마인드로 게임에 참여한다는 느낌을 준다.

2014년부터 시작된 아이스버킷 챌린지를 누구나 기억할 것이다. 얼음물을 뒤집어쓰고 동영상을 올리는 이 캠페인은 유명인사들이 대거 참여하면서 화제가 되었고 참신한 재미를 유발했다. 사실 얼음물을 뒤집어쓰는 행위는 대단히 번거롭지만, 여러 사람이 공동으로 참여해 함께 즐길 수 있으므로 앞 다투어 참여하게 된 것이다. 세일즈포스도 교육 프로그램을 강제하기보다 이처럼 재미와 참여 위주로 진행한다. Chatter에서 서로의 활동을 자랑하고 즐기는 분위기를 만들 수 있다면, 이보다 더 훌륭한 교육과 홍보가 어디 있겠는가!

네 번째는 어느 정도 세일즈포스를 활용하는 분위기가 무르익었을 때 내부 혁신사례를 공유하는 것이다. 우리 경험으로 볼 때, 부서 내 일하는 분위기와 방식에 따라 세일즈포스를 잘 쓰는 부서와 사용하지 않는 부서는 처음부터 극명하게 나뉜다. 이 경우 굳이 강제-강압하는 방식보다는 잘 활용하는 부서의 활용도를 극대화하도록 집중적으로 코칭해서 스스로 베스트 사례를 찾아낼 수 있게 지원하는 것이 중요하다. 세일즈포스 모바일로 실시간 소통이 진행되며 사업기회가 만들어지는 모습, 이를 위해 다양한 부서 담당자들이 실시간 지원하며 만들어가는 실제 사례를 보여준다면, 모든 사내 구성원들은 "변화의 실체" 앞에 자연스럽게 혁신 수용을 준비할 것이다. 이것이 바로 세일즈포스가 드림포스 행사를 통해 사용하는 방식이다. 아무리 세일즈포스에 관심이 없는 기업이라 할지라도 지금 바로 유튜브에 들어가 고객사가 직접 발표하는 사례를 들어본다면, 세일즈포스를 활용한 디지털혁신에 더욱 관심을 갖게 될 것이다.

|그림 65| 아디다스의 드림포스 고객사례 발표[30]

6-4 지속적인 혁신을 위한 조직체계 구성

    세일즈포스가 지닌 혁신 기능과 디지털 시대의 일하는 방식을 조직에 적용하기 위해서는 단지 짧은 프로젝트 기간으로는 턱없이 부족하다. 세일즈포스는 글로벌 기업들의 노하우를 담은 시스템이지만, 회사의 비즈니스 상황에 따라 필요한 기능은 고객사가 계속 스스로 만들어가야 한다. 세일즈포스를 적용하면 우선 사내 기존 소통방식과 뒤엉키는 상황이 벌어지게 된다. 이를 세일즈포스로 변화시키기 위한 문화적 노력과 사용자가 크게 불편을 느끼지 않도록 기능을 보완하는 노력이 병행되어야 한다. 세일즈포스로써 모든 영업업무가 수행되도록 해야겠지만, 이를 위해서는 오랜 시간이 필요하다.

    기업에 최적화된 견적 기능, ERP와 연동한 사업계획 대비 실적을 볼 수 있는 Dashboard, 실시간 번역을 통해 글로벌 소통을 지원하는 기능, 이런 것들을 만드는 등의 작업은 세일즈포스의 기본기능 영역이 아니다. 그렇기 때문에 세일즈포스는 장기계획을 세우고 계속 추진해야 하며, 어느 정도 축적된 고객데이터를 바탕으로 향후 어떤 유의미한 분석을 해나갈 것인지, 어떻게 AI 기술을 활용해 비즈니스 인사이트를 넓힐 것인지, 계속 고민하고 발전시켜야 한다. 세일즈포스만 사용하면 그런 인사이트가 저절로 따라올 거라고 믿는다면, 귀사의 디지털혁신은 아직 걸음마 단계에 불과하다.

    세상의 어떤 솔루션도 고객의 비즈니스를 저절로 이해할 순 없다. 그 핵심을 짚어낼 수도 없다. 이를 위해서는 상당히 잘 정제된 데이터(필요한 데이터의 수집과 정제에도 많은 시간이 걸린다)와 분석 로직이 필요하며, 디지털혁신 담당자를 장기 관점에서 육성해야 한다. 갑자기 외부 전문가를 채용한다고 해도, 디지털 기술을 통해 핵심 비즈니스 인사이트를 뽑아내는 일은 단시간에 이루어지지 않는다.

세일즈포스 프로젝트의 시작은 디지털 시대의 영업-마케팅에 대한 혁신의 출발이다. 장기적인 싸움인 디지털혁신을 위해서는 이를 꾸준히 끌고 나갈 조직체가 필요하다. 조직 구성 요소와 역할을 정의하고 제도화하여 우리 회사를 변화시킬 수 있도록 성장 동력을 불어 넣어야 한다.

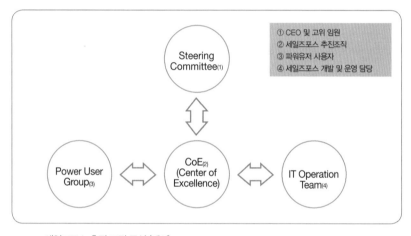

|그림 66| 세일즈포스 추진 조직 구성 (예시)

우리의 경험상 세일즈포스 프로젝트는 1차 기능개발 이후부터가 진짜 시작이다. 하지만 대다수 IT 프로젝트의 경우, 기능 개발이 끝나면 그걸로 프로젝트는 끝났다고 간주한다. 디지털혁신의 도구인 세일즈포스는 구축 이후 추진 조직을 통해 계속 관리되고 진화-발전해야 한다. 일하는 방식은 1~2개월 안에 변하기가 매우 어렵기 때문이다. 최초 프로젝트에서 개발된 기능으로는 영업담당자를 100% 열광시키기 힘들다. 외부 컨설턴트와 개발사가 아무리 좋은 기능을 제시해도 우리 회사, 우리 조직에는 안 맞을 가

능성이 높다. 1차 프로젝트 기간만으로 디지털화된 조직-업무를 처리하는 프로세스나 내부 규정을 손보기 힘들다. 적용해보고서야 비로소 고치고 개선할 대상과 업무가 과제로 떠오르기도 한다. 초기 세일즈포스에 적용되지 않았기 때문에, 새로운 아이디어나 AppExchange의 좋은 앱을 탐색하여 기능을 반영하기에도 충분치 않다. 프로젝트를 마치고 나면 이래저래 현실적으로 놓치고 아쉬운 부분이 남게 마련이다. 조직 내에서 이런 프로젝트를 장기간 추진하기란 쉽지 않다. 하지만, 일하는 방식과 문화를 바꾸는 일에 지속성은 필수! 그만큼 비용과 자원이 필요하다. 지속적인 투자 없이 디지털혁신은 아마 영원히 불가능할 것이다. 사람의 행동을 바꾸는 일은 그만큼 어렵기 때문이다.

1	CEO 및 고위 임원	☑ 프로젝트 챔피언으로서 중간관리자 이상 변화 촉진 ☑ 세일즈포스 추진 조직 지원 및 스폰서십 ☑ 세일즈포스 추진 비전–방향 최종 확정
2	세일즈포스 추진조직	☑ 세일즈포스 추진 로드맵 및 계획 수립 ☑ 세일즈포스를 통한 영업업무 혁신 과제 발굴 ☑ 업무 및 화면기능에 대한 콘셉트 설계 ☑ 사용자 질의응답 등 헬프 데스크 역할 수행
3	파워 유저 사용자	☑ 세일즈포스 주요 기능에 대한 선도적 사용 및 교육 ☑ 부서 내 변화관리 촉진 역할 ☑ 부서 내 고객의 목소리 청취 및 추진조직과 협업
4	세일즈포스 개발 및 운영 담당	☑ 세일즈포스 사용자 기능 질의 대응 ☑ Admin 관리(라이선스, 사용자 등록, 권한 변경 등) ☑ 화면, Dashboard/Report, 인터페이스 등 개발

세일즈포스 추진 조직별 수행 역할 (예시)

사례 8 　매리어트(Marriott)

인공지능과 고객서비스를 결합한 맞춤형 서비스

세계적인 일류 호텔 체인으로 손꼽히는 매리어트는 1927년 워싱턴에 열었던 9석의 음료 가판대를 모태로 하여, 현재 전 세계 127개국의 30개의 브랜드와 6,500개의 호텔 체인을 거느리고 있다. 매리어트는 호텔업의 본질인 고객서비스를 향상하기 위해 디지털혁신을 고려했으며, 세일즈포스를 활용해 맞춤형 서비스를 제공하고자 하였다. 고객이 어느 장소에 있든지 고객과 실시간으로 연결해 서비스를 제공하고 싶었던 것이다. 이를 위해 세일즈포스 Service Cloud와 Einstein 인공지능 서비스를 도입하였다.

|그림 67| **Service Cloud를 활용한 고객관리**[31]

매리어트는 Service Cloud를 활용하여 고객이 이용하는 호텔 서비스를 확인할 수 있으며, 문의가 왔을 때는 언제든지 빠르게 응대할 수 있도록 했다. 멤버십 제도와 연계하여 고객의 로열티 등급을 관리함으로써, 서비스를 고객별로 차별화하기도 했다. 또한 고객여정 관점에서 호텔 상담과 구매 경험까지 고객서비스의 일부로 간주하여 혁신의 영역에 포함시켰다. 현재 한국에는 제공되지 않고 있지만, Apple Business Chat과 연계된 기능은 호텔 객실 상담부터 결제에 이르는 과정 전체를 채팅 방식으로 처리하도록 지원한다. 이 기능은 고객센터의 시스템과 연결돼 다양한 서비스가 즉시 처리된다.

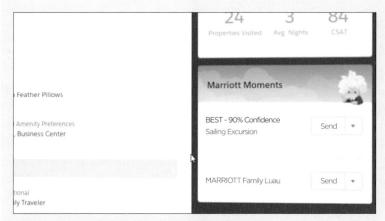

|그림 68| 인공지능 아인슈타인을 통한 여행 프로그램 추천기능

호텔을 이용하는 고객은 성격, 취미, 취향, 여행목적이 각양각색이다. 이를 모두 파악하여 한 사람 한 사람에게 원하는 피드백을 준다는 것은 불가능에 가깝다. 하지만 '고객의 시대'를 대비하는 많은 기업은 다양한 채널의 정보를 바탕으로 이 문제를 조금씩해결하고자 한다. 세일즈포스의 AI 기능인 Einstein은 고객센터에 접수된 사항을 채팅창에서 분석하여 고객이 여행하면서 이용할 수 있는 프로그램을 추천하기도 한다. 아직 완전한 개인화 맞춤 서비스는 아니지만 똑똑한 AI 기능으로 고객을 알아가려는노력을 끊임없이 시도하는 셈이다. 이를 통해 언제 어디서나 고객이 요청하는 서비스에 대한 즉각적인 대답을 줄 수 있는 서비스를 확보하는 것이 향후 매리어트의 디지털혁신 방향이다.[32]

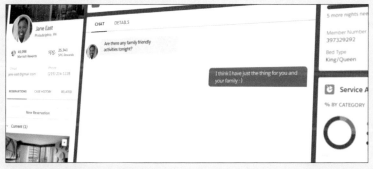

|그림 69| 실시간 채팅을 통한 고객요청 대응

제3부
애자일(Agile) 프로젝트
실천 매뉴얼

제1장
Sales Cloud로 디지털혁신 실행하기

 1-1 디지털혁신, '애자일'하게 진행하라

자, 지금까지 우리는 세일즈포스 혁신을 통한 성장 스토리와 상품으로서 세일즈포스 플랫폼을 활용한 다양한 혁신 사례를 살펴보았다. 제3부에서는 기업이 클라우드 기반의 플랫폼을 어떻게 프로젝트로 진행할 것인지, 그 방법과 절차와 고려사항 등을 제시하겠다.

1990년대의 인터넷과 PC 보급, 2000년 초의 '닷컴 버블' 그리고 전 세계를 강타한 e-Commerce 시대까지 다 지나갔다. 이제는 자본, 토지, 노동으로 구성된 기존 산업구조를 자본-노동-기술 중심으로 재편하는 디지털 시대에 접어들었다. 2010년 디지털 마케팅을 다룬 〈마케팅3.0〉의 저자 필립 코틀러는 불과 몇 년 후에 4차 산업혁명으로 도래한 디지털 경제를 설명하는 〈마켓4.0〉을 펴냈다. 그는 전 세계 인구의 40%가 네트워크로 연결된 초연결 세상은 그 규모가 계속 커지고 있으며, 물리적인 산업의 경계는 온라인과 오프라인의 경계를 허물고 있는 옴니채널로 인해 희석되고 있다고 한다. 2000년대 초만 해도 미래 기술로 여겨졌던 사물인터넷, 클라우드, AI 로봇공학 등은 빠르게 상용화돼 우리 생활에 침투하고 있다. 코틀러 교수

는 최근 이러한 기술 간 융합으로 그 영향력이 정점에 도달했다고 한다.[1]

디지털 기술을 보유한 신생 기업은 무서운 속도로 기존 기업을 쫓으며, 스타트업 성공신화는 1조 원 규모의 '유니콘'을 넘어 그 10배인 '데카콘(Decacorn)' 기업까지 탄생시키고 있다. 이제 디지털혁신은 스타트업이나 IT 기업의 전유물이 아닌, 모든 기업과 경영인이 생존을 위한 경영활동이 된 지 오래다. 이러한 상황에 기업들은 혁신의 한계와 어려움을 극복할 방법을 찾게 되었고, 그 답을 '비즈니스 어질리티(Business Agility)'에서 얻고자 하였다.

민첩함을 의미하는 '어질리티'는 프로젝트 관리 방법인 '애자일 방법론(Agile Methodology)'에서 유래되었다. 이것은 느닷없이 나타난 개념은 아니다. 전통적으로 소프트웨어 공학에서 연구해온 개발 방법에는 (a) 요구사항을 순차적으로 개발하는 폭포수(waterfall) 개발 방식과 (b) 전체 요구를 순차적으로 수행하되 기능을 점진적으로 완성해가는 점진적(incremental) 개발 방식이 있다. 이 중 점진적 개발의 장점과 요구사항의 반복 적용이라는 요소를 살려 애자일 방법론이 등장한다. 1990년대까지 다양한 의미로 사용되고 개발된 애자일 방법은 2001년 애자일 전문가들이 한자리에 모여 '애자일 소프트웨어 개발을 위한 선언문'을 발표함으로써 오늘날의 모습을 갖추게 되었다.[2]

애자일 방법은 사용자와 고객 관점에서 문제와 니즈를 파악해 새로운 비즈니스를 만들어 낸 스타트업 등 기술주도형 기업들이 본격 활용했다. 최소요구기능만 갖춘 제품(MVP, Minimal Viable Products)을 출시하여 시장성을 확인하고 고객 피드백을 바로 받아 상품성까지 갖추는 린 스타트업(Lean Startup)과도 그 맥락을 같이 하게 되어, 애자일 방법론은 시스템을 통한 기업 혁신의 중요한 방법론으로 자리매김했다.

애자일 방법론의 시작은 '빠르게 질주하다'라는 사전적 의미를 지닌

'스프린트(Sprint)'다. 프로젝트, 제품 개발, 신사업 발굴 등 애자일 방법을 적용할 대상을 짧게 전력 질주할 업무 단위-기간으로 나누게 되는데, 이때 일정을 포함한 일의 단위를 '스프린트'라고 한다. 〈스프린트〉라는 책을 쓴 구글 수석디자이너 제이크 냅과 그의 동료들은 구글 내에서 지메일-구글 서치-크롬을 탄생시키고, 구글벤처스에서 Bluebottle(커피전문점), 네스트(스마트 가전기기), 파운데이션 메디신(첨단 암 진단 서비스 업체)에 적용해 성공적인 혁신 모델을 발굴하였다.

여기서 꼭 기억할 점이 있다. 우리는 보통 이런 스토리만 듣고 우리도 새로운 방식을 도입하면 똑같은 결과를 낼 수 있으리라고 기대한다. 태스크포스를 만들고 당장 애자일 방법을 공부하여 새로 시작하는 프로젝트부터 바로 적용하자고 서두르는 회사도 있을 것이다. 하지만 방법론은 도구에 불과하다. 아래 그림과 같이 기존에 사용하던 용어를 스크럼, 백로그, 스프린트로 바꿨을 뿐 구조상 달라진 것은 없다. 새로운 방법론을 적용했다고 새로운 비즈니스 모델이 '도깨비 방망이'처럼 나타나지는 않는다.[3]

|그림 70| 일반적인 프로젝트 방법론과 애자일 방법론

급변하는 환경, 어느 산업에서 나타날지 모르는 경쟁자, 지속적인 저성장 시대! 기업은 가만히 있을 수 없다. 혁신을 위해 민첩하고 빠르게 대응

하는 체계가 필요하고, 그것이 애자일 방법임에는 분명하다. 우리 회사에 애자일 방법을 적용하기 위해서는, 방법론의 단어만 바꿀 것이 아니라 애자일 및 스프린트가 가진 철학과 사상부터 이해해야 한다.

흔히 애자일을 문자 그대로 받아들여 '빠르게'를 강조하기도 한다. 하지만 우리 경험으로는 애자일 프로젝트가 전통 방식보다 빠르지 못한 경우도 있다. 새 모델을 만들거나 일하는 방식을 빠르게 변화시킨다기보다, 오히려 변화에 '민첩하게' 대응할 수 있다는 게 애자일의 강점이다. 두 단어가 주는 의미는 비슷하지만 현장에서 적용할 땐 다른 결과가 나온다. '빠르게'만 강조하면, 의사결정자가 낸 아이디어에 대해 예전보다 빨리 답을 찾아오라는 의미다. 프로젝트 리더와 담당자는 비즈니스 설계자-개발자를 다그치기만 한다. 빠름을 종용하는 프로젝트가 잘될 리가 있는가? 일정에 쫓기고, 아이디어는 막히고, 기능은 삭제되고 결국 기존 방식으로 되돌아간다.

'민첩'에는 물론 빠름의 의미도 담겨 있지만, 그보다는 조직도 사람도 생각도 유연해야만 민첩하게 일할 수 있다는 뜻이 더 절실하다. 협력은 기본이다. 프로젝트팀이 공동으로 고민하고, 주어진 기간에 해답을 찾기 위해 몰입한다. 시간을 제한하여 긴장하도록 만들고 자극(Spark)으로 생각을 촉진하게끔 일정을 구성한다. 리더(PM 혹은 Scrum Master)는 팀원들이 자유롭게 의견을 내고 발전할 수 있도록 회의(일일 회의 혹은 스프린트)를 진행하고 결과를 정리한다.

어떻게 해야 애자일 방법으로 민첩하게 디지털혁신을 이룰 수 있을까? HBR은 애자일 방법을 IT나 스타트업에만 필요한 방법이 아니라, 전 조직과 회사로 확장한 사례로서 소개한다. 가령 인사팀은 애자일 방법을 적용해 연간성과를 프로젝트 단위 성과로 바꾸어 상시 평가하고 보상한다. 개인의 목표-성과-니즈 중심에서 프로젝트나 팀 단위의 목표-성과로 전환하고 해당 조직을 '스크럼' 단위로 묶어 업무 진척, 장애요소, 리더 평가, 성과 개선을 항상 체크한다. 팀은 목적에 따라 생성되기도 하고 흩어져 원래 조직으로 돌아갈 수도 있다. 전통적인 연 단위 계획과 분기-반기별로 평가에 익숙한 조직에서 만약 이 같은 팀 단위 상시평가 체계와 유연한 팀 구성 체계 도입을 원한다면, 인사부문의 일하는 방식을 대대적으로 혁신해야 한다. 인사조직을 설계하는 과정도 애자일 방법론을 적용할 수 있으며, 새로운 인사조직을 운영할 때도 애자일 조직으로 전환해 운영할 수 있다.

또 다른 사례는 혁신을 위해 특공대 같은 '게릴라성 애자일 조직'을 전사로 확산하는 것이다. 내부 혁신이 쉽지 않다는 것은 다들 잘 알고 있다. 오랜 성공의 경험으로 혁신 조직 및 R&D 조직이 별도로 구성되거나 기존 조직과 분리된 곳에 있는 경우가 많다. 베인앤드 컴퍼니 파트너 대럴 릭비와 앤디 노블, 그리고 애자일 컨설팅 기업 스크럼의 CEO 제프 서덜랜드는 HBR 기고문에서 아마존, 구글, 넷플릭스, SAP, 세일즈포스, 테슬라, 보쉬, 스포티파이 같은 기업들도 애자일 팀을 구성하고 있으며 전통 조직 형태와 섞어서 운영한다고 했다.

애자일 팀이 기존 조직의 영향을 덜 받으면서 혁신을 달성하고 전사 조직과 연계하기 위해서는 조직 차원의 준비가 필요하다. 대럴 릭비와 동료들의 연구 결과를 종합하면, 1) 애자일 팀과 기존 조직과의 융합이 일어날 수 있는 문화, 2) 애자일 팀과 구성원에 대한 지속적 역량 개발과 성과 보상 같은 제도, 3) 애자일 팀의 결과를 반영할 수 있는 IT 인프라 환경, 4) 유연한 예산 계획과 집행의 4가지로 요약할 수 있다.

우리나라 기업들은 시스템과 업무방식의 변화를 통해 혁신을 추구하면서도 위의 4가지 준비를 제대로 하지 않는다. 우리가 컨설팅을 해오면서 가장 안타깝게 느끼는 점이다. 단지 글로벌 혁신 기업의 사례만 보고 애자일 팀과 애자일 프로젝트를 시도하기도 한다. 완벽하게 준비해서 프로젝트를 진행하기는 물론 어렵다. 만약 미처 준비하지 못한 채 애자일 프로젝트를 진행한다면, 프로젝트 과정 중에라도 이 4가지를 다시 한 번 점검하고 추진하라고 권하고 싶다. 애자일 방법의 적용은 일회성이 아니다. 그 교훈을 피드백 삼아 다시 적용할 수 있다. 우리 회사에 맞는 애자일 방법 및 애자일 조직 역시 항상 점진적으로 개선하면서 만들어가야 할 것이다.[45]

1-2 기존 시스템 도입 방법론으론 안 된다!

애자일 방법을 적용할 준비가 되었다면, 세일즈포스를 통한 디지털혁신을 어떻게 진행할지 선택해야 한다. 플랫폼이면서도 고객사의 업무 요구를 수용하는 세일즈포스는 전통적인 개발 방법과는 다른 접근을 요구한다. 크게 프로젝트 기획 단계, 프로젝트 실행 단계 그리고 프로젝트 수행 조직 측면에서 그 차이점을 살펴보자.

● 프로젝트 기획 단계

전통적인 프로젝트에서는 진행 전에 정보전략계획(ISP)이나 마스터 플랜 등, 큰 방향과 계획을 수립한다. 즉, 전사 전략에 맞추어 필요한 정보자원을 어느 기간에, 얼마만큼, 어떻게 도입할지 결정하고, 전 부서의 요구사항을 취합한 다음, 이를 반영해 전체 계획을 세운다. 프로젝트는 각 조직의 필요와 요구에 따라 진행되므로, 그 범위와 요구사항이 초기부터 명확하게 정의된다. 요구사항의 구체성과 명확성은 프로젝트 방법론에서는 핵심이다. 프로젝트 진행 과정에서 변동이 잦으면 위험요인으로 작용한다. 보통 프로젝트 계획과 일정에 따라 제안요청서(RFP, Request for Proposal)를 여러 개발업체에 보내고, 각 개발업체는 해당 범위와 요구사항에 대한 답변을 제안서로 제출하여 최종 선정된 업체가 프로젝트를 수행한다.

애자일 프로젝트도 전반적인 절차는 전통 방식을 따라 진행된다. 다만 추진 기업의 준비 정도에 따라 진행 방식이 달라진다. 전통 방식과 같이 전사 정보전략 계획 하에 프로젝트가 진행될 수도 있지만, 대개 의사결정자의 관심, 특정 부서의 요청, 경쟁사 대응, 혁신 필요성 등에 따라 별도로 진행되는 경우가 많다. 특히 세일즈포스의 경우 플랫폼 개념이나 기능이 국내 기업에는 낯설기 때문에, 우리 기업에 적합한지를 먼저 확인하기도 한다.

기획 단계에서 중요한 몇몇 조직 이슈와 문제를 제시하면, 개발사가 예시 화면과 기능을 시연하는 PoC(Proof of Concept) 단계를 거친다. 세일즈 포스 플랫폼에 대한 사전 준비와 이해도가 높은 기업은 PoC를 통해 조직 적합성을 파악한 후 프로젝트 범위, 기존 시스템에의 영향, 요구사항 등을 확정하여 진행한다. 반면 PoC를 하고도 프로젝트 범위 및 요구사항이 명 확하지 않을 경우, 전통 방식의 마스터플랜과 같은 작업이 진행돼야 한다. 물론 기획 단계에서 이 작업을 생략하고 프로젝트 개발 단계에서 애자일 방법에 따라 '스프린트'로 진행할 수도 있다. 전자의 경우 사전계획 수립 후 개발로 플랫폼 표준 범위 확정에 따른 개발 기간 단축이 가능하며, 후자의 경우는 분석-설계-개발-테스트가 동시 진행됨으로써 다소 긴 스프린트 일 정, 더 많은 비즈니스, IT 담당자의 투입이 필요하다.

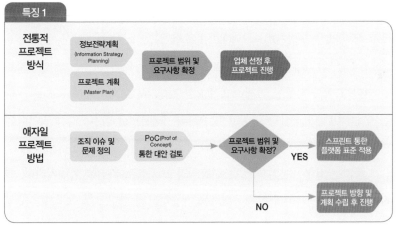

|그림 71| 전통적 프로젝트와 애자일 프로젝트의 특징1

● 프로젝트 실행 단계

전통적인 프로젝트는 요구사항 분석에서부터 구체적이어야 한다. 모든 요구사항의 범위를 명확히 해 이에 따른 일정과 비용을 산정하기 때문이다. 프로젝트 수행의 전체 목록이 구성되면, 이를 통해 분석, 설계, 개발, 테스트 과정을 순차적으로 진행한다. 완성된 결과물을 보기 위해서는 테스트까지 기다려야 한다. 각 일정과 절차가 제대로 진행되지 않으면, 전체 공정도 영향을 받아 프로젝트 스케줄이 지연되는 결과가 온다. 전통적 프로젝트에서는 책임자의 리더십, 표준화된 업무절차, 계획과 공정 준수가 중요하다.

애자일 프로젝트의 시작도 요구사항 분석에서 시작한다. 원칙적으로 요구사항은 프로젝트를 발주한 조직이 제시하는 법이지만, 일반 사용자가 내게 필요한 기능이 무엇인지 표현하기가 쉽지 않은 게 현실. 혁신과 변화를 위해 시작한 프로젝트인데, 요구사항을 제대로 정의하기가 어려워 그냥 기존 시스템의 기능대로 해달라고 요청하는 경우가 많다. 때로는 다른 회사의 사례를 개발사에 무리하게 요청하기도 한다. (우리 회사 자료를 다른 회사에 보여준다면, 누가 반기겠는가? 계약이나 저작권 위반 소지도 다분해서 이런 요청은 들어주지 않는다.) 개발사가 점쟁이도 아닌데, 프로젝트 시작한 지 일주일도 안 되어 고객사 업무를 이해하고 필요한 것이 무엇인지를 구체적으로 그려낼 수는 없다. 요구사항을 놓고 발주사와 수행사 간 힘겨루기가 일어나는 지점이다.

끝없는 요구사항의 등장은 전통적인 프로젝트에서 늘 골칫거리다. 애자일의 경우는 이 문제를 '스프린트'로 해결하고자 한다. 1차 요구사항 수집에서는 전체 개발 범위와 기존 시스템 간 영향 등 대략적인 추진 범위만 정하여 개발공수와 비용 산정 시 활용한다. 실제 개별 요구사항의 분석과 구현은 스프린트 단계에서 하나하나 진행한다. 이때 전통적 방식과 같이 순차적으로 개발을 진행하기도 하고, 동시에 여러 팀으로 나누어 병렬 방식으로 처리하기도 한다.

'설계→개발→테스트'라는 긴 공정이 아니라, 린 스타트업에서 이야기하는 최소기능제품처럼 최소기능 요건만 정의해 설계-개발-테스트를 동시에 진행한다. 비즈니스 담당자, IT 담당자, 개발사(비즈니스 설계 전문, 개발 전문)가 한 팀이 되어 짧게는 2~3일, 길게는 5일 단위로 진행하며 요구사항을 해결해나간다. 요구사항을 두고 '핑퐁'하는 것이 아니라 그것을 같이 고민하고 결정한다. 누구든 먼저 아이디어를 내며, 손으로 그리기도 한다. 화면의 윤곽이 잡히면, 개발자는 시스템으로 가능한지 그 자리에서 시도해본다. 결과물을 기존 업무와 비교하며 써본다. 한계점이 보이면 과감히 프로세스를 없애기도 한다. 스프린트 결과 만들어진 최종 산출물은 모두의 합의로 종결되고, 그 다음 스프린트로 넘어간다.

이런 진행을 위해서는 프로젝트를 수행하는 스크럼 팀에 최종 의사결정권을 부여해야 한다. 그 팀의 결과를 반박하는 이가 있다면, 그 사람도 스크럼 팀에 들어가야 한다. 전통적 방식과 애자일 방식은 용어의 구성으로는 비슷해 보이지만, 그 팀이 요구사항이라는 문제를 해결해가는 방식에서 이미 차이가 난다. 하지만 애자일도 원칙과 가이드라인을 바탕으로 하다 보니 기존의 방식과 혼재되어 쓰이는 경우가 많다. 기업의 상황에 따라 스프린트 결과물을 재검증하는 절차가 추가되기도 한다. 간혹 애자일의 유연함이 악용되어 전통 프로젝트처럼 전체 공정에 영향을 주는 경우도 있다. 계속 과거 방식으로 회귀하려고 한다. 기존의 방식이 익숙하고 쉽다고 생각하니까.

새로운 방식으로 성공한 사례를 보면 '나도 그렇게 하고 싶다'고 하지만, 실제로 내가 그 혁신의 대상이 되면 과거로 돌아가려는 유혹을 떨쳐버리기가 쉽지 않다. 애자일에는 과정의 유연함도 있지만 전체 프로젝트를 다시 진행할 수도 있는 유연함도 있다. 한번 만들고 끝나는 게 아니라 비즈니스 환경에 따라 계속 변하고 진화할 수 있는 시스템이 바로 플랫폼이기 때문이다.

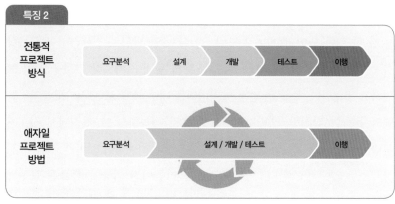

|그림 72| 전통적 프로젝트와 애자일 프로젝트의 특징2

● **프로젝트 조직**

애자일의 핵심은 프로젝트를 수행하는 스크럼 팀의 구성이다. 요구사항은 풀어야 할 비즈니스 이슈이며, 스크럼 팀은 그 이슈의 해답을 찾는 팀이다. 전통적인 방식을 따르면 "비즈니스 부문에서 요구사항 전달→개발사에서 설계 및 개발→비즈니스 부문과 IT 부문이 검토하여 사용"으로 이어진다. 비즈니스 부문이 요구사항을 낸 뒤 결과물을 보기까지 오랜 시간이 걸린다. 반면, 애자일을 수행하는 스크럼 팀은 이런 과정들을 동시에 진행한다. 순차적인 업무 처리가 아니라, 비즈니스 이슈를 공동의 해결과제로 정의하고 함께 해결책을 찾는 것이다.

스크럼 팀에는 비즈니스를 잘 이해하는 전문가와 기존 시스템을 운영-관리하는 IT 전문가가 들어오고, 외부 솔루션을 적용하기 위해 개발사도 참여한다. 그리고 팀의 업무, 일정, 품질을 관리할 스크럼 마스터

가 필요하다. 마지막으로 필요한 역할자는 프로젝트 관리전문가(PMO;
Project Management Officer)다. 팀 내 프로젝트 전반을 기획-감독-완수하
는 과정의 관리자로서 'DMZ(비무장지대)' 기능도 한다. 여러 부문의 팀
원으로 구성된 스크럼 팀은 각 조직의 이해관계를 대변하기도 한다. 서
로의 분야에 대한 이해 부족, 한정된 시간과 비용, 비즈니스 이슈에 대
한 한계 등으로 다툼이 발생한다면, 이를 중재하고 타협안을 모색하는
역할을 한다. 경우에 따라 개발사에서 별도로 PMO 조직을 두기도 하
고, 발주한 기업에서 비즈니스와 IT를 잘 이해하는 담당자를 PMO 조
직에 배정하거나 외부 전문가 또는 분석가를 이용하기도 한다. 여기까
지 준비가 되었다면 디지털혁신을 위한 기본적인 요소는 갖춘 셈이다.

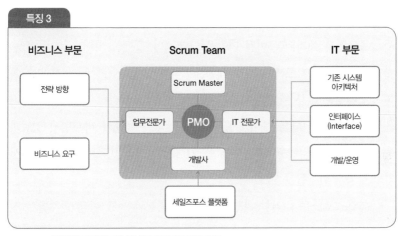

|그림 73| 전통적 프로젝트와 애자일 프로젝트의 특징3

1-3 영업혁신, 단계별로 접근하라

애자일은 하나의 비즈니스 목표를 향해 이해관계자들과 구성원 모두가 함께 만들어가는 프로젝트다. 기업의 비즈니스 이슈는 단번에 해결되지 않으며, 또 다른 이슈도 계속 발생한다. 전통 프로젝트로는 상시 해결이 불가능하다. 기존 IT는 한 번 개발되면 싫든 좋든 감가상각이 될 때까지 3~5년 무조건 써야 했다. '차세대'라는 이름으로 회사의 큰 정기행사가 된 지 오래다. 그러다보니 신규 프로젝트가 시작되면 온갖 요구사항이 다 나타난다. 지금 고치거나 반영하지 않으면 또다시 3~5년을 기다려야 하니까! 전형적인 빅뱅 방식이었다.

플랫폼과 애자일은 이런 단점을 극복했다. 플랫폼 자체도 계속 변화-발전하지만, 이용자도 업무 변화에 따라 적기 반영이 가능해진 것이다. 특히 영업환경은 다른 어느 부서보다 빠르게 변한다. 작년에 잘되던 사업부가 올해는 저조하여 다른 부서와 합쳐지기도 하고, 목표가 바뀌면서 영업과 운영방식이 변경되기도 한다. 새로운 거래처나 신규 비즈니스가 생기면서 업무 절차가 변경될 수도 있다.

세일즈포스는 이러한 환경 변화를 큰 비전과 목표 아래 단계별로 진행하라고 권한다. 플랫폼을 통한 상시 대응체계를 갖추려면 7가지 주요 영역이 있다. 모든 프로젝트는 조직의 비전과 전략, '큰 그림' 하에 진행되겠지만, 세일즈포스는 더욱 조직의 비전-전략과 밀착해야 한다. 업무 지원이라는 IT 기능도 있지만, 세일즈포스가 지향하는 바는 '비즈니스=IT'의 업무환경이기 때문이다. 그 7개의 영역은 따로따로 존재하는 것이 아니라 각각이 유기적으로 연계되어, 프로젝트 종료 후 조직이 민첩하게 움직일 수 있도록 한다.

세일즈포스의 7가지 도메인을 일하는 절차로 표현하면 아래 그림과 같다.

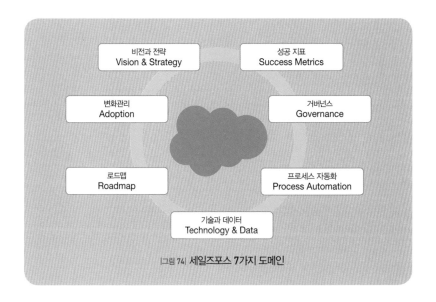

|그림 74| **세일즈포스 7가지 도메인**

영역1) 비전과 전략은 프로젝트 전체가 지향하는 바다. 우리 회사가 가진 현안을 해결하기 위해 또는 미래의 성장 방향을 위해, 추구해야 할 비전-전략-비즈니스 목표를 명확하게 정의하고 전 직원들에게 선언하는 단계다. IT 프로젝트를 진행하는 많은 기업이 이 부분을 생략해버리곤 하는데, 그건 IT를 단지 업무지원 수단으로 인식하기 때문이다. 이 단계가 미흡하면 프로젝트 전체가 흔들린다. 요구사항의 불확실성, 왜 만드는지 모르는 기능들, 수긍하지 못하는 사용자, 현재 업무와 맞지 않는 프로세스, 기존 방식에 젖은 반대파의 저항 등 많은 문제가 발생한다. 비전과 전략, 목표가 없다면 '왜'에 대한 답을 줄 수 없기 때문에 프로젝트가 설득력을 잃는다.[6]

영역2) 비즈니스 지표는 목표에 대한 '가시성'을 의미한다. 이익 증대, 비용 감소, 위험 헤징, 만족도 제고라는 각각의 목표는 나름 큼직한 영역이다. 가령 이익 증대라는 지표만 보더라도 더 세부적으로는 기존 고객의 재구매율 증대, 고객유지(Retention) 강화, 영업 이익 개선 등 추구하는 바나 집중할 대상이 달라진다. 비전 및 전략과 연계된 핵심지표는 각 부서의 성과지표로 배부되어 영업활동과 결과에 영향을 미치기 때문에 아주 중요하다. KPI를 세우기 위해 많은 작업이 필요하다는 얘기가 아니다. 세일즈포스는 글로벌 컨설팅사 PwC의 CEO Survey 결과를 인용하여 미국 기업의 21%는 5개 이하의 지표를, 52%는 5~10개의 지표를, 18%는 10~15개의 지표를 사용한다고 한다. 약 80%의 기업이 10개 미만의 지표로 경영 대시보드를 구성해 업무에 활용하고 있다는 얘기다. 단계별로 진화하는 플랫폼 상에서는 목표 달성에 필요한 최소한의 지표를 적용하고, 그 진행상황과 결과를 모니터하여 다시 반영하는 작업이 더 중요하다.

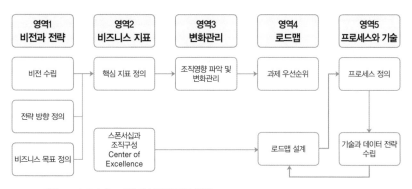

|그림 75| 세일즈포스 7가지 도메인의 성공적 접근 방법

애자일 프로젝트를 위한 조직도 중요하지만 민첩한 조직으로 전환해 상시 운영을 지원하고 실제 운영할 수 있는 조직 구성도 필요하다. 3~5년 단위 대형 프로젝트가 아닌 상시 혁신 체제로 전환할 수 있는 조직과 기능,

스폰서십을 갖추어야 한다.

영역3) 변화관리는 기존 IT 프로젝트의 매뉴얼 교육이 아니다. 프로젝트 초기부터 비전과 목표에 따라 변화를 선언하고 전 직원이 동참할 수 있는 문화부터 마련해야 한다. 새로운 일하는 방식에 대한 각 부서의 참여, 상시 변화가 가능한 IT 조직의 역량 및 운영방식 조정, 변화와 확산의 방법, 직접 영향 받는 부서와 간접으로 받는 부서 구분, 기존 업무와의 결합 등 프로젝트 이면에서 준비하고 챙겨야 할 요소 전반을 책임지고 관리하는 영역이다.

영역4) 앞서 각 영역의 단계를 거쳐 조직의 방향과 필요성이 파악되었다면, 로드맵으로 주어진 과제의 우선순위를 정한다. 단계별로 진행할 순서와 핵심 기능을 선별하고, 일을 추진하기 위한 일정, 자원, 비용을 할당한다.

영역5) 프로세스와 기술 : 우선순위가 높은 과제를 시작으로 현재의 업무와 미래의 업무 차이를 파악하고, 변화하고자 하는 방향을 구성원들이 함께 찾아야 한다. 개발자는 플랫폼을 통한 구현 가능 범위와 방법을 모색하고, 비즈니스 담당자는 업무 혁신 요소를 고민하고, IT 운영담당자는 기존 시스템의 영향 범위를 파악한다. 계획단계에서 파악하지 못한 큰 이슈들이 이 과정에서 발견되기도 한다. 기존 시스템의 개선, 보안 체계 정비, 글로벌 규제 준수 등 예기치 못한 이슈가 발생하면, 이를 다시 로드맵에 반영해 발전 단계-일정-비용을 재조정한다.

환경 변화에 민첩하게 대응하게끔 기업 체질을 개선하는 것은 정말 힘든 과정이다. 민첩함과 유연함은 고정과 경직의 정반대다. 그만큼 실제 기업의 체질도 민첩하고 유연해져야 한다. 앞서 제시한 대럴 릭비와 동료들의 연구 결과를 다시 언급해볼까? a) 애자일 팀과 기존 조직과의 융합이 가능한 문화, b) 애자일 팀과 구성원의 지속적 역량 개발과 성과 보상 같은 제도, c) 애자일 팀의 결과를 반영할 수 있는 IT 인프라, d) 유연한 예산과 그 집행이 가능해져야 한다. a)와 b)항목은 조직 내부의 의지로 가능하다. c)는 세일즈포스 같은 플랫폼 솔루션이 이를 가능하게 해준다. 물론 이를 뒷받침할 IT조직의 변화는 필요하지만. 마지막 d)는 연간 예산으로 움직이는 조직에선 쉽지 않은 부분이다. 대략적인 경계는 있겠지만 얼마나 유연하게 단계별로 예산을 집행해야 할지 궁금할 것이다. 그 답은 **영역)** 비전과 전략에 있다. 목표 달성을 위해 끝까지 간다면 지속적으로 투자해야 할 것이고, 변화의 과정을 '가시可視 지표'로 확인하며 더 이상 수용할 수 없는 정도에 이르면 투자도 운영예산으로 전환해야 한다. 극단적인 경우, 정말 몸에 안 맞으면 버릴 수도 있다. '사용한 만큼 지불', 그것이 클라우드의 가장 큰 장점 중 하나일 것이다.

지금까지 애자일 방법론을 실제 플랫폼에서 적용하기 위한 구성요소들을 살펴보았다. 이제 스크럼(기존 프로젝트) 진행 시 단계별로 고려할 부분들을 설명해야겠다. 우리가 제시하는 접근법이 꼭 정답은 아니다. 기업 규모, 예산, 준비사항, 목표에 따라 얼마든지 바뀔 수 있다. 다만 아래 제시한 절차는 여러 프로젝트를 수행하면서 겪은 시행착오를 통해 점검해야 할 단계를 표준화한 것이다. 적어도 다음과 같이 진행할 경우, 전통적인 방식에서 자연스럽게 애자일 프로젝트로 전환할 수 있었다. 단계별로 제시되는 개발자 Note는 개발자 관점에서 기술적으로 준비하고, 단계별로 점검할 사항을 요약한 것이다. 이를 통해 실제 프로젝트 시 전체적으로 필요한 사항을 미리 파악해 준비할 수 있기 바란다.

전략 및 계획 단계와 스프린트 단계를 별도 프로젝트로 진행하기도 하고, 하나의 프로젝트로 진행할 수도 있다. 프로젝트를 발주한 기업의 준비와 참여도에 따라 내부 인력의 직접 혁신이나 외부 전문가와 협업 기반의 혁신이 가능하기 때문이다. 프로젝트 진행의 핵심은 한 번에 모든 것을 끝내는 'All-at-Once', 즉 빅뱅 방식이 아님을 유념해야 한다. 처음 애자일 프로젝트를 수행하는 조직이라면, 특정 부서나 특정 기능을 대상으로 진행한 후 확장하는 단계별 접근을 추천한다. 작은 성공을 통한 확산이 가장 좋으며, 플랫폼에 익숙해지기까지 직원들에게 충분한 시간을 주어야 한다.

전략 및 계획 단계와 설계-개발-테스트 단계가 분리된 이유 중 하나는 전략적 이슈 외에 시스템 간 호환성 이슈가 있다. 해외에는 세일즈포스가 도입된 지 20년이 다 돼가지만, 국내에는 클라우드 시장의 더딘 성장으로 아직 잘 알려져 있지 않다. 국내 기업들의 IT 시스템과 정보는 각 기업의 중요 자산으로, 내부 데이터 센터 깊숙이 숨겨져 있다. 외부의 침입도 싫지만 제3자가 우리 정보를 관리하는 것 또한 싫다는 기업문화가 '빌려 쓰는' 개념의 클라우드 확산에 걸림돌이 되었다. 당연히 기술표준, 보안정책, 인터페이스, 업무수행 방식에서도 차이가 존재한다. 이 같은 영향 범위를 사전에 파악하여 준비한다면, 스크럼 팀은 스프린트 단계에서 요구와 결과물에만 집중할 수 있다. 이 단계에서 방향성과 목표가 없고 시스템 이슈가 발생한다면, 스프린트의 민첩성은 불가능해질 수 있다.

변화관리(Adoption 혹은 Change Management)는 계획 단계부터 전담인력을 배정하여 진행해야 한다. 혁신을 수행하는 스크럼 팀 외에도 각 업무부서와 긴밀하게 소통하도록 장치와 방법을 모색해야 한다. 변화된 업무와 일하는 방식이 조직에 안착될 수 있도록 문화와 제도를 연계하여 지속적으로 진행해야 한다.

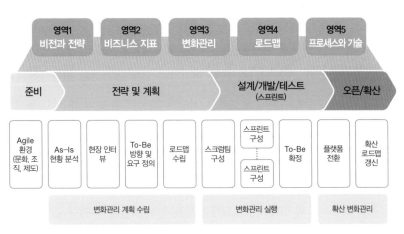

|그림 76| 세일즈포스 플랫폼 스크럼 실행 방법

전략 및 계획 단계

- 현재 우리 회사 임직원들의 의식수준을 먼저 파악하라.
- 문서 작업이나 삭제할 보고가 얼마나 많은지 식별하라.
- 세일즈포스 플랫폼과 기존 시스템 간 인터페이스 범위를 파악하라.

전략 및 계획 단계는 디지털혁신의 방향과 방법을 정립하는 단계로, 프로젝트의 시작이면서도 가장 어려운 부분이다. 대부분의 기업은 새로운 기술과 시스템이 혁신을 일으킬 것으로 생각한다. 하지만, 그 반대다. 기업 문화와 업무가 먼저 혁신된 후, 시스템을 통해 혁신된 업무 환경을 구축하여 실제로 사용 가능한 민첩한 업무환경을 완성하는 것이다. 전략 및 계획 단계는 바로 이러한 문화·업무의 혁신을 주도하는 단계다.

준비 단계에서 프로젝트를 주관하는 부서는 우리의 문화와 제도, 임직원들의 의식수준을 먼저 파악해야 한다. CEO가 모든 의사결정을 주도하는 문화인지, 부서 간 협업은 잘 되는 문화인지, 경영지원 부서의 협조는 가능한지, 새 기술을 거부하는지 아니면 갈망하는지 등에 따라 스크럼 팀과 변화관리의 방법이 달라지기 때문이다.

이 중에서도 가장 중요한 것은 CEO와 의사결정 그룹의 혁신 의지와 스폰서십이다. 어떤 프로젝트든 영향력 있는 의사결정자의 지지와 도움이 필요하지만, 애자일 방법론에서는 더욱 중요하다. 일하는 방식과 과정, 결과물이 낯설다보니 기간 내내 장애가 많다. 의사결정 그룹에서 먼저 변화를 보여주고 실천을 선언할 때, 프로젝트라는 배는 앞으로 나아갈 수 있다. 실제로 성공한 세일즈포스 프로젝트에서는 임원이 먼저 스프린트 기간 동안 모바일로 보고받고, Chatter로 소통하는 의지를 보여주었다. 의사결정 그룹과 주요 부서가 적극적으로 지지하는 프로젝트를 어느 누가 따라가지 않겠는가?

As-Is 현황분석과 현장 인터뷰는 조직의 변화 요소를 찾고, To-Be 방향성을 수립하기 위한 재료를 모으는 과정이다. 우리의 핵심 영업 업무가 무엇인지 정의하고, 해당 핵심 업무를 방해하는 요인을 정리한다. 과도한 문서작업, 잦은 보고, 영업 코칭 부재, 회사 자산이 된 자료의 부재 등 당면한 문제를 나열하고 의사결정 그룹과 각 조직과 그 구성원이 이에 대한 변화 의지와 수요를 파악한다. 혹시 '일을 위한 일'을 하고 있지는 않은지, 또렷이 드러내야 한다. 스크럼 팀은 이런 낭비 요소와 시간이 흐르며 자연스레 습관이 돼버린 일들을 혁신 대상으로 정해 과감히 제거 또는 개선해야 한다.

마지막으로 플랫폼 아키텍트(Architect)는 세일즈포스 플랫폼과 고객사의 기존 시스템 사이에 존재하는 간극(차이)을 점검한다. 개선 대상으로 선정된 업무를 세일즈포스로 바꿀 수 있는지 체크하고, 표준 기능으로 사용할 범위와 추가 개발이 필요한 범위도 산정한다. 세일즈포스의 표준 기능을 그대로 적용해서 개선할 수 있다면 적합도가 높은 업무가 되며 빠르게 개발-적용이 가능하다. 반대로 업무와 시스템 간 갭이 발생한다면 어떤 방식으로 해결할 수 있을지 대책을 찾아야 한다. 보통은 별도 개발을 하게 되는데, 플랫폼 영향도나 비용 대비 효과 등을 고려하여 방법을 조율해야 한다. 클라우드 기술을 기반으로 한 세일즈포스와 각 기업의 기존 시스템을 연결하는 인터페이스 범위도 프로젝트 기간-범위-비용에 영향을 미치는 중요한 요소 중 하나이므로 필히 점검해야 한다.

개발자 note

세일즈포스 프로젝트 실행 전에 개발자들은 무엇을 준비할까? 세일즈포스는 준비된 플랫폼이다. 일반적인 SI 구축 프로젝트처럼 환경부터 구성하는 게 아니라, 플랫폼이 제공하는 기능을 바탕으로 한 적용을 우선시해야 한다. 보통 SI 방식의 개발이 필요한 부분은 별도로 파악해야 한다. 플랫폼의 자체 기능 개발과 별도 SI 방식의 개발을 구분하려면 개발자들은 무엇보다 세일즈포스의 '팬(Fan)'이 되어야 한다. 개발자 Note의 내용은 프로젝트 개발자뿐만 아니라 프로젝트 완료 후 운영할 운영사도 똑같이 알아야 할 사항이다.

첫째, 개발자들은 세일즈포스의 기본 기능을 학습하라.

당연한 일이라 생각할 수 있지만, 자주 사용하는 기능을 빼면 잘 모르는 개발자도 많다. 오브젝트의 개념, 권한 설정 같은 기본사항을 필히 확인하고 공부해야 한다. 이를 위해 Salesforce Administrator 자격증 취득도 추천한다.

둘째, 매년 3회 업데이트되는 기능을 숙지-전파하라.

겨울, 봄, 여름 총 3번 새로워지는 스탠더드 기능과 개발 기능을 이해해야 한다. 과거에는 개발로만 해결되던 요건이 이제 업데이트를 통해 기본 기능으로 제공된다. 개발자들이 업데이트를 항상 주시해야 하는 이유다.

셋째, PoC 또는 고객 미팅으로 지식을 확보하라.

개발자들이 모든 산업-업종에 능통할 수는 없다. 프로젝트가 시작되면 고객사의 일, 일하는 방식과 업무 프로세스, 업무 용어 등을 정리하여 개발자 간에 공유해야 한다. 그래야 스프린트 단계에서 담당자와 개발자 간 소통과 명확한 요구사항 정의가 가능해진다. 또한 업무 기능 개발 시 프로세스를 확립하는 데 필히 도움이 된다.

넷째, 적극적인 질문과 관계를 통해 업무 시스템을 파악하라.

다음은 기본적으로 프로젝트 진행 중 개발자가 알아야 할 질문 사항이다.

- 기존에 업무에 쓰고 있는 프로그램은 어떤 것입니까?
- 어떤 시스템이 세일즈포스와 연동되어야 합니까?

- 데이터의 보안 수준(접근권한)은 어떻게 관리합니까?
- 지금 가장 필요한 기능은 무엇입니까?
- 가장 불편해서 개선이 필요한 업무와 기능은 무엇입니까?
- 업무에 사용하는 리포트는 무엇이며 몇 가지입니까?

이런 질문을 통해 기능을 도출할 수 있으며, 기본 기능으로 해결되는 요구사항과 개발이 필요한 요구사항을 구별하기 위한 기초 정보를 확보할 수 있다.

다섯째, AppExchange를 통한 기능 확보가 가능한지 검토하라.
많은 파트너 개발사들이 만들어놓은 프로그램들이 AppExchange에서 배포되고 있다. 미리 배포/판매되는 앱의 설치로 개발기간 내에 할 수 없는 큰 요구사항도 해결할 수 있다. 또 필요한 기능을 '커스터마이즈'할 수 있는 앱이라면 개발기간을 단축시킬 수도 있다.

여섯째, 고객사 비즈니스–IT 담당자에게 세일즈포스를 홍보하라.
세일즈포스를 잘 아는 업무담당자가 배정될 확률은 매우 낮다. 세일즈포스 프로젝트를 성공적으로 마치려면 현업–관련 부서의 적극 참여가 중요하다. 변화관리는 상시 활동이며, 그 일환으로 개발자도 회사 내부의 관심을 유도하기 위한 교육에 참여해서 세일즈포스의 장점을 알려야 한다.
개발자가 전략 및 계획 단계에서 기본적으로 챙겨야 할 여섯 가지 사항을 적어보았다. 세일즈포스 개발자는 주어진 요건을 수동적으로 해결하지 말고, 개발 전 계획 단계나 프로젝트 초반에 이 6가지를 통해 고객 요구사항을 선제적으로 파악하고 이해관계자와 끈을 맺어놓자. 그러면 성공을 위한 준비는 마쳤다고 볼 수 있다.

이런 과정을 통해 변화의 방향과 업무 요구가 정의되면, 애자일 프로젝트를 실행할 방법과 계획을 세우는 로드맵을 구성한다. 전략 방향과 목표 달성을 위해 드러난 문제들을 모두 해결하면 좋겠지만, 이 또한 많은 비용과 자원을 필요로 한다. 그렇기 때문에 전사에 일괄 적용할 건지, 또는 특정 부서 적용 후 확산할 것인지, 종합적으로 검토해야 한다. 구현 기능에 있어서도 추가 비용과 개발자를 투입해 별도 개발할 것인지, 업무를 간소화해 표준 플랫폼 기능을 사용할 것인지, 사전 검토하여 전체 프로젝트 범위-기간-비용을 산정한다.

스프린트(설계/개발/테스트) 단계

- 자주 소통하여 임직원의 마음을 사로잡아라.
- Pilot을 통해 성공 사례를 만들라.
- 세일즈포스 화면이 곧 프레젠테이션 자료다.

혁신이나 프로젝트 경험이 풍부한 기업은 앞의 긴 여정을 거치지 않고 곧장 본 단계로 진입하기도 한다. 최근엔 세일즈포스 도입 이전부터 혁신을 준비하고 고민하는 기업들이 늘고 있다. 기업의 혁신-업무-IT 담당자들이 넉넉한 준비를 한 결과, 스프린트 과정에서 개발사와 바로 문제를 정의하고 해결해갈 수 있다. 하지만 이는 매우 드문 경우이며, 오래 준비해도 내부 변화관리가 되어 있지 않은 경우가 대부분이다. 어쩌다 프로젝트에 부정적인 임원까지 만나게 되면 '혁신 한 번 해보자'고 모인 스크럼 팀은 힘이 쭉 빠진다.

앞 단계를 통해 프로젝트의 목적과 방향, 요구사항 목록, 개선 업무 프로세스가 정의되었다면 절반은 된 거다. 나머지는 실행과 적용이다. 이제는 프로젝트 관리 및 변화관리의 역량이 성패를 좌우한다. 프로젝트 관리 역량은 정의된 요구사항에 세일즈포스의 기본 기능을 적용하는 표준 기능과 별도 개발이 필요한 기능을 구분하고, 정해진 인력과 기간으로써 완료

해나가는 과정이다.

프로젝트 관리자는 애자일이라고 해서 무조건적인 새로운 아이디어를 반영해서는 안 된다. 철저한 선택과 집중, 자원(시간, 비용, 인력)의 효율적 배분에 총력을 기울여야 한다. 합의된 경계 안에서의 애자일이지, 새로운 아이디어가 떠오를 때마다 매번 반영하는 단계가 아니기 때문이다. 전통적인 SI 개발과 달리 애자일 방법은 스크럼 팀은 물론이고 사용자와 이해관계자 간 끊임없는 소통이 전제되어야 한다. 소통은 결과물을 바탕으로 진행되며, 이를 위해서는 작업량을 의미하는 백로그(Backlog), 그러니까 업무와 일정, 담당자를 정의한 업무 그룹을 잘 구성해야 한다. 백로그와 변화관리 계획을 연계하여 소통의 대상, 범위, 방법을 함께 고민한다면 스프린트 과정에서 자연스럽게 사용자의 변화를 유도할 수 있다.

애자일 방법론에 따른 세일즈포스 프로젝트는 소위 '일을 위한 일'을 지양한다. 문서작업과 보지도 않을 자료를 만드는 데 집중하기보다 결과물로 소통한다. 당장이라도 사용할 수 있는 기본 화면과 기능이 갖추어진 세일즈포스는 단기간에 파일럿이나 예시 화면을 준비해 시연할 수 있다. 세일즈포스의 표준 기능을 따르면 하루 만에도 가능하며, 개발이 다소 필요하다면 기능의 흐름만 시연할 경우 일주일 안에 가능하다. (다만 인터페이스를 통한 데이터 연계나 실제 같은 동작이 되도록 하려면 개발 기간이 더 필요하다.) 가장 불편해 하는 업무 중 사용자가 많고 파급효과가 큰 기능을 선별하여 파일럿을 실행하는 게 좋다. 임직원과 소통함으로써 프로젝트를 쉽게 이해시키고 마음을 열게 할 수 있다. 세일즈포스는 말로 이해시키기 어려운 디지털 변화의 내용을 담고 있기에 보여주는 것이 훨씬 효과적이다.

전통적인 개발방법의 경우, 기획자–설계자는 요구사항 분석 및 인터뷰 후에 화면을 설계하여 문서로 남긴다. 뒤이어 투입된 개발자는 문서로 남은 설계서를 보고 '화면정의서'를 만들며, 고객사의 담당자 확인 후 개발을 진행한다. 기능별로 역할이 분리되어 있다 보니 표준화된 문서가 중요하다. 또 문서가 다음 단계로 넘어갈 때마다 담당자의 확인-서명이 필수다. 요구사항을 명확히 한다든지, 추후 문제가 생길 때 책임소재를 분명히 하려는 목적도 있다.

개발자 note

세일즈포스 개발 단계에서 꼭 점검해야 할 사항은? 우리의 경험을 바탕으로 개발 초기부터 준비할 사항, 요청할 사항, 고민해야 할 사항을 6가지로 정리해봤다.

첫째, 사용자 기본정보를 요청하자.

우선 세일즈포스를 운영-사용할 조직의 구성과 유저한테 들어가야 할 정보를 파악하자. 요청사항으로는 조직도와 사용자 목록(이름, 이메일, 부서, 소속 등)이 있다. 이 같은 정보를 통해 데이터 접근-사용 권한이 조직의 어떤 등급 단위로 달라져야 하는지, 설계하고 소통할 수 있다.

둘째, 품질점검(QA; Quality Assurance)서버와 개발서버를 따로 관리하자.

보통의 경우, 개발서버에서 개발/태스크가 완료되면, 최종 결과물을 운영서버에 반영한다. 세일즈포스 또한 이 같은 개발서버와 운영서버 환경을 제공하는데, 이를 각각 Sandbox와 Production이라고 한다. Production은 운영서버를 지칭하며 하나의 Production에는 여러 개발서버들을 생성할 수 있다. 라이선스에 따라 주어지는 샌드박스의 개수는 다르지만, 기본적으로 세일즈포스는 고객이 테스트할 수 있는 QA서버와 개발자들이 개발하는 서버를 따로 분리할 것을 권장한다. 만약 업무담당자의 테스트와 개발이 동시에 진행되고 있다면, 테스트 유저가 개발자의 수정 중 테스트를 오류로 착각할 수도 있다. 그러므로 개발이 완료된 연후에 담당자가 점검할 수 있는 별도의 QA 서버에 배포하고, QA서버에서 검증된 프로그램을 실제 사용할 수 있는 Production 서버로 배포하는 방식이 필요하다.

셋째, 설계 가능한 Custom Object들은 Sandbox 생성 전에 미리 만들어두자.

세일즈포스에 로그인하고 처음 만나게 되는 기본 기능을 오브젝트(Object)라 한다. (기존 시스템의 '메뉴'와 유사함.) Account, Contact, Opportunity 등이 대표적이다. 또 기본 오브젝트 외에 요구사항에 따라 개발자가 추가로 설계하여 생성한 오브젝트를 커스텀 오브젝트(Custom Object)라고 부른다. 개발서버인 Sandbox에서 커스텀 오브젝트를 만들어 권한을 설정한 후 Production으로 배포한다면, 다시 권한을 설정하는 중복 작업을 해야 한다. 그러므로 미리 파악된 요구사항에 따라 커스텀 오브젝트 생성이 필요하다면, Production에서 먼저 오브젝트를 생성하여 기본적인 세팅을 해둠으로써 Production과 Sandbox 간 동기화를 통해 손쉽게 작업할 수 있다.

넷째, 처음부터 무작정 개발하지 말자.

세일즈포스 프로젝트는 애자일 방식으로 고객과 자주 소통하며 확인할 수 있다. 화면에서 요구사항을 표준부터 시작해 업무 담당자의 확인을 거치게 되고, 표준에서 수용되지 않는 기능은 커스텀 개발요건으로 분류한다. 그러나 스프린트 과정에서 프로젝트의 범위와 기간을 무시한 채 손쉽게 개발로 전환하면, 전반적으로 위험도가 높아진다. 앞서 개발 기능이 많아질수록 플랫폼과의 연결고리는 끊어질 수 있음을 설명했다. 초기 산정된 범위를 초과하여 프로젝트 개발 기간이 길어지거나 개발자가 더 투입되어 추가 비용이 발생할 수도 있다. 업무범위 변동에 따른 조직의 변동 없이 프로젝트 진행 시 개발팀의 업무 부하가 늘어 전체 일정과 품질에 영향을 줄수도 있다. 스프린트 단계에서 애자일을 통한 자유로운 개발은 주어진 자원 하에서 최적의 솔루션을 찾는 것으로 이해해야 한다. 업무 개선에 대한 답을 너무 쉽게 커스텀 개발하려고 하지 말자. 나중에 지속적으로 운영 부담을 줄 가능성이 오히려 높아지기 때문이다.

다섯째, 의미 있는 테스트 코드(Test code)를 작성하자.

개발 후 배포 단계(Sandbox에서 만든 것을 운영서버인 Production으로 전환하는 단계)에서 테스트 코드를 작성한다. 테스트 코드는 개발자들이 작성한 코드를 검증하는 도구다. 기존 개발방법에는 없는 세일즈포스 플랫폼만의 특징으로, 개발된 결과물을 실제 운영플랫폼으로 전환해도 되는지를 검토하는 과정이다. 테스트 코드 작성 기간도 반드시 개발 기간에 포함하여 전체 일정을 수립해야 한다. 개발자들은 자신의 코드가 75% 이상 통과해야만 운영으로 배포할 수 있다. 테스트 코드는 비즈니스 로직을 검증하는 도구로서, 시나리오 기반으로 작성되어야 하며 예상 결과와 동일한 결과가 나와야 한다.

이에 반해, 애자일은 화면이 곧 설계서요, 화면정의서이며, 결과물이다. 정해진 스프린트 기간 내 스크럼 팀이 대상 요구 업무와 기능, 화면을 놓고 모두 확인하고 결정해야 한다. 애자일 프로젝트라고 해서 문서가 아예 없는 건 아니다. 다만 형식적인 문서보다는 문제와 이슈 해결을 위한 결과에 더 초점을 둔다는 점을 이해하자. 문서는 필요한 것만 최소한으로 발주사와 수행사 간 상호 협의로 조율하면 된다. 과거 SI 방식의 과도한 산출물 요구와 다단계 품질점검은 애자일 프로젝트의 장점을 완전히 희석시킨다.

오픈/확산 단계

- 결과물을 사용자와 바로 공유하라.
- 기술보다는 문화 혁신에 초점을 두어 확산하라.
- 개선 요소를 지속적으로 발굴, 플랫폼이 진화하도록 만들라.

보통 IT 프로젝트는 시스템 오픈일이 되면 '비상'이다. 테스트부터 오픈을 위해 만반의 준비를 한다. 장애 대응 시나리오도 수립하고 비상 방안도 마련해야 한다. 시스템 전환에 따른 사용자 대상 서비스 중단도 고지해야 한다. 이에 반해 세일즈포스는 상대적으로 여유가 있다. 클라우드 시스템이므로, Sand Box에서 만든 시스템을 그대로 Production으로 전환하는 과정만 진행하면 되기 때문에 한결 수월하다. 기존 SI 개발은 한번 구축되면 최소 3년 이상 장기간 사용했다. 핵심 기능의 변화–추가는 새롭게 프로젝트를 하지 않는 한 거의 불가능했다. 그러다보니 한번 만들 때 많은 요건과 기능이 들어간다. 반면 애자일은 프로젝트 진행도 민첩하지만, 개발된 후에도 애자일 속성이 그대로 조직 문화에 남아 계속 진화–발전하도록 운영할 수 있다. 플랫폼의 경우, 로드맵을 통한 단계별 확산이 가능한 이유다.

세일즈포스 플랫폼은 기업의 민첩성을 보장하도록 설계되어 있다. 혁신멤버로 구성된 스크럼 팀의 결과물을 바로 사용하게 하고, 그 내역을 실시간으로 점검하여 문제점을 파악한 후 개선할 수 있다. 자동화된 리포트를 통해 일/주/월 단위 접속률, 등록 정보 건수, 소통 현황을 파악하여 시스템 사용성을 파악할 수 있다. 파일럿 실행과 검증을 거쳤음에도 실제 사용할 때 이슈가 발생한다면, 특정 기능을 줄이거나 없애는 작업도 손쉽게 적용할 수 있다. 만약 초기부터 스크럼 팀에 IT운영조직이 참여해 함께 진행한다면, 기술이 자연스레 전수되어 오픈 이후 계속적인 기능 고도화가 가능하다.

세일즈포스 프로젝트를 성공적으로 이끈 기업의 유형은 크게 두 가지다. 하나는 전략 및 계획 단계에서 충분히 고민하고 세일즈포스를 이해한 기업이며, 다른 하나는 오픈 이후 확산 단계를 잘 활용해 중장기적으로 플랫폼을 고도화시킨 기업이다. 특히 두 번째 유형은 설령 전략 및 계획 단계의 고민이 부족했다 하더라도 실전에서 얻은 경험을 기반으로 플랫폼을 진화시켜나가기 때문에, 활용성-확장 측면에서는 더 나은 결과를 얻기도 한다. 작은 성공 사례를 바탕으로 기능 확대, 사용자 확대, 부서-업무 확대로 점진적 진화를 추진한다. 성과 중심의 확산으로 지지자 그룹이 생기고 이들을 바탕으로 조기 확산이 진행되는 자연스런 변화관리가 정착된다. 결국 '기술이 좋으니 사용하라'가 아니라, 경쟁력을 위해 업무에 필요한 것을 먼저 정의하고 이를 뒷받침하는 기술을 제공하는 일하는 방식의 변화, 문화의 혁신이 더 중요한 것이다.

개발자 note

개발이 완료되고 사용자들이 직접 사용하는 때가 온다. 테스트를 아무리 잘 하더라도 버그가 발생할 수 있으며 새로운 요구사항이 도출될 수 있다. 사용자들과 직접 소통하는 방법을 추천하며, 마지막으로 체크할 사항을 정리한다.

첫째, 오픈 후 Chatter를 통해 사용자들과 소통하라.
세일즈포스는 협업 도구로 Chatter라는 썩 훌륭한 기능을 갖고 있다. 기존 IT 운영조직은 별도의 업무요청 프로세스나 CSR(Customer Service Request)을 통해 사용자 요청사항을 처리한다. 세일즈포스 팀은 오픈 대응 관련 채터 그룹을 만들어 유저들을 포함시킨 후 Mention(@사용자명)과 같은 기능으로 피드백을 주고받을 수 있다. 프로젝트 팀은 그룹에 게시된 글을 확인–해결한 다음, 답변을 통해 고객과 실시간 소통할 수 있다. 고객은 Chatter로 세일즈포스와 친해질 수 있는 계기도 만들게 되니, 1석2조의 효과다.

둘째, 레코드–오브젝트–필드 권한 설정을 확인하라.

프로젝트 팀이 가장 많이 놓치는 것이 권한 설정이다. QA 서버에서 완벽히 테스트하여 배포했음에도, 운영서버에는 권한이 다르게 설정되어 작동하지 않거나 보이지 말아야 할 것들이 보이는 등의 오류가 발생할 수 있다. 공든 탑이 무너질 수 있으니 권한 설정은 필히 다시 한 번 점검하고 적용해야 한다.

셋째, 클라우드를 수용할 보안 정책을 마련하라.

세일즈포스를 도입하는 기업의 가장 큰 고민은 기존 정보보호나 보안규정과 상충하는 부분이 나타난다는 것. 세일즈포스 자체가 클라우드이기 때문이다. 모든 정보를 자사에 두고 방화벽으로 막아두는 방식에다 '열려 있는' 클라우드 서비스를 결합하는 것은 보안부서에게는 골치일 수밖에 없다. 비즈니스 환경–기술의 변화도 경쟁사의 유입도 빨라지는 상황이니, 보수적으로 꽁꽁 닫아 놓는다고 해결될 문제는 아니다. 세일즈포스도 각국의 보안요구와 법을 준수하여 만든 시스템으로 수준 높은 보안정책을 갖고 있다. 클라우드라고 해서 아무나 접근하는 오픈된 시스템으로 인식하지 말자. 이번 기회에 오픈 플랫폼을 수용할 수 있는 클라우드 보안 정책 수립을 고려하는 게 어떨까? 외부에서 접근할 수 없도록 IP를 제한하는 기능, 2차 비밀번호, 비밀번호 제약 등의 보안관련 설정을 통해 기술적 문제는 대부분 해결된다. 그러므로 글로벌 표준에 맞는 정보보호 및 보안 정책과 가이드라인을 정비하자. 과거의 폐쇄형 환경에선 더 이상 신기술 적용이 힘들다.

넷째, 요리의 끝은 설거지, 개발자의 흔적을 남겨라.

프로젝트에서 코드의 주석을 빼고 개발자가 남길 수 있는 것은 문서. 개발자의 역할이 코드를 작성하는 사람에 국한되는 경우가 종종 있다. 표준 개발방법론은 많지만 개발사의 문화와 분위기, PM의 업무방식, 개인의 경험 등에 따라 개발자의 역할을 해석하는 범위는 다양할 것이다. 애자일 방법은 소통을 기반으로 한다. 일의 시작도 끝도 소통이다. 소통은 말로만 하는 것이 아니다. 회의 결과를 기록하고, 이해가 안 되면 손으로 그려서라도 설득하고, 내가 뭘 만들었는지 소개하고 설명하는 모든 과정이 소통이다. 그 소통의 결과는 우리가 산출물이라고 부르는 문서다.

요리의 과정은 재료 준비부터 설거지까지라고 한다. 요리사가 귀찮은 마무리까지 깔끔히 마치듯이, 개발자도 결과물의 시작(요구사항 정의서)과 끝(사용자 매뉴얼 및 운영지침)을 마무리해야 한다. 이건 반드시 고객사만을 위한 것은 아니다. 자신이 만든 기능의 화면, 개발관련 문서들을 그때그때 정리해 남긴다면 스크럼 팀 내 소통과 업무효율에도 분명히 긍정의 영향을 준다. 중간에 팀원이 나가거나 들어와도 정리된 자료가 있다면 빠르게 팀에 적응하고 기여할 수 있다.

1차 애자일 프로젝트 종료 후 확산은 앞서 기획된 전략 및 계획을 바탕으로 한 로드맵에 따라 점진적으로 진행해야 한다고 했다. 구호로서의 로드맵이 아니라 플랫폼이 살아서 진화하도록 만들려면, 조직 차원의 준비가 필요하다. 우선은 현장 업무와 조직 변화를 파악해 이를 요건으로 반영할 수 있는 세일즈포스 비즈니스 분석가를 양성해야 한다. 둘째로 기존 시스템 운영조직처럼 세일즈포스 Admin을 맡을 운영조직이 필요하다. 이들은 사용자 생성 및 권한 관리, 정보접근권한 관리, 플랫폼 표준기반 변경 업무 반영, 리포트 및 대시보드 관리, 보안 관리의 업무를 수행한다. 마지막으로 기존 IT 조직의 시스템 아키텍트는 세일즈포스 플랫폼의 아키텍트와 인터페이스 구조도 이해해야 한다. 이를 통해 클라우드 플랫폼과 기존 자사 시스템 간의 업무 기능과 데이터가 원활히 흐르도록 해야 한다.

옴니채널 관리, 고객정보를 디지털 통합 플랫폼에

Sales Cloud를 통한 통합 고객관리

T모바일은 현재 북미와 유럽에서 6,700만 명이 사용하는 대표적인 글로벌 이동통신 사업자다. 「인텔리전스」의 시장점유율 보고서에 따르면 T모바일은 지속적인 성장률을 보이며 2017년 말 미국에서 3번째로 많은 고객 수를 보유하게 되었다. 2016년 시장조사 기관 닐슨 모바일 인사이트는 T모바일의 성장 비결을 고객 만족 경영과 맞춤 추천 서비스로 지목했다. 초기 모바일 기기는 통화와 간단한 메시지를 주고받는 소통 수단이었으나, 지금은 정보 검색, 상품 구매, 나아가 업무 지원 도구로까지 그 용도와 목적이 다양하게 발전하고 있다. 모바일의 기능—용도가 점차 복잡해짐에 따라, 모든 대리점 고객에게 동일한 구매 경험을 제공하기는 점점 더 어려워지고 있다. 이에 T모바일은 고객경험을 효율적으로 관리하기 위해 세일즈포스의 Sales Cloud를 적용했다.

기존 온—오프라인 채널에서 구분 없이 관리되던 고객정보를 표준화하여 세일즈포스 Account를 통해 데이터를 집중했고, 고객 중심으로 다양한 정보를 통합 관리하도록 했다. 축적된 정보를 바탕으로 B2C 소매 프로세스를 표준화하여 고객 전담팀의 업무를 줄여나갔다. 각 대리점의 소매 담당자는 일반 고객 대상의 판매 기회, 고객과 맺은 약정 및 계약 내용 등을 온—오프라인에서 일관되게 관리했다. 최종 주문 처리를 위해 기존 주문시스템(Back—End system)에 접속하지 않고 세일즈포스를 통해 처리해 효

|그림 77| **Sales Cloud**의 파이프라인 관리[7]

율성을 키웠다. 그 결과 분산된 여러 시스템으로 주문을 실행하는 데 필요한 업무의 70%가량이 줄었으며, 덕분에 좀 더 많은 시간을 고객과의 상담에 할애할 수 있었다.

Service Cloud를 통한 다양한 채널의 고객서비스 대응

T모바일은 여러 채널로 확보한 잠재고객을 실제 고객으로 전환한 이후, 어떻게 통합된 서비스를 제공할지를 고민했다. 외부 채널에서부터 T모바일 내부 시스템까지 정보가 일관되게 유통되도록 만들기 위해 두 번째 프로젝트로 Service Cloud를 도입했고, 이를 통해 다양한 채널에서 수집된 고객의 요청과 목소리에 대응할 수 있는 기반을 갖추게 되었다. 전화, 메신저, 인터넷 등 다양한 채널에 접속된 고객의 서비스 요청은 Service Cloud로 통합되어 서비스할 수 있었으며, 최근 폭발적으로 증가하는 SNS 에 대응하기 위해 세일즈포스의 Social Custom Service 기능도 활용했다. 각 고객을 응대하는 콘택트 센터는 깊이 있는 고객정보로써 신속한 고객서비스를 제공할 수 있게 되었으며, 그런 정보를 바탕으로 한 발 빠른 맞춤형 응대가 가능해졌다.

|그림 78| **Service Cloud로 고객대응**[7]

T모바일 사례는 시장-고객-기술이 변화하는 과정에 대한 이해를 바탕으로 기업의 일하는 방식도 함께 변화해야 한다는 사실을 보여준다. 고객의 시대, 옴니채널의 시대를 맞이한 기업은 지금까지 발전된 기술을 각자 상황에 맞게 통합 관리해야 한다. 업무와 프로세스를 단일 플랫폼에 통합함으로써, 고객 중심의 일관된 정보를 바탕으로 한 업무 처리가 가능해진 것이다. 이제는 고객을 얼마나 잘 아느냐가 기업 생존의 관건이 될 것이다.[89]

제2장

디지털 영업혁신 활용 시나리오

2-1 우리 회사만의 영업혁신 스토리

    글로벌 15만 기업의 영업 업무 디지털화 그리고 이를 프로젝트로 추진하는 과정을 훑어보았다. 이제 우리 회사만의 디지털 영업혁신을 설계해보자. 업종을 불문하고 영업의 일하는 방식은 크게 고객 발굴과 만남, 영업기회 파악, 고객정보 수집, 상담, 실제 거래 그리고 사후 서비스로 구성된다. 일하는 순서의 관점에서는 이 단계가 차례로 진행되지만, 실제 영업사원이 일하는 과정에는 활동도 고민도 더 많이 생긴다. 고객을 발굴하고 만나기 위해서는 끊임없이 시장-경쟁사-고객의 동향을 파악해야 한다. 현장에서 이야기를 듣기도 하고, 고객을 통해 듣기도 하는 등 영업사원은 항상안테나를 세워야 이 같은 시장정보를 얻을 수 있다.

    영업활동은 순서대로 한 번 만에 끝나지 않는다. 일, 주, 월, 분기, 반기, 연 단위로 목표를 설정한다. 회사에 따라 매출 목표만을 세우기도 하고활동 계획을 세우기도 한다. 시간 단위로 활동을 관리하는 때도 있다. 활동은 영업사원의 방문이나 상담 자체로만 끝나지 않는다. 문제점을 파악-개선하고, 교육 역량 강화 활동을 반복하게 되고, 그 결과가 영업사원의 성과로 나타난다. 고객관계에서는 정보를 늘 최신 상태로 유지하기 위해 고객 또한 관리 대상이 된다. 계약으로 관계를 끝내는 게 아니라, 판매 후 관계 관리를 통해 다시 우리 제품과 서비스를 이용하도록 또 챙기고 점검해야 한다. 좋은 고객, 나쁜 고객도 파악해야 하고 우수 고객에게는 조금 더 신경 써야 한다. 겉보기엔 비슷해 보이는 영업 과정도 다음 그림과 같이 어떤 조합의 업무와 역할에 중점을 두느냐에 따라 다른 결과가 나타난다. 그래서 디지털혁신엔 정답이 없다. 글로벌 15만 기업이 사용하는 시스템이라면, 15만 가지의 해법이 존재한다는 얘기다.

　제2장에서는 세일즈포스 플랫폼을 바탕으로 영업활동을 어떻게 현장에서 쓸 수 있는 기능으로 변환하는지 소개하겠다. 물론 여기 제시하는 시나리오가 유일한 것은 아니다. 플랫폼이 주는 민첩성-유연함을 바탕으로 각사는 자신만의 디지털 영업혁신을 정의하고 만들 수 있다. 똑같은 기능이라도, 잘 사용하는 기업이 있고 그렇지 못한 기업이 있다. 그저 시스템 하나만으로 조직을 바꿀 수는 없기 때문이다. 하지만 시스템을 통해 혁신의 동기와 구체적으로 변화되는 모습을 상상이 아닌 현실로 바꾸고, 실제 현장에 쓰도록 하여 변화를 가져올 수 있음을 명심하자.

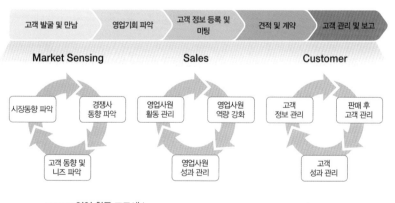

|그림 79| 영업 활동 프로세스

디지털 영업혁신 활용 시나리오는 4가지 유형으로 구성된다.

(1) B2B 또는 전문직 영업 프로세스로, 보통의 B2C와 달리 고객 수는 많지 않지만 핵심 고객에 대한 깊이 있는 정보가 중요한 비즈니스다. 주거래처가 명확히 존재하고 해당 고객과 관계가 중요한 비즈니스에 적용할 수 있는 시나리오로 B2B 영업을 하는 IT 기업, 건설, 제조기업과 세무사, 법무사, 변호사 등 한 명 한 명의 고객정보가 중요한 전문 직군 등에서 이용할 수 있다.

(2) 영업사원이 방문해야 할 거래처가 많고, 해야 할 활동이 많을 경우 사용할 수 있는 유통 영업 프로세스다. 식품, 제약, 프랜차이즈 가맹사업, 화장품, 패션-의류 등 다양한 분야에 적용할 수 있다.

(3) 유통 영업 프로세스의 확장 모델로 도-소매 연계, 생산-유통 연계 등 특정 연계 업무를 어떻게 설계하여 플랫폼으로써 구현하는지를 제시한다.

(4) 마지막으로 영업 업무 중 다른 유관 부서와 연계성이 높은 VOC, 클레임 등 고객 요청사항 처리 프로세스만을 별도로 구성하여 고객대응력을 강화할 수 있는 활용 사례를 담았다.

2-2 B2B 및 전문직 영업 프로세스

B2B 및 전문직 영업에서는 잠재고객을 확보하고 Account로 전환하는 Pipeline 관리가 중요하다. 웹사이트, SNS, 이메일 등 온라인으로 방문한 고객에 대해 '정보입력 Landing Page'에서 정보를 수집한다. 또는 영업사원이 세미나, 박람회, 협회 모임 등을 통해 잠재고객들을 모으기도 한다. 우리 회사에 적합한 잠재고객 정보를 생성하고 관리하는 것이 영업 파이프라인의 시작이다.

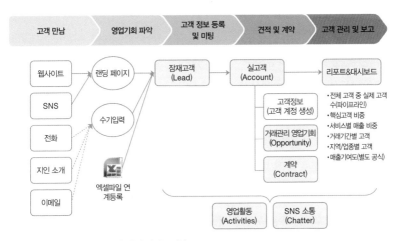

|그림 80| **B2B와 전문직의 영업 파이프라인**

영업사원은 고객에게 받은 명함에서 회사명, 부서, 연락처 등의 기본 정보를 확보하게 되고, 세일즈포스의 'Lead' 기능을 통해 이를 등록한다. 잠재

고객 단계는 고객 코드나 ID 없이 고객정보를 관리할 수 있으며, 잠재고객으로부터 문의가 오거나 요청한 사항이 있으면 간단한 정보를 기입하여 그 소통 내역을 기록해야 한다.

영업 담당자와의 대화를 통해 실제 제품이나 서비스에 관심을 보이는 잠재고객에 대해서는 Account 전환 작업을 진행한다. 실제 고객이 될 가능성이 50% 이상이라 판단되고 영업 자원(시간과 노동)을 할당할 가치가 있다고 생각되면, Account로 전환해 고객계정을 부여한다. 현장에서 어떤 제품-서비스에 대한 정보나 견적을 요청할 때 Account로 전환하기도 한다. 해당 고객과의 첫 번째 거래 과정을 세일즈포스는 'Opportunity'라고 하며, 잠재고객이 Account로 바뀔 때 고객계정, Contact, Opportunity 등의 정보가 자동으로 생성된다. 그런데 대기업에서 ERP에 등록할 고객계정을 생성할 경우는 더 상세한 영업 정보가 필요하므로 ERP 고객정보와 연동하기 위해 Account 전환을 한 단계 더 나누어 관리하기도 한다.

등록된 고객을 대상으로 영업사원은 이제 활동을 시작한다. Account 정보 생성 시 등록된 고객 요청사항을 확인하고 방문 일정을 시스템 상 달력으로 예약한 뒤, 준비사항 등을 메모로 기입한다. 회사소개서나 사업자등록증 등 지원 부서에 요청할 것이 있다면 Chatter를 통해 요청하고, 요청사항은 Event에 등록해 방문 전 알람이 오도록 설정한다.

이어 고객을 면담한 영업 담당자는 미팅 내용을 면담록에 작성한다. Account 메뉴에서 해당 고객을 검색하면 언제든지 확인할 수 있다. 면담 후 템플릿으로 감사 메일을 불러와 구성하고, 세일즈포스 메일을 통해 고객에게 제품소개서와 함께 발송한다. 내가 보낸 메일 정보와 시간은 활동으로 집계돼 영업활동 정보에 자동으로 반영된다.

우리 회사의 영업팀장은 영업사원의 활동 현황을 대시보드에서 파악한다. 누가 어떤 고객을 어디서 만나는지 일일이 체크하지 않아도 그날과 그 주의 주요 진행상황을 아침마다 파악할 수 있다. 영업사원 또한 어제 등록한 점검 업무가 지연되는 경우 알람으로 표시하여 챙길 수 있으며, 본인이 할 일, 금주의 매출 목표를 대시보드에서 확인하고, 오늘 만날 고객 목록과 일정을 참조해 다시 활동을 시작한다.

전문직의 경우는 대체로 영업사원과 팀장의 활동을 본인이 직접 수행하지만, 소수의 직원이 있다면 지원부서처럼 Chatter를 통해 그 직원에게 업무를 지시한다. 그리고 이벤트 기능에 업무지시 사항, 완결 일자, 담당자 등을 지정-등록하면, 그 날짜가 오기 전 알람 설정으로 진행상황을 관리할 수 있다.

모든 활동이 완료되면 그 결과(계약)와 매출 정보는 시스템에도 기록된다. 이 정보를 통해 영업담당자는 전체 고객(잠재고객+실 고객) 중 실 고객 수가 기간별로 어떻게 변하는지, 유입되는 잠재고객과 이탈하는 고객은 어떤 상황인지, 리포트로 파악할 수 있다. 특정 기간별, 지역별, 업종별 고객을 구분하여 비중을 파악하고, 별도 산식으로써 고객유형별 매출기여도까지 리포트를 통해 분석할 수 있다. 주요 제품-서비스별, 영업담당자별 매출 정보를 파악해 다음 기간 영업에 어떻게 반영할지도 결정할 수 있다.

A. 잠재고객 등록 → 영업활동 중 → 고객유치 실패 → 실 고객 전환

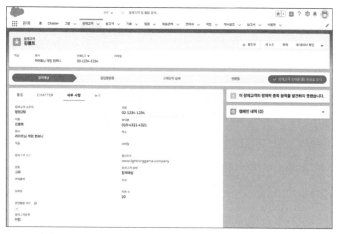

|그림 81| 잠재고객 등록과 관리

- 처음 고객을 만나 명함을 주고받은 영업 담당자는 잠재고객 정보에 이를 등록하여 그것을 바탕으로 기본 고객정보를 생성한다.
- 잠재고객 정보 등록-영업활동-고객유치 실패-실 고객 전환(변환됨)의 단계를 관리한다.

B. Lead → Account 전환

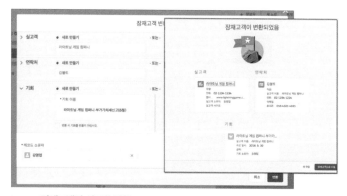

|그림 82| 잠재고객의 실고객 전환

- 잠재고객(Lead)이 구매의사를 보이거나, 견적을 요청하는 등 수주 가능성이 높을 경우, 잠재 고객을 실 고객(Account)으로 전환한다.
- Account 전환 시 시스템에 의해 자동으로 Account 정보, 연락처 정보, 영업기회 정보 등 3가지 정보를 생성하여 각 메뉴에 할당한다.

C. 등록된 고객의 면담록 작성 및 관련 자료 등록

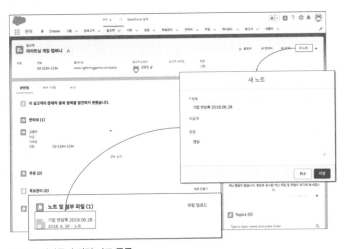

|그림 83| 면담록과 관련 자료 등록

- 영업사원이 고객사를 방문하는 경우, '새 노트' 작성하기 버튼을 눌러 면담록을 기록하면, 각 Account 정보 메뉴에 기록된다.
- Account 메뉴에 정보를 추가하거나 고객에게 전달할 자료를 첨부-공유하여, 고객마다 소통 내역, 전달한 자료, 방문 이력 등을 관리할 수 있다.

D. 고객 방문을 위한 일정 작성

|그림 84| 고객 방문 일정 작성

- 고객과의 미팅이 끝난 다음 추가 미팅이 있을 경우, 일정표에 다음 일
  정을 기록하고, 준비사항 등을 메모한다.
- 등록된 일정 정보는 Event 메뉴에서 확인할 수 있으며, 약속 일정 미리
  알려주기(1일 전, OO시간 전)를 설정하면 알람으로도 확인 가능하다.

E. 고객 방문 일정 확인

- 등록된 일정은 달력에 표시되며 일-주-월별 일정을 확인할 수 있다.
- 개인 일정뿐만 아니라 동료의 일정도 공유해 우리 부서 전체 일정을
  확인할 수 있다.

F. 업무 지시 및 할당

- 세일즈포스 첫 화면에서는 '나'와 관련된 정보(목표 대비 실적, 오늘 할
  일, 주요 통계 정보 등)를 모아 한 눈에 파악할 수 있다.
- '나' 또는 '담당직원'에게 업무를 지시하기 위해 세일즈포스의 '새 이벤
  트', '새 작업' 등의 기능으로 업무와 완료 일정을 할당할 수 있다.

G. 직원에게 할당된 임무(Task) 확인

- 각 Account 정보 중심으로 맡긴 임무의 진행 여부를 확인한다.
- 가령 특정 고객에게 감사 메일이나 회사소개 자료, 제품소개 자료를 전달하라고 지시했다면, Account의 상세 페이지에서 해당 직원의 수행 여부를 확인할 수 있다.

H. 대시보드에서 오늘 할 일과 지연된 업무 확인

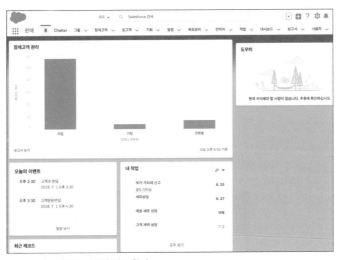

|그림 85| 오늘 업무와 지연된 업무 확인

- 영업사원은 세일즈포스 홈 메뉴를 통해 오늘 해야 할 이벤트와 지연된 작업, 금일 작업 그리고 대시보드의 정보를 다시 확인하고, 다음 해야 할 업무를 파악할 수 있다.

I. 지연 업무 Alarm

- '나' 또는 '담당직원'의 지연된 업무는 화면 우측 상단에 알람으로 표시된다.
- 알람 기능은 해당 업무가 완료되기 전까지 계속 표시된다.

2-3 유통 및 직영/가맹 영업 시나리오

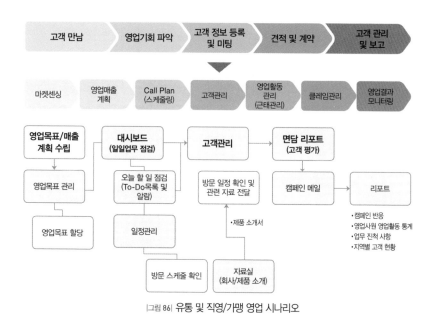

|그림 86| 유통 및 직영/가맹 영업 시나리오

이 시나리오는 영업사원 활동의 지원에 초점을 맞춘다. B2B 및 전문직 시나리오가 고객정보 수집과 관리의 방법이라면, 이 시나리오는 영업사원이 자신의 목표와 해야 할 일을 날짜별로 확인해 고객사를 방문하고 주문을 처리하며 매출을 관리하는 내용이다.

영업활동과 성과 관리는 기업의 혈관과 다름없다. 해마다 수립되는 경영계획에 따라 각 영업팀은 영업목표를 수립한다. 팀 단위 영업목표는 다시 각 개인의 영업목표와 연결된다. 년, 반기, 분기, 월별, 주별, 일별로 미세관리 되는 영업목표는 영업사원의 하루하루 활동에 따라 달성 여부가 판가름 난다. 식품, 제약, 화장품, 패션/의류 등 제품-서비스의 특징, 생산, 재고

주기 등에 따라 영업활동 주기는 달라질 것이다.

영업사원은 아침 일찍 회사 노트북이나 개인 모바일로 세일즈포스 메인 화면에 접속한다. 첫 화면에는 이미 설정해둔 대로 업무 관련 정보가 담겨 있다. 이번 달 달성해야 할 목표를 보고, 지금까지 원활한 속도로 달성하고 있는지를 그래프로 확인한다. '오늘의 이벤트'에서 오늘 방문할 고객사 수와 위치를 대략 파악하고, 데일리 팀 미팅에 참석한다.

데일리 미팅에서 팀장은 새로운 목표인 신규거래선 확보의 중요성을 설명한다. "오늘 방문할 고객사만 5군데인데 신규거래선 발굴이라니……." 이번 달 목표 달성이 가장 무난해 보이는 내게 신규거래선 확보 과제가 주어진다. 그래도 다행인 것은 지난 주 동료 김 대리가 처음 만나 좋은 분위기로 헤어졌다는 정보를 준다. 미팅 후, 내가 신규 잠재고객의 담당으로 할당된 것을 확인한다. 오늘 필히 방문해 제품을 소개하고 표준거래가로 가견적도 제시하라는 설명이 함께 적혀 있다.

신규거래선 미팅은 언제나 어렵다. 과거 이력도 없고 추천 고객사도 없다보니, 영업 담당자의 현장감에 의존할 수밖에. 그래도 오늘 만난 고객은 우리 제품에 대해 이미 어느 정도 조사도 했고 구매의사도 있어 보인다. 영업기회 단계를 기존의 '수주 확도確度 50%'에서 80%까지 상향 조정해둔다. 이제 남은 기존 거래처 방문이다.

오늘 방문할 상도점은 아파트 단지 안이어서 매주 발주량이 일정하다. 오늘도 지난주와 동일한 식자재를 요청한다. 사내 ERP와 연계된 세일즈포스 발주 기능으로 재고를 확인하고, 모바일을 통해 발주 신청을 한다. 나머지 4개 지점을 방문하고, 오늘은 주간 마감이 있는 날이라 회사로 일찍 복귀한다.

팀장은 벌써 회의실에 와서 금일 신규거래선 계약 예정 금액이 반영된 '칸반보드(Kanban Board)'를 열어놓고 있다. 견적 단계인 나의 고객과 이미 계약 검토 단계로 넘어간 김 대리 건도 보인다. 월 중순이지만 완료된 건도 제법 있다. 이번 달 우리 팀 목표 달성에는 문제가 없을 것 같다. 팀장도 요구사항 분석 단계에 있는 두 건에 대해 몇 마디 독려만 하고 오늘은 일찍 회의를 마친다. 주간 미팅도 빨리 끝났으니 오늘은 일찍 퇴근! 신규거래선 미팅 내용은 퇴근길 지하철에서 간단히 보고하며 일과를 마친다.

A. 영업목표 할당 관리

- 연간/월간 경영계획에 따라 각 영업팀-영업 담당자에게 해당 월의 목표치를 할당한다.
- 매출 목표 외에도 기업 영업정책에 따라 활동 목표를 설정할 수도 있다.

B. 잠재고객은 영업1팀에 배정 후 관련 영업사원에게 할당

- 신규 등록된 잠재고객을 위한 영업은 '영업1팀'에 할당한다.
- 영업 할당은 정책에 따라 지정하거나, 관련 있는 사원이 수락하는 방식으로 진행할 수 있다.

C. 영업기회 관리 4단계

|그림 87| 영업기회 가이드라인 제시

- 영업기회를 ① 고객 요구사항 확인, ② 견적 제안, ③ 계약 협의 및 확정, ④ 영업 종료 단계로 구분하고 각 단계를 넘어가는 기준점을 가이드라인으로 제시한다.
- 세일즈포스는 4단계 표준을 제시하지만, 영업기회 관리는 회사 영업 정책에 따라 활용 가능성을 고려해 단계를 줄일 수 있다.

D. 매장 식자재 발주 관리

- 발주관리는 세일즈포스 표준 기능은 아니다. 개발 플랫폼 Force.com을 통해 기존 ERP 등 재고정보나 발주처리가 가능한 시스템과 연계해서 별도 개발하여 사용할 수 있다. (단, 별도의 개발 공수와 비용이 소요된다.)

E. 칸반보드(Kanban Board)로 전체 영업활동 진행상황 파악

|그림 88| 칸반보드의 활용

- 칸반보드를 통해 영업활동 단계별 진행 과정을 한눈에 확인할 수 있다.

- 여러 영업사원이 입력한 정보를 바탕으로 단계별 수익을 예상할 수 있으며, 이는 영업기회 각 단계를 종합화한 정보다.

F. 모바일에서 Account 목록과 영업기회 확인

- 세일즈포스 표준 플랫폼으로 개발된 기능은 모바일에서도 간단한 설정만으로 그대로 이용할 수 있다. (단, 웹에서 별도 개발한 기능은 모바일에서도 별도 개발해야 함)
- 영업사원은 모바일을 통해 정보를 입력하거나 조회할 수 있다.

2-4 유통 및 직영/가맹 영업 시나리오 확장

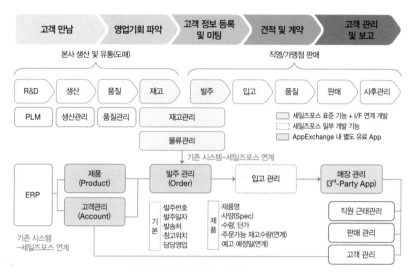

|그림 89| **유통 및 직영/가맹 영업 시나리오**

우리가 제조 기업이거나 프랜차이즈 본사와 가맹점으로 긴밀히 연결되어 있다고 치자. 그러면 유통 협력사와 연계되어 업무가 진행될 때 일부 업무 기능은 서로 연결되어 진행될 수 있다. 세일즈포스가 SaaS에서 제공하는 표준 기능만으로는 이 같은 요구사항을 수용할 수 없다. 이때는 PaaS의 개발플랫폼 Force.com을 통해 별도의 개발이 필요하다. CRM의 주요 기능은 아니지만 영업의 핵심 기능인 경우, 별도의 개발 공수와 비용을 투입해 이런 연계 기능을 개발하기도 한다. 앞서 설명한 것처럼, 별도 개발로 진행된 기능은 이를 발주한 기업이 전적으로 책임지고 운영-유지-보수해야 한다. 만약 모바일로도 이 기능의 서비스가 필요하다면, 모바일도 별도 개

발해야 사용 가능하다.

세일즈포스가 제공하는 표준 기능이나 별도 개발로도 해결이 안 되면, AppExchange를 통해 우리 회사에 적합한 제3의 애플리케이션을 찾아 연결할 수도 있다.

이 같은 확장된 시나리오는 특수한 경우로서, 대개 세일즈포스를 영업 혁신의 툴이 아닌 IT 개발 플랫폼으로 이용한다. 세일즈포스가 제공하는 기능과 화면이 아니라 그 기업에 특화된 비즈니스 목적으로 독자 개발하여 사용하는 것이다. 세일즈포스 개발 플랫폼의 완성도와 신뢰성을 믿고 회사의 표준 개발 플랫폼으로 사용하여, 회사의 자원을 클라우드로 자연스럽게 전환하고자 할 경우가 대표적인 예다. CRM에 국한된 기능보다 더 넓은 기능을 적용하여 회사의 주요 시스템을 변경하고자 할 때 이용한다. 이를 위해서는 세일즈포스 개발 플랫폼이 도입하는 회사에 적합한지, 충분한 인력과 역량은 있는지, 개발 완료 후 유지보수 및 운영은 어떻게 할 것인지, 종합적인 고려가 필요하다.

2-5 고객 요청(VOC 및 클레임) 처리 시나리오

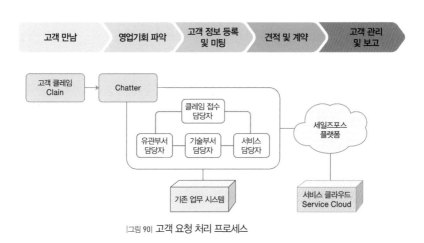

|그림 90| 고객 요청 처리 프로세스

영업의 시작이 고객과의 만남과 정보 획득이라면, 영업의 끝은 계약이 아니라 고객과의 관계 지속이다. 어떻게 보면 영업에 끝은 없을지 모른다. 계약으로 영업이 종결되는 것이 아니라, 제품과 서비스를 판매한 이후까지 고객과의 관계를 지속해가고, 이를 통해 재구매와 추천을 통한 추가 거래까지 생긴다면 영업은 고객관계를 중심으로 계속 이어지는 것이다. 이 시나리오는 계약 및 판매 이후의 CRM 중 고객 요청에 대응하는 활동이다. 고객의 단순 문의도 있고, 변심에 의한 반품도 있을 수 있다. 또는 불만이나 불편을 시정해달라는 요청도 있다. 이 같은 고객관계관리를 VOC 또는 클레임(Claim)이라 한다.

고객의 요청은 다양한 경로로 입수된다. 웹사이트 게시판, ARS 및 콜센터, 대리점 방문, 문서로 된 양식 등 그 방법과 절차가 다양하다. 대부분의 기업은 1선 고객 요청 접수 및 대응, 2선 업무 담당자 처리, 이후 상급

관리자 대응 등 자신들에 맞는 처리 절차와 매뉴얼이 있다.

세일즈포스는 전체 고객응대 절차 중 고객 요청 정보를 수집하고, 처리 과정의 관리를 지원한다. 특히 고객 요청 사항에 대응하는 표준 기능은 크게 두 가지로 설계할 수 있다. 첫 번째는 Sales Cloud로 고객 요청 사항을 접수하고 Chatter를 통해 표준 기능을 활용하는 방법으로, 추가적인 비용은 없으나 완전한 고객 콘택트 센터를 구현하는 데 한계가 있다. 두 번째는 세일즈포스 제품 중 고객 요청 사항 관리 및 응대 기능에 중점을 둔 콜센터와 같은 온라인 전담 대응 채널인 Service Cloud를 별도로 구매해 전문적인 고객응대 채널을 적용하는 방법이다.

웹 사이트 게시판, 콜센터, 문서 양식 등 다양한 경로로 고객 요청 사항이 접수되면, 클레임 접수 담당자는 세일즈포스 고객접수 화면에서 정보를 입력한다. 클레임 유형에 따라 담당 팀을 SNS 채터 그룹으로 구성한 다음, 접수 담당자는 각 유관 부서 담당자에게 접수된 클레임의 확인 및 조사를 요청한다. 이때 세일즈포스 내부 결재 기능을 통해 단계별로 확인해서 차례로 진행하도록 설정할 수도 있다.

만약 Service Cloud를 이용한다면, 클레임을 제기한 고객의 정보와 과거 구매정보, 사내 웹사이트 내 문의정보, 과거 활동정보를 VOC 관리 화면에서 한 눈에 파악할 수 있다. 던킨 도너츠의 세일즈포스 성공사례처럼, 고객과 소통하며 문의사항과 문제점을 해결해가는 방식으로 각 고객별 정보를 일관되게 수집-관리할 수 있다.

고객 요청사항에 대한 원인-결과 분석이 완료되면, 각사의 대응 정책에 따라 클레임 접수 담당자 또는 부서 담당자가 고객과 소통하여 그 문제를 종결한다. VOC 및 클레임이 접수된 현황, 처리 현황, 처리 결과 등을 리포트로 집계-관리함으로써 전체 클레임 수와 클레임 유형별 특징, 처리 건수와 지연 건수 등을 파악하여 제품 및 서비스 개선, 업무 개선, 재발 방지 등 다양한 조치에 활용할 수 있다.

A. 고객 VOC 요청 접수하여 작성

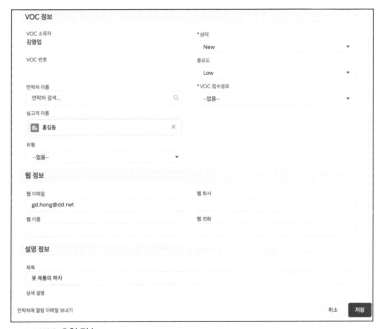

|그림 91| VOC 요청 접수

- 내부 업무용 VOC 접수 화면을 구성하여, 다양한 채널에서 유입된 VOC 정보를 하나의 창구로 일원화하여 등록 관리한다.

B. Service Cloud를 활용한 VOC관리 화면

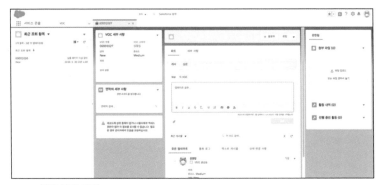

|그림 92| **VOC 관리 화면**

- Service Cloud를 통해 웹, 모바일, SNS 등 회사의 다양한 채널을 이용하는 고객에 대해 Account 중심으로 관련 정보를 엮어 상담원이 활용할 수 있도록 한다.

C. Chatter를 통해 관련 담당자에게 연락 및 확인 요청

- Chatter를 통해 VOC 및 클레임 대응 팀을 구성하고, 각 담당자에게 접수된 고객 클레임을 처리하라고 요청-지시할 수 있다.

D. VOC 현황 보고서로 파악

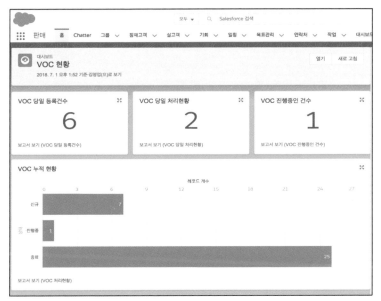

|그림 93| **VOC 현황 보고서**

- VOC 및 클레임 접수-처리-진행 현황을 집계하여, 발생한 문제가 무엇인지, 제대로 조치가 이루어지는지, 파악하여 CRM이 원활히 될 수 있도록 관리한다.

제3장

세일즈포스 기본 사용법

세일즈포스 플랫폼의 장점은 누구나 개발자 및 사용자 계정을 만들어 자유롭게 이용할 수 있다는 점이다. 정보나 자료를 저장하는 용량에만 제한이 있을 뿐, 전체 기능은 누구든 이용할 수 있다. 일반 사용자도 개발자 계정을 만들어 온라인 교육 사이트인 트레일헤드(Trailhead)에서 필요한 기능을 직접 만들어가며 학습할 수 있다. 무료 세일즈포스 환경으로 화면 생성부터 화면 구성하기, 내가 원하는 필드 만들기 등 우리 회사에 맞도록 고쳐보며 실험할 수 있다. 이제 디지털 영업 혁신을 위한 준비가 되었다면 직접 세일즈포스를 만나보자.

3-1 개발하지 않고 세일즈포스 화면 만들기

세일즈포스를 경험하고자 하는 사람들은 Developer Edition 라이선스 개인계정을 제공받을 수 있다. 구체적으로는 https://developer. salesforce.com/signup에서 가입하면 된다. Developer Edition에서는 Sales Cloud, Service Cloud를 직접 체험할 수 있다.

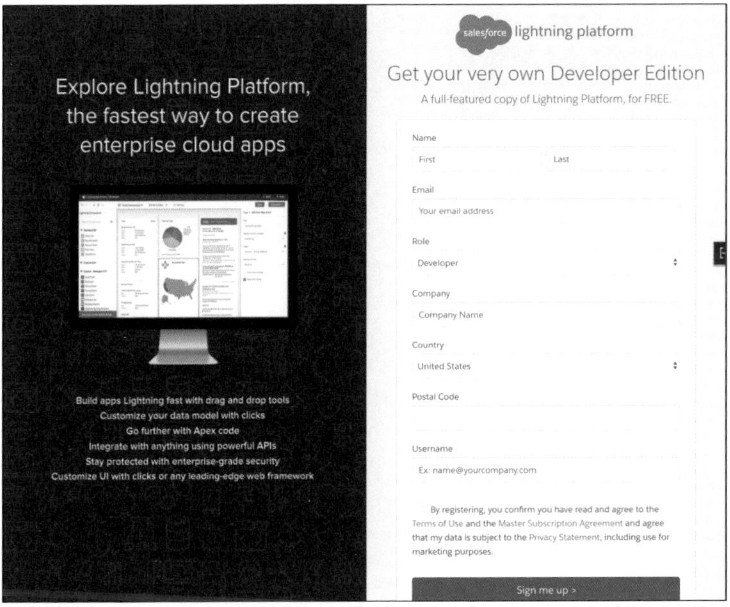

|그림 94| 세일즈포스 가입 화면

위 가입화면에서 모든 필드를 입력한 후, 제일 하단의 'Sign me up' 버튼을 클릭하면 나만의 개발 공간인 Organization(줄여서 '오그'라고 부름)이 생성된다. 이때 입력한 Email로 가입 완료 확인 메일이 오면, 메일 내용 중 "Verify Account" 버튼을 클릭해 비밀번호와 비번 분실 시 필요한 질문 등을 입력하면 가입이 완료된다.

가입이 끝났으면 이제 세일즈포스를 실행해보자. 세일즈포스는 개발 계정과 실제 사용계정 모두 동일한 주소로 로그인한다. 가입 후 로그인은 https://login.salesforce.com에서 가능하다. 기업마다 각각 Organization이 부여되므로, 개발자의 경우 여러 Organization을 가질 수 있다. 자신의 Organization을 선택하고 메일주소와 비밀번호를 입력하면 언제든지 원하는 화면으로 이동 가능하다.

|그림 95| 세일즈포스 로그인 화면

A. 환경설정을 통해 화면 구성하기

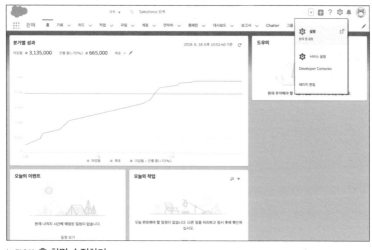

|그림 96| 홈 화면 수정하기

로그인할 때 가장 처음 보이는 것이 홈 화면이다. 일반 사용자가 접속할 때 맨 먼저 만나게 되는 기본 화면이다. 주로 오늘 할 일, 주요 통계, 뉴스 등 사용자마다 필요한 사항을 일목요연하게 정리하는 공간이다. 홈 화면을 우리 회사에 맞는 스타일로 수정하려면, 오른쪽 상단의 톱니바퀴 버튼을 클릭한 후 〔페이지 편집〕을 클릭하면 편집화면으로 이동한다.

|그림 97| 홈 화면에 배치할 구성요소

　페이지 편집화면으로 이동하면, 좌측에 홈 화면에 배치할 수 있는 구성요소들을 볼 수 있다. 대시보드, 보고서 차트, SNS 채터 등 22개의 표준기능이 제공된다. 이와 같은 간단한 설정으로 보기 편한 화면을 구성하면, 접속할 때마다 내가 필요로 하는 정보들을 한눈에 확인할 수 있다. 왼쪽 구성요소에서 아무 아이콘이나 끌어다가 화면 중앙에 배치해보자. 그런 다음, 우측 상단의 저장 후 활성화 버튼을 누르면 최종 화면에 반영된다. 모든 작업이 완료되면 저장 후 나가기를 눌러 화면 밖으로 나갈 수 있으며, 수정된 화면을 볼 수 있다.

|그림 98| 페이지 활성화

B. 각 화면 별 설정 및 입력 필드 만들기

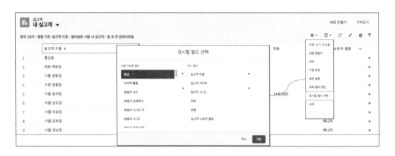

|그림 99| 목록화면(List view) 칼럼 추가하기

Account, Opportunity, Contact 등 메뉴를 클릭하면 목록화면(List View)이 나온다. 목록화면은 각 화면을 처음 방문할 때 어떤 순서로 무슨 내용을 보게 할 것인지를 정한다. 가령 내가 저장한 고객정보들이 최신 정보 순으로 나열되도록 설정할 수 있다. List View에서는 내가 보고자 하는 칼럼들을 각각 나열할 수 있다.

모든 회사가 똑같은 화면과 구성으로 운영하지는 않을 것이다. 화면에 원하는 정보를 추가하기 위해서는 다시 우측 상단의 [설정] 버튼을 클릭한 뒤 '개체 관리자' 메뉴로 이동한다. 개체 관리자는 세일즈포스에서 기본으로 제공하지 않는 Object(타 시스템의 메뉴와 유사한 저장 공간)를 만들어 화면에 표현할 수 있다. 세일즈포스에서 기본적으로 제일 많이 사용하는 메뉴는 Account이며, 우리 회사에 좀 더 필요한 정보를 추가하려면 Account를 찾아 클릭한 후 필요한 항목을 추가할 수 있다.

|그림 100| 상세정보의 원하는 필드 추가하기

Account의 상세페이지로 이동하면 왼쪽 메뉴 중 〔필드 및 관계〕를 클릭한 후, 오른쪽 상단 〔새로 만들기〕 버튼으로 다양한 유형의 필드를 만들 수 있다. 필드는 고객 이름, 연락처, 주소 등과 같은 정보를 입력하는 항목을 의미한다.

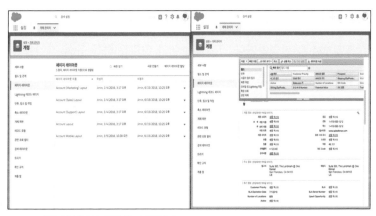

|그림 101| 화면 내 필드를 생성하고 배치하기

내가 만들고자 하는 화면에 필드 생성이 완료되면 자동으로 화면에 추가되므로, 바로 확인 가능하다. 예컨대 Account 메뉴 화면에 연락처를 '연락처1'과 '연락처2' 두 개로 만들면 화면에도 바로 반영되는 식이다. 자동으로 화면에 반영되다보니, 내가 원하는 위치가 아닌 곳에 필드가 생성될 수 있다. 이때는 내가 원하는 위치로 옮겨서 화면 구성을 완성할 수 있다.

화면 내 필드의 이동을 위해서는 왼쪽 메뉴의 〔페이지 레이아웃〕 메뉴를 클릭한 다음, 여러 항목 중 〔Account Layout〕을 클릭한다. 상단 예시 화면의 우측과 같은 에디터 페이지로 이동한다. 에디터 페이지에서 상단 필드 목록 중 원하는 필드를 클릭하여 추가하거나 화면에 배치된 필드를 이동하여 원하는 위치로 변경한 후 저장하면 된다. 다른 메뉴도 같은 방법으로 변경-추가하여 내가 원하는 화면을 만들어 사용할 수 있다.

이런 과정을 통해 세일즈포스가 제공하는 기본화면에 내가 원하는 대로 필드 이름을 바꾸거나 필드를 추가하는 등의 작업을 할 수 있다. 별도의 개발이나 코드에 대한 이해가 없어도 일반 사용자가 손쉽게 이용할 수 있는 부분이다. 그러나 앞서 살펴본 시나리오와 같이 조금 더 복잡한 구조의 업무 프로세스를 반영하거나 기존 시스템과 연계를 하는 등의 작업을 위해서는 결국 개발자의 도움이 필요하다. 작은 기능이라도 충분히 세일즈포스를 이용해보고 우리 기업에 필요한 업무를 먼저 정의한 다음, 이를 구현하는 방법을 개발기업이나 전문가에게 문의하는 것도 좋은 방법이다.

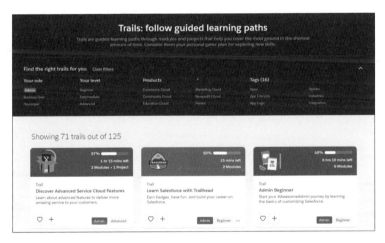

3-2 무료 교육 Trailhead로 더 많이 배우기

작은 기업이라면 세일즈포스 표준 기능으로도 일부 업무를 처리할 수 있다. 하지만 그것만으로는 뭔가 아쉽다. 화면 설정, 홈페이지 수정, 목록 칼럼 수정 등을 통해 개발 없이도 간단히 설정-사용할 수 있는 환경을 기본적으로 이용해보다가, 정말 제대로 우리 기업에 맞는 환경을 직접 구축해보고 싶다면 교육 사이트인 Trailhead를 이용해보자. 여기서는 모든 교육과정을 작은 단위로 쪼개어 제공하며, 초보 비즈니스 사용자부터 고급 개발자까지 누구나 이용할 수 있는 정보를 공개하고 제공한다.

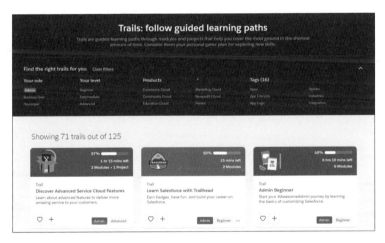

|그림 102| **Trailhead 교육자료 구성 화면**

세일즈포스를 처음 사용하거나 그 전반을 빠르게 배우고 싶다면, Trailhead 검색창에서 "Admin Beginner"를 검색해 첫 번째 교육 항목을

이수해보는 게 어떨까. "Admin Beginner"에서는 실제로 세일즈포스를 활용해 리포트 작성이나 모바일 앱 사용 방법을 가이드에 따라 배워볼 수 있다. 이 학습은 내용을 읽고 과제를 따라하는 식으로 진행된다. 가입단계 이메일 생성 방법부터, 영업사원 업무할당 방법까지 차근차근 완수해가면 Trailhead의 '성공 뱃지'를 받는 재미도 있다. 이제 세일즈포스를 직접 즐겨볼 시간만 남았다.

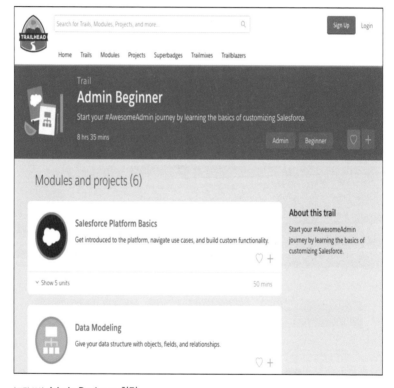

|그림 103| **Admin Beginner** 화면

부 록

세일즈포스 플랫폼 및 솔루션 구성

세일즈포스 플랫폼의 핵심은 고객관계관리(CRM)를 지원하는 Sales Cloud다. 세일즈포스는 창업 초기부터 고객 중심의 CRM에 초점을 두어 제품화했으며, 이 고객–영업 중심의 핵심 기능을 기반으로 플랫폼을 확장해왔다. Sales Cloud는 크게 현장 소통과 영업의 디지털화를 주요 기능으로 한다.

세일즈포스의 소통을 담당하는 Chatter는 페이스북, 트위터, 인스타그램 같은 SNS다. SNS 특성을 가지면서도 기업 내부용으로 사용할 수 있다는 점이 기존 SNS와의 차이다. 보통 SNS는 오픈 플랫폼을 지향하다보니, 정보가 완전히 공개되어 업무용으로는 보안상 제약이 많다. Chatter는 SNS 같은 오픈 플랫폼의 장점과 업무 상 요구사항을 반영해 기업용으로 쓰일 수 있도록 제작되었다.

영업의 디지털화는 바로 세일즈포스의 핵심 기능이다. 우리는 세일즈포스가 고객중심의 정보 관리와 영업활동을 지원한다고 이미 설명했다. Account를 중심으로 영업사원이 정보를 수집하고, 그 정보를 바탕으로 Lead와 Opportunity 같은 사업기회를 파악해, 현재와 미래의 매출 변동성을 리포트로써 분석할 수 있게 한다. 또한 기업 측면에서는 영업사원의 경쟁력 확보 및 영업 품질 강화를 위하여 시스템으로 영업목표와 활동 계획을 수립하고, 진행 상항을 가시적으로 파악하도록 하여 고품질의 영업활동이 가능하도록 지원한다. 부록에서 Sales Cloud의 소통 기능인 Chatter와 영업 업무의 디지털화를 상세히 알아보자.

Chatter – 소통의 디지털화

네트워크로 연결된 많은 사람이 정보를 공유–소통하고자 하는 수단은 정보시스템이 도입된 이후로 계속 발전하고 있다. 편지와 전화로만 소통하던 시대가 지나고, 인터넷을 거쳐 지금은 모바일을 통해 다양한 SNS로 무수한 정보를 주고받는다. SNS의 발전에 따라 단순히 정보의 교류만 일어난 것이 아니라 차별화된 사용자 문화가 함께 생겨나고 있다. 세일즈포스의 Chatter 또한 기업용 소통의 도구이면서 SNS라는 특성이 있기에 소통문화를 기반으로 한 적용과 활용이 요구된다. Chatter를 도입하는 기업은 SNS 기반의 새로운 소통 문화를 사내에 어떻게 도입할 것인지, 어떤 업무에 적용할 것인지, 깊이 고민한다. 또한 각 기업의 상황─수준에 맞는 활용 모델을 만들어내고 있다.

기존 SNS 사용에 친숙하다면 Chatter는 금방 사용할 수 있다. 기존 SNS처럼 관리자나 사원들은 그룹을 만들어 업무를 공유하거나, 직접 상대방을 @(멘션)하여 메시지를 보낼 수 있고 간단한 설문조사도 할 수 있다. 예를 들어 특정 업무를 수행하기 위해 팀장이 그룹을 하나 만들어 자기 팀원들을 초대하여 업무 사항을 매달 팀원들에게 알릴 수 있고, 팀원들은 앱 또는 메일로 해당 전달사항을 빠르게 받아볼 수 있다. 이때 팀장과 팀원들의 활동은 Chatter에 저장돼 언제든지 조회─활용할 수 있다. 특히 중요한 정보라면 북마크 기능으로 개인 사용자가 따로 관리할수 있다. 업무 목적 외에도 직원들과 소통을 원하는 인사팀은 전체 직원이 공유하는 Chatter를 만들고 직원들의 관심사를 자유롭게 남길 수 있다. 또한 손쉽게 설문조사 기능을 만들어 직원들의 의견을 구하고 집계할 수도 있어, 활용 방법을 어떻게 설계 하느냐에 따라 다양한 문화를 만들어낼 수 있다.

Chatter를 사내에 적용하려면 전략적 접근이 필요하다. 그 기능이 직관적이어서 교육에 드는 시간을 최소화할 수 있다. 하지만 아무리 좋은 시스템이라도 문화를 만드는 데 투자하지 않으면 무용지물이 될 수 있다. Chatter는 문화의 변화를 이끄는 도구로 쓰이기 때문에, 이 시스템을 이끌 조직과 사람을 먼저 정하고 단계별로 확산해가는 게 좋다. Chatter를 업무에 적용하기 위해 일반적으로 필요한 담당자는 3가지로 분류할 수 있다.

⑴ 회사를 이끄는 관리자(경영진)가 한 명 이상 정해져야 한다. 주변에서 말로 이끌어주는 게 아니라, 직접 행동으로 참여하는 것이 중요하다. 최소한 하루에 하나의 메시지를 전달하는 것만으로 사용자들의 행동변화를 끌어낼 수 있다. 경영진이 적극적이면 직원들도 따라간다. 실제로 Chatter를 도입한 기업의 경영진이 SNS 기술에 친숙해지기 위해 매일 한 번씩 직원들에게 비전과 자기의 일상을 공유한 사례가 있다. 경영진이 솔선수범하여 변화를 주도하고 사용하자 직원들이 그

글을 읽기 위해 자발적으로 소통에 참여하고 댓글을 남기는 등 점차 활용성이 커져 지금은 전사 소통의 도구로 활용하는 경우도 있다.

(2) 시스템 전도사가 필요하다. SNS를 가장 잘 알고 있으며 좋은 점을 적극적으로 알릴 수 있는 직원들 말이다. 아무리 좋은 시스템도 그 기능을 물었을 때 답하지 못하면 쓰지 못할 수 있다. 기능을 숙지한 시스템 전도사를 통해 어떻게 그룹을 만들어 소통하는지 소개하고, 시스템을 기피하는 사람들에게는 일상에서 자연스레 사용하도록 독려하여 모두가 소통으로 시너지를 내도록 전도해야 한다.

(3) 커뮤니티 관리자가 필요하다. Chatter로 생성된 그룹에 양질의 콘텐트를 생성하고 유통될 수 있도록 그룹을 관리하고 사용자들의 참여를 유도하는 사람이다. 가령 업무에 필요한 매뉴얼과 성공사례, 회사 관련 소식 또는 주변 맛집 정보 같은 가벼운 주제까지 다양한 정보를 제공하여 공유의 문화를 만들어내는 역할을 해야 한다. 커뮤니티 관리자는 시스템 전도사와 마찬가지로 Chatter 사용을 이끄는 중요한 역할을 수행한다.

|그림 104| **Chatter** 업무 적용에 필요한 담당자

Chatter는 기업의 소통 문화를 정의하고 이에 따라 업무에 활용하도록 도와주는 도구다. 이러한 도구가 조직에 안착하려면 스폰서십을 가진 경영진, 그 기능을 새롭게 구성하고 운영-관리할 전도사 그리고 Chatter 그룹의 제도를 만들고 콘텐트를 생성-유통할 매니저까지 다양한 사람들이 필요하다. 이들이 Chatter를 모든

직원에게 전파하고 그들에게 도움 받을 수 있는 환경까지 제공되면, 사용자들은 자연스럽게 회사의 소통 문화를 흡수할 것이다.

영업 파이프라인 – 업무의 디지털화

종이로 업무를 처리하던 시대에서 개인용 컴퓨터와 모바일로 업무하는 시대로 진입했다. 이제 정보는 관리의 대상이 아니다. 정보 자체가 경쟁력이며, 기업의 생존과 직결되는 시대가 된 것이다. 하지만 정보를 개인의 관리에 의존하거나, 체계적으로 관리하지 않아 버리고 마는 기업들이 아직도 수두룩하다. 정보가 영업사원의 수첩이나 개인 PC에만 있는 경우도 허다하다. 특히 고객이나 영업 분야는 다른 영역보다 정보화-디지털화가 늦게 진행되었다는 요소도 있다. 이미 언급했듯이, Chatter는 개인에 종속된 정보를 회사 자산으로, 팀의 경쟁력으로, 소통하고 활용하도록 만드는 도구다. 그렇다면 이런 정보는 애초 어떻게 생성-저장-관리하여 비즈니스 관점으로 활용할 수 있을까? Sales Cloud의 중요한 기능 중 하나인 영업 파이프라인을 통한 업무 디지털화에 그 답이 있다.

매출은 기업의 피다. 수입이 발생하지 않으면 기업은 죽는다. 그래서 가장 중요한 업무가 바로 영업일 것이다. 그러나 영업 업무는 매출과 직결되는 기업의 핵심 영역이면서도 각 지점이나 개인의 역량에 의존하는 경우가 많다. 과정은 까맣게 모른 채 결과에만 집중하다 많은 것을 놓치는 경우도 종종 있다. 세일즈포스는 기업의 혈관과 같은 영업에 대해 고객 기반의 정보 생성과 관리, 사업기회의 발굴과 매출 전환 그리고 고객과의 거래 성사 예측과 관리를 도와주는 Sales Cloud를 제시한다.

Sales Cloud는 CRM을 위한 제품이다. 영업은 고객 유치에서부터 시작된다. 전시회나 박람회를 통해 제품을 홍보하고, 여기서 받은 명함이나 다양한 채널을 통해 확보된 고객정보를 목록화하여 모두 Lead의 정보로 보관한다. 영업사원은 잠재고객으로 등록된 Lead에 꾸준히 전화하고 제품을 소개해서 그들을 고객으로 유치하도록 한다. Sales Cloud는 이러한 활동을 개개의 정보로 인식해 저장-관리할 수 있도록 돕는다. 또한 영업매니저는 영업사원들에게 담당 고객을 자동으로 할당하는 Rule을 정함으로써 매번 관리자들이 판단-구별해야 하는 시간을 절약하기도 한다. 각 영업사원의 활동 중 궁금한 사항이나 필요한 정보는 동료에게 Chatter로 요청하거나, 영업의 진행 상황을 기록하여 관리할 수 있다. 이런 정보들은 향후 리포트 기능으로 재집계-분석할 수 있도록 함으로써 영업 생산성 향상에 기여한다.

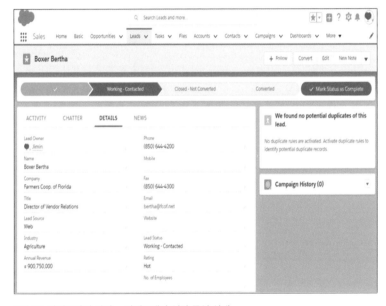

|그림 105| 파이프라인 관리 – 잠재고객과 연락 중인 상태

Lead가 우리 제품에 관심을 보이면, 영업사원은 그를 구매고객으로 전환하는 작업을 수행한다. 구매고객은 Account라는 데이터베이스에 저장되며, 한 번 생성된 Account 정보를 중심으로 모든 고객과 영업사원간의 활동이 기록되어, 본격적으로 영업활동에 대한 추적이 가능해진다. Lead에서 Account로 생성된 정보는 계약 완료부터 사후관리에 이르기까지 일관되게 정보가 연계된다. 영업 담당자는 모든 활동 이력을 언제 어디서든 확인할 수 있다. 세일즈포스는 고객마다 담당

영업사원을 지정할 수도 있다. 담당 영업사원은 고객과 면담할 때 과거 이력, 본인이 보유한 제품정보, Chatter를 통해 도움 받은 정보 등을 활용할 수 있어 고객에게 더 정확한 정보를 알려주게 되며, 이를 통해 고객과의 관계 및 신뢰가 향상되어 CRM의 개선에 기여한다.

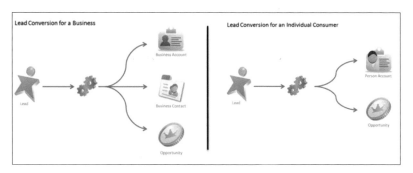

|그림 106| Lead 생성 후 Account로 전환 시 Sales Cloud에 저장되는 과정

|그림 107| Account 생성 후 영업단계별 가이드 제시

영업사원들은 고객 유치를 위해 매일 많은 시간을 소모한다. 세일즈포스는 Lead로 정의된 고객을 Account로 전환하여 관리하는 판단 기준을 정해 가이드로 제시하게끔 설정할 수 있다. 이 가이드는 고객의 구매 가능성이나 계약 성사 여부를 판단해 영업활동의 단계를 전환할 수 있게 하고, 이로써 현재 잠재고객 수, 구매 가능 고객 수, 계약 수주율 등을 실시간 보고할 수 있도록 한다.

이와 같이 잠재고객–고객–구매고객–계약에 이르는 전 과정을 관리하는 것을 '영업 파이프라인(Sales Pipeline)'이라고 한다. 세일즈포스는 영업사원들의 Account 정보를 집계하여 전체 영업 파이프라인을 보여줌으로써, 미래의 매출을 예측하여 영업 전략을 수립할 수 있게 지원한다. 영업사원들은 이렇게 수집–저장된 정보를 바탕으로 각자의 영업목표 달성률을 파악할 수 있다. 리포트와 대시보드를 통해 주별, 월별, 분기별, 반기별, 연별 판매 예측 정보를 확인함으로써 영업활동 및 경영 가시성의 확보가 가능해진다.

|그림 108| 영업기회 파이프라인 관리 화면

Sales Cloud에서 사용할 수 있는 세부 기능은 다음과 같다.

Lead (잠재고객)	• 잠재고객을 뜻한다. 세미나에서 명함을 주고받거나 특정 이벤트에 참가 신청하기 위해 웹에서 내 정보를 입력하는 행위들이 모두 잠재고객 정보를 수집하는 행위다.
	• 이 기능은 초기 거래의 가능성이 있는 고객을 구분하고 담당자를 할당할 수 있도록 도와준다. (담당자 지정 룰을 정해 자동 할당할 수 있다.)
	• 영업사원은 등록된 Lead를 구매 고객으로 전환하기 위해 영업활동을 수행한다. 이후 고객이 제품을 사거나 계약을 할 의향을 보이면 Account를 생성하고, 해당 거래는 새로운 Opportunity로 등록해 관리한다.

Opportunity (사업기회)	• 현재 진행 중인 거래를 뜻한다. 세일즈포스는 각 거래의 진행상황을 영업 파이프라인으로 관리하여 지금 거래가 어떤 상태인지, 그것이 성공할 수 있는 거래인지, 판단할 때 활용할 수 있도록 한다. • 일반적으로 세일즈포스가 제시하는 단계는 5가지, 즉, Prospecting(가망), Developing(발전), Negotiation/Review(협상/리뷰), Closed/Won(마감/성사), Closed/Lost(마감/수주실패)로 나눠진다. • 각 단계마다 확률을 지정하여 성사될 확률을 계산해보면 판매 예측도 가능하다. 이러한 기회는 영업사원 개인 또는 팀 단위로 설정하여 관리할 수 있다.
Account (고객)	• 많은 회사들이 고객, 고객사, 영업소 같은 의미로 쓰고 있는데, 현재 우리가 비즈니스를 진행하고 있는 사람이나 회사를 Account라고 한다. • Lead가 Account로 전환되면 이 기능에서는 Account 중심으로 담당자, 각 고객과 관련된 문서, 영업정보 등을 '유니크'하게 저장·관리한다. • Account는 계층구조로 이루어져, 하나의 Account에 다양한 지역별, 국가별 기업 고객정보와 여러 명의 담당영업 정보가 연계되며, 관련자들은 동일한 Account 중심으로 협업하여 정보를 공유하고 영업을 진행할 수 있다.
Contact (담당자)	• Account(고객사명)에 소속된 사람들을 Contact라는 용어로 표현한다. 고객사의 연락 대상인 업무 담당자를 뜻한다. • Contact는 사용자 모바일과 동기화되어 통화 기록 및 미팅 기록 등이 저장된다. • Contact에는 해당 Account의 활동과 함께 Contact 각자의 활동이력도 남길 수 있다.
Campaign (캠페인/행사)	• Lead를 확보하거나 매출을 창출하기 위한 목표를 만들고 이벤트를 추적하는 역할을 한다. • 캠페인은 업무 목적마다 설계하고 만드는 방식이 다를 것이며, 캠페인을 통해 영업활동의 성과를 추적할 수 있다.
Product (제품)	• 영업기회를 포착한 영업사원이 판매하는 제품에 대해 적용할 할인 등 가격정책을 추적·관리할 수 있는 기능이다. • 제품은 가격 목록(Price Book)이 있어 Listed Price를 등록할 수 있다.
Quote (견적)	• 제품의 가격 등을 조정하여 고객에서 PDF 문서로 제공하는 기능이다. • 활성화되어 있는 기본 기능은 아니다. 필요할 때 메뉴에서 활성화할 수 있고 영업 담당자가 고객에게 제공하는 견적을 관리해준다. • 견적을 통해 생성한 문서는 목록으로 관리하며, 어떤 고객에게 어떻게 제시되었느냐, 혹은 거래가 성공했느냐 등을 추적하는 도구다.
Contract (계약)	• 고객과의 계약 진행 사항과 최종 계약된 사항을 등록 관리하도록 한다. • 초기 등록한 영업 기회나 견적에 연결할 수 있으며, 승인 프로세스를 통해 단계별로 진행되도록 설정할 수 있다. • 영업사원은 현재 진행 중인 고객과의 거래 또는 계약에 알림을 설정하여 다음 단계의 영업으로 진행하도록 활용할 수 있다.
Report (보고서)	• 세일즈포스의 모든 데이터를 분석할 수 있게 해주는 기능. • 예컨대 영업 담당자에게 가장 중요한 고객별 매출 현황을 집계하거나 이달의 거래성사율 등을 리포트화해서 볼 수 있다. • 본인만 보거나 다른 동료와도 손쉽게 공유할 수 있다. • 엑셀로만 관리하던 기존의 보고서를 세일즈포스에 폴더별로 관리하여 그 정보를 업무에 실시간 활용할 수 있다.

| Dashboard (대시보드) | • 차량의 속도계처럼 필요한 정보를 한 눈에 파악하도록 구성한 도표와 차트다.
• 차트들을 Drag & Drop하여 손쉽게 구성할 수 있으며, 필터 설정을 통해 범위 또는 필요한 것만 골라서 구성할 수 있다.
• 또 직급별/부서별 공유를 설정해놓으면 데이터를 제한적으로 나타나게 할 수 있다. (팀장은 소속 팀원의 데이터를 볼 수 있고, 사장은 모든 직원의 데이터를 볼 수 있는 식으로)
• 항상 홈에 접속했을 때 나타나는 대시보드를 구성하여 모바일과 웹으로도 확인할 수 있다. |

세일즈포스 플랫폼은 계속 진화한다. Sales Cloud를 통해 CRM 시장의 선두를 확보한 세일즈포스는 고객 중심의 CRM 기능을 확장하기 위해 Marketing Cloud를 도입했다. Sales Cloud가 영업사원을 통해 고객 정보를 확보하고 그의 업무를 지원한다면, Marketing Cloud는 업무 지원을 넘어 수집된 고객정보를 활용해 직접 마케팅을 실행하고, 이에 따른 수익을 창출하는 데 초점을 맞춘다. 디지털 매체를 활용해 고객의 기업–제품 인지부터, 정보 제공, 관심 및 참여, 구매, 로열티 생성까지 일관되게 서비스를 제공할 수 있도록 다양한 디지털 마케팅 기능을 지원한다. 기업의 마케팅 담당자는 이메일 기반 광고는 물론이고, 모바일 메시징, 웹사이트 연계 마케팅, 소셜 미디어 연계 마케팅, IoT 연계 서비스 등등을 Marketing Cloud로써 설계–실행하고 그 결과도 확인할 수 있다.

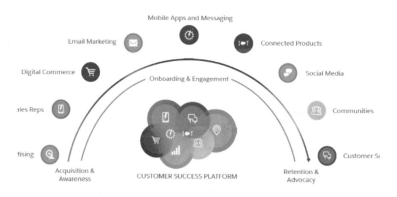

|그림 109| **Marketing Cloud 플랫폼 구성**[12]

1990년대부터 인터넷 기반 비즈니스가 활성화된 이후, 지금은 많은 기업들이 웹사이트와 모바일로 마케팅을 실행하는 IT 환경을 이미 갖추고 있다. 새로운 시스템이 아무리 좋다고 하더라도 기존 투자된 시스템과 방식을 하루아침에 버리고 싹

바꾸기란 쉽지 않다. 과거 SI형 투자에서는 새 기술을 시험적으로 사용하고 효과에 따라 기능을 확장하는 방식이 불가능했다. 하지만, 세일즈포스는 클라우드 기반이다. 사용자가 필요한 기능만 골라서 활용할 수 있다. Sales Cloud를 써보고 익숙해지면 Marketing Cloud의 다양한 기능도 단계별로 적용해 활용할 수 있다.

실제로 세일즈포스는 고객의 자연스러운 신기술 적용과 활용을 위해 두 가지 다른 요금 체제로 서비스를 제공한다. 즉, 최소 기능으로 이메일 기반 마케팅 서비스를 제공하는 Basic 버전, 그리고 웹-모바일을 포괄하여 고객여정을 추적-관리하며 마케팅을 할 수 있게 가장 많은 서비스를 제공하는 Enterprise 버전으로 말이다. (Marketing Cloud Edition은 Basic, Pro, Corporate, Enterprise 등 4가지로 구분된다.)

Marketing Cloud는 크게 고객여정 관리, 캠페인 실행 및 결과 관리, 이메일 기반 마케팅, 그리고 소셜 마케팅 기능으로 나뉜다. 또 사용자가 선택하는 버전에 따라 기능을 선택적으로 사용할 수 있다. 가장 기본적인 이메일 기반 마케팅은 Email Studio를 통해 이메일을 구성-발송한 후 그 결과를 집계한다. 다른 이메일 마케팅에 비해 이것이 가진 강점은 Sales Cloud와 연계 시 기존 확보된 Account 정보로써 마케팅을 실행할 수 있다는 점이다. 그리고 일반적인 매스 마케팅은 물론이고 대상을 '분류(segmentation)'하여 분류된 고객별로 다른 이메일을 발송할 수 있다. 조금 더 전문적인 마케터라면 한걸음 더 나아가 동적으로 도달 페이지를 구성하여, 규칙에 따라 정의된 고객이 인입할 경우 해당 고객별로 다른 화면이 나타나게 설정할 수도 있다.

Journey Builder	웹, 모바일을 포함하여 고객과 인입되는 채널과 활동에 대해 '고객여정'을 정의하고, 이에 따라 1대1 맞춤 마케팅이 가능하도록 설계하는 기능
Email Studio	타깃 고객을 대상으로 이메일을 기획-발송하여 고객이 웹이나 모바일로 인입될 수 있도록 유도하여, 회원가입, 상품 구매를 촉진하는 기능
Social Studio	각종 소셜 사이트에 게재된 타깃 광고나 자사 커뮤니티 사이트에 대해 소셜 채널별로 고객 반응이 어떤지를 분석-소통하는 기능

Advertising Studio	축적된 고객 데이터를 바탕으로 1:1 캠페인을 실행할 수 있게 고객 분류 및 타게팅하여 마케팅을 실행하고, 고객 가입 및 구매를 유도하는 기능
Mobile Studio	고객의 모바일을 대상으로 SMS, 푸시 알림, 그룹 메시징 등을 통해 고객과 상호작용하고, 마케팅을 실행하도록 지원하는 기능
Interaction Studio	정의된 고객여정에 따라 다양한 채널별로 소비자의 행동 및 교차되는 패턴을 시각화하여 추적-관리하는 기능
기타 Data	각 기능에서 생성된 정보를 집계하여 대시보드나 리포트 형태로 제공한다. 세일즈포스 생태계에 구성된 잠재고객 데이터와 연계하는 기능 (Data Studio를 통해 별도 제공)

이 기능은 캠페인 실행 후 고객이 사이트로 인입될 경우, 그의 행동과 활동을 파악-분석해준다. 또한 회원가입, 특정 상품 조회, 특정 페이지 이동, 특정 배너 클릭 등 정해진 규칙에 반응하여 고객이 행동할 때, 이런 동선에 따라 다음 마케팅 이벤트가 진행되게끔 설계할 수도 있다. 가령 설문에 참여한 고객에게 감사 메일과 함께 쿠폰을 발송하고, 해당 고객은 다음 번 광고 대상에 포함되도록 설정하는 것이다. 또는 신규 앱의 다운로드를 독려하는 메일을 보내고, 메일은 확인했지만 인입되지 않은 고객에게는 2차로 준비된 메일을 발송하는 기능 등을 설정할 수도 있다. 이처럼 고객여정 관리는 그야말로 고객이 우리 회사와 원활히 상호작용할 수 있도록 우리 사이트를 방문한 이후의 행동 여정을 지원함이 그 목적이다.

|그림 110| **Marketing Cloud 고객여정(Customer Journey)**

세일즈포스가 이야기하는 '고객의 시대'는 고객 중심의 경영과 함께 고객이 생성하는 정보의 영향력이 커졌음을 의미한다. 신제품이 출시되면 시장 반응 가운데 온라인에서의 평판부터 제일 먼저 확인하는 제조사들도 많다. 그만큼 고객의 소리를 파악하는 게 중요하다는 얘기다. Marketing Cloud의 Social Studio는 이런 고객의 소리를 우리 회사와 관련된 여러 소셜 네트워크로부터 수집–분석하고, 직접 고객과 소통하도록 지원하는 기능을 제공한다.

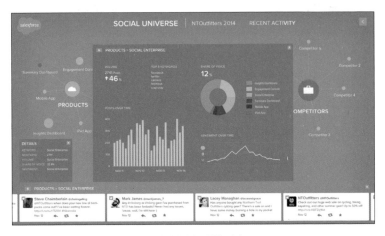

|그림 111| **Social Studio**를 통해 소셜 채널별 소통 현황 결과

복잡한 고객여정을 분석하고 소셜네트워크와 연결된 많은 데이터를 수집–분석할 수 있는 것은 세일즈포스의 또 다른 기능인 Einstein AI 기술과 관련이 있다. 세일즈포스는 정보의 수집과 활용 외에도 이를 중장기적으로 분석, 업무에 재적용할 수 있도록 서비스를 제공한다. 이러한 AI 기술은 세일즈포스 플랫폼의 근간이 되어, 그 구성 솔루션 내 기본 서비스로 제공되기도 하며, 고객의 선택에 따라 다양하게 유료로 제공되기도 한다. Marketing Cloud와 Einstein의 조합은 실시간 고객정보(인입 채널, 활동 이력, Log 정보 등)를 수집하고, 설계된 마케팅 기능에 따라 맞춤형 캠페인이 실행되도록 하며, 다양한 소셜 채널에 분산된 정보를 분석해(스팸 감지, 언어별 특성 파악 등) 비즈니스 인사이트를 도출할 수 있도록 돕는다.

기업의 책임은 제품―서비스의 판매로 끝나지 않는다. 고객관계를 지속시키고, 고객이 재방문하여 추가 구매가 일어나도록 충성 고객을 만드는 것이 '기업 영속성'의 핵심이다. 고객을 잘 관리하여 거래에 성공해놓고 클레임이나 제품 관련 문의에 제대로 대응하지 못할 경우, 신뢰에 타격을 입고 고객을 잃을 수 있다. 그래서 일반 소비재뿐만 아니라 금융, 자동차, 유통, 제조 등 모든 영역에서 사후 관계관리가 중요하다.

구매 이후 고객관계 관리는 A/S 같은 Customer Service, 품질보증(Warranty), 클레임 처리 등을 의미하며, 세일즈포스는 Service Cloud를 통해 이를 지원한다. 그것은 철저하게 고객 중심 데이터를 기반으로 업무를 처리하도록 설계되어 있다. 이때 각 솔루션은 고객 데이터를 중심으로 서로 연계하여 활용하게끔 기능을 제공하는데, 앞서 소개한 Sales Cloud와 Marketing Cloud로 수집된 정보는 구매 이후의 고객 방문도 추적―분석할 수 있도록 한다. 물론 각 솔루션은 별도로 작동할 수 있고, 이미 사용 중인 다른 시스템과 연계해 활용할 수도 있다.

|그림 112| **Service Cloud** 기능 중 **Case Management** 화면

Service Cloud는 크게 고객 문의를 대응하는 Case Management(VoC 관리), 고객의 문의 접근 경로를 관리하는 Channel Management 그리고 고객과 소통하는 콜센터, 메신저, 화상, 게시판 등의 기능으로 구성된다.

Case Management – 서비스의 질을 관리하라!

고객에게 빠르고 정확한 피드백을 주려면 우리 상품에 대한 이해도가 높은 직원들을 적재적소에 빠르게 배정해야 한다. VoC를 접수하고 이를 처리하는 과정을 관리하는 기능이 Case Management다. 이것은 고객의 문의나 클레임을 지체 없이 신속히 처리하는 데 초점을 둔다. 담당자 배정과 대기 최소화를 위한 자동화 기능과 담당자의 신속한 대응을 독려하여 생산성을 향상하는 기능을 제공한다.

'Queue'는 고객으로부터 문의가 들어왔을 때 담당직원에게 알려주고, 이를 수락하면 문의에 대한 대응 업무를 할당하도록 자동화한다. 자동화가 중요하다고 해도 한 직원에게 일감이 몰리면 좋지 않으므로, 일이 골고루 배분되도록 하는 역할을 한다. 이런 기능의 예는 은행에서 쉽게 찾아볼 수 있다. 고객이 번호표를 뽑고 대기하면 다른 업무 처리를 마친 직원에게 그 번호가 배정되어, 고객 서비스가 한쪽으로 쏠려 지연되는 사태를 방지할 수 있다.

신속한 대응을 위하여 고객 문의 중 서로 비슷하거나 단순하여 자동으로 처리할 수 있는 항목은 FAQ나 Q&A처럼 자동화된 답변으로 일괄 처리할 수도 있다. 이렇게 되면 고객은 더욱 빠르게 답변을 받을 수 있다. Case 처리 기간을 관리하는 Entitlement 기능은 특정 제품 및 서비스에 대한 문의가 왔을 때 정해진 시간 내 처리하도록 규칙을 정할 수 있다. 가령 '특정 고객(제품)의 문의는 24시간 이내에 처리할 것'이라는 룰을 설정하면, 담당자는 해당 업무를 24시간 내에 조치해야 한다. 정해진 기간 내에 조치가 되지 않을 경우, 자동 안내 메일 발송이나 다른 담당자 배정 또는 상급자 전달 등의 업무 규칙을 할당할 수도 있다. Entitlement는 고객 문의 접수 이후 담당 직원이 회사 정책에 따라 고객의 문의를 놓치지 않고 응대하는 프로세스를 만들 수 있도록 해준다.

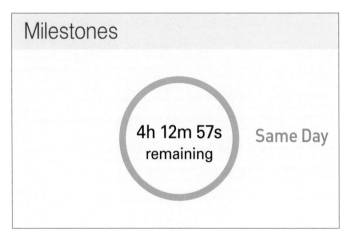

|그림 113| 고객 문의에 대해 남은 대응 시간을 담당직원에게 알림

고객대응 업무의 자동화와 더불어 가장 중요한 것은 고객에게 정확한 내용을 신속하게 전달하는 것이다. 그래서 직원 교육과 매뉴얼이 필수다. 세일즈포스는 Knowledge라는 기능을 통해 내부 자료를 공유하고 활용하게 한다. 이는 고객 성향, 대응 방법 등의 노하우를 등록해 직원들과 교류할 수 있게 도와주는 기능이다. Knowledge의 글을 Article이라 한다. 직원이 글을 작성하면 Draft 버전으로 제공되고, 한 번 더 확인 후 게시토록 한다. 최종 게재(Publish)가 되었을 때 회사 동료들에게 공유된다. 또한 직원들 사이에서 어떤 Article이 중요한 정보인지 평가(Rating)도 할 수 있다. Knowledge 검색으로 특정 고객의 요청과 유사한 사례를 확인하여 업무에 활용할 수도 있다.

Channel Management – 고객이 고르도록 하자!

제품에 대한 고객의 문의는 다양한 경로로 접수된다. 고객은 전화, 웹, 스마트폰 앱 등을 통해 질문하고 민원도 제기한다. 이 같은 고객 접근 경로를 채널이라 한다. Service Cloud는 다양한 경로로 인입되는 고객을 인지해 요청사항을 접수하고, 그 Account를 중심으로 상담 이력이 축적-관리되도록 한다. Channel Management는 웹사이트와 이메일을 통한 고객 접근을 관리한다.

웹 사이트는 가장 쉽고 단순하기 때문에 고객이 가장 편하게 접근할 수 있는 채널 중 하나다. 고객이 제출할 수 있는 양식을 웹 페이지에 올려두면, 고객은 항목에 맞춰 작성해서 바로 제출한다. 이후 자동 설정 기능으로 담당직원에게 알람이나 메일을 발송해 그 질의나 민원이 전달되도록 설정할 수 있다.

두 번째 관리 채널은 이메일. 세일즈포스는 고객이 사용할 수 있는 대표 이메일을 지정하여 접수 채널로 설정한다. 이메일은 양식의 제한 없이 고객이 원하는 질문을 원하는 대로 작성하여 제출할 수 있다.

이 두 채널이 가장 보편화된 방법일 것이다. 그 외에도 세일즈포스는 Call Center, 실시간 채팅(Live Agent), 화상화면 SOS 등의 서비스도 제공한다.

- Call Center : 콜 센터로 인입된 고객의 전화를 세일즈포스와 연결하여 상담원은 세일즈포스 화면을 보면서 응대한다. 전화번호, 메일주소 등 등록된 식별 정보를 통해 고객을 인식한 다음, 상담원은 이미 등록된 고객정보를 바탕으로 상담을 진행한다.

- Live Agent : 메신저가 보급되고 스마트폰이 활성화되면서 실시간 커뮤니케이션이 가능한 시대가 되었다. 세일즈포스는 메신저 형식의 고객응대 서비스를 제공하여 대응속도를 높일 수 있도록 지원한다.

- Community : 고객을 위한 커뮤니티 페이지를 구성할 수 있다. 커뮤니티는 고객들 사이의 소통 및 직원과의 소통을 장려한다. 고객들은 제품-서비스에 대해 서로 정보를 공유하고 후기도 작성한다. 이런 정보는 향후 마케팅 목적의 평판 분석에도 활용된다. 직원들도 고객 커뮤니티를 통해 고객의 요청을 확인하고 소통함으로써 고객관계를 관리할 수 있다.

- SOS : 모바일 앱으로 화상회의, 화면 공유, 가이드 제공 등의 기능을 지원한다.

세일즈포스의 다양한 고객 VoC 접수 서비스는 디지털 시대에 맞게 고객들의 접근경로를 구성한 것이다. 어떤 환경에서도 고객과 소통할 수 있는 '고객 중심 서비스' 완성에 초점을 두고 있다. 고객이 기업의 다양한 제품—서비스를 경험하게 돕고, 사후 관계까지 관리함으로써 지속적인 관계를 통한 신뢰 확보를 추구할 수 있다. 고객의 문의와 민원에 대해 빠르고 정확한 정보를 전달하는 것이 Service Cloud 의 역할이다.

세일즈포스의 '오하나(Ohana) 문화'는 신뢰, 성장, 혁신, 평등의 가치를 추구한다. 고객, 파트너, 직원들이 같이 성장하는 문화를 플랫폼에 입히기 위해, 그 철학과 사상을 직원들과 먼저 교류하고 그것을 고객과 파트너에게 알리기 위해 많은 노력을 해왔다. 바로 그 문화를 서비스화한 것이 Community Cloud다.

세일즈포스는 Lightning Bolt라는 서비스를 제공하여 파트너들이 세일즈포스가 경험해온 문화를 담아 고객, 파트너, 직원들에게 맞는 커뮤니티를 제안하거나 새로운 커뮤니티를 만들어 새로운 문화를 담아내며 더 나은 소통 환경이 만들어지도록 지원한다.

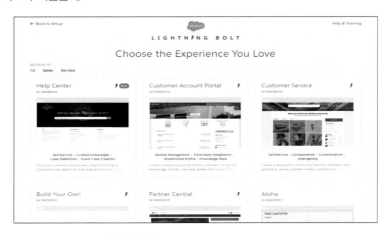

|그림 114| **Salesforce** 커뮤니티 만들기

세일즈포스는 고객과, 파트너와, 직원과의 소통이라는 3가지 소통이 중요함을 강조한다. 고객용 커뮤니티는 Service Cloud와 연동되어 고객 민원의 접수채널 역할을 한다. 이를 통해 고객의 Case를 좀 더 빠르게 해결하고 지식기반 서비스를 이용해 좀 더 쉽게 답변을 찾아볼 수 있도록 한다.

파트너용 커뮤니티의 이점은 기업이 자사와 관련된 파트너들과 함께 긴밀한 협력관계를 구축할 수 있다는 것. 파트너는 협력관계의 구성원으로 서로의 문제점과 이슈를 공유하고 함께 해결 방안을 찾기도 한다. 개발자들은 개발 이슈의 공유를 통해 한계를 극복하고 문제를 해결하기도 한다. 가령 도매상과 소매상으로 구성된 파트너 커뮤니티라면, 세일즈포스 내 CPQ(Configure–Price–Quote) 기능과 연계하여 견적 업무가 가능하도록 설정하고 업무 지원 창구 기능으로 커뮤니티를 구성할 수 있다.

커뮤니티 클라우드는 포털의 게시판처럼 사내 직원들을 위한 커뮤니티도 구성할 수 있다. 세일즈포스 내부 시스템과 별개로 독립하여 존재하는 커뮤니티 공간은 기업 안팎으로 다양한 관계를 형성하고 공감대를 만들어 문화를 창조하는 이점도 있다. 또한 대고객 서비스를 위한 교육 커뮤니티를 만들어 교육 자료를 공유하고 질문 받는 공간으로도 활용 가능하다.

마지막으로 회사 내부의 필요에 따라 커뮤니티를 커스터마이즈하여 새로운 환경을 구성할 수 있다. 이 경우 파트너 커뮤니티 사례와 같이, 세일즈포스의 기본 기능들과 연동도 가능하며 개발된 화면을 추가하여 연계할 수도 있다. 세일즈포스의 커뮤니티는 기존 서비스와 달리 구성원과 소통에 중점을 두고 있으며, 협업 기반의 다양한 서비스를 기획할 수 있다는 장점이 있다. 커뮤니티 이용자의 지식 공유, 문제 해결, 가치 창출을 통해 단순 시스템이 아닌 제도와 문화를 통한 소통의 장을 제공하는 것이 그 목표다.

|그림 115| **커뮤니티 구성 화면**

세일즈포스는 2016년 드림포스 행사에서 기계학습(머신 러닝) 및 기존 세일즈
포스 플랫폼들과 결합한 인공지능인 Einstein 기반 플랫폼을 발표했다. 물밀듯 쏟
아지는 정보를 플랫폼 내에서 정확히 분석하고, 이를 통한 예측 경영이 가능하도
록 지원하려는 것이었다. 아인슈타인은 세일즈포스의 모든 서비스와 연계하여 움
직이도록 설계되었다. 세일즈포스 플랫폼과 거기에 연계된 SNS나 타 시스템 등의
주변 정보를 수집-분석하여 업무에 활용할 수 있게 도와준다.

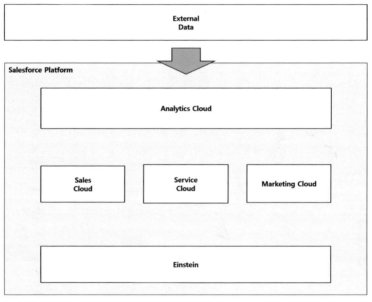

|그림 116| AI 아인슈타인과 세일즈포스 플랫폼 관계도

Sales Cloud와 아인슈타인

Sales Cloud에서 아인슈타인은 여러 영업사원의 활동 정보를 집계하여 활동
을 추천하는 '영업의 길잡이' 역할을 한다. 기업의 영업 프로세스에 따라 영업사원
들은 고객과의 미팅이나 고객사 방문 후 Lead 정보를 입력할 수 있다. 고객과의 만

남이 잦아지고 관계가 형성되면 구매나 계약으로 진행될 가능성도 높아진다. 이후 영업사원은 영업파이프라인 단계별로 수주 확률 정보를 입력한다. 여기까지는 Sales Cloud를 통해 제공되는 기능이다.

아인슈타인은 이처럼 영업 과정에서 발생한 정보를 수집해 비교-분석한다. 영업사원이 입력한 Lead 정보에 대해 점수도 매기며(Scoring), 어떤 이유로 그런 점수를 매겼는지도 설명해준다. 영업활동을 지원하기 위해 영업사원들의 이메일 일정과 g-mail의 스케줄을 자동으로 캡처하고 기록으로 남겨 효율적인 일정 관리가 가능하도록 한다. 나아가 아인슈타인은 어떤 Lead가 Account로 전환되는지, 어떤 활동이 영업기회를 성공시키는지, 어떤 방식의 영업이 수주율을 높이는지 알려주기도 한다. 이러한 모든 서비스가 기본 패키지로 제공되면 좋겠지만 안타깝게도 아인슈타인 또한 별도의 상품으로 제공된다.

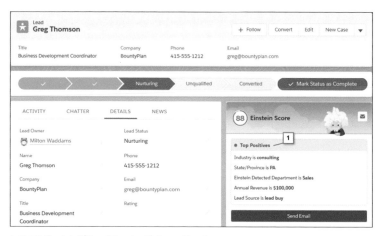

|그림 117| **Einstein의 Lead Scoring과 Score Detail**

Service Cloud와 아인슈타인

Service Cloud는 고객의 문의-요청을 받아 처리하여 고객관계 관리로써 신뢰성과 충성심을 확보하는 업무 지원 서비스다. 물론 그 핵심은 고객의 민원을 정확하고 빠르게 전달하는 데 있다. 이슈나 클레임을 재빨리 판단하고 문제를 해결해야 한다. 아인슈타인은 이 같은 대고객서비스에 활용된다. 우선 Case라 불리는 고객 요청사항의 사례를 수집–분석하여 기존 Case와 다른 특징이 있는지를 감지해 직원들에게 경고해주기도 한다.

아인슈타인 기능은 별도 상품이지만, 세일즈포스 플랫폼 요소요소에서 성능을 향상시키는 역할도 수행한다. 수집된 Case 정보를 분류해 상담직원들에게 가장 효율적으로 자동 배치하는 알고리즘은 Service Cloud에서 기본 제공한다. 설정된 업무 중요도를 판별해 민원 사안에 따라 자동으로 상급자에게 알리고 빠른 결정을 내리도록 돕는다. 아인슈타인은 여러 사례와 경험을 꾸준히 축적하여, 고객 피드백까지 "예측 마감 시간"을 계산해 보여주기도 한다. 다양한 업무 처리 방식이 축적되면, 문제 해결을 위해 무엇을 어떻게 실행해야 하느냐에 대한 가이드를 제시하도록 설정할 수 있다. 스마트한 시스템을 통한 자동화로 편리성과 업무처리 속도의 향상이 가능하다. 하지만 이 같은 분석과 예측을 위해서는 충분한 자료와 정보가 축적되어야 한다는 점을 명심해야 한다. 아무 것도 없는 상태에서 시스템이 알아서 모든 일을 해주지는 않으니까.

Marketing Cloud와 아인슈타인

Marketing Cloud는 온라인에서 고객여정을 설계한다. 고객의 행동을 파악하고 SNS나 메일 등 다양한 채널로 소통할 수 있게 도와준다. 아인슈타인은 Marketing Cloud에서 생성되는 고객 행동 패턴을 학습해 리포트를 생성하고, Lead를 Account로 전환할 수 있는 가능성을 파악하기도 한다. 아인슈타인을 통해 학습된 고객 점수를 예측점수(Predictive Scoring)라 하며, 이 점수는 내부 로직에 따라 고객의 페이지 접속, 체류, 사이트 이동, 구매 활동 등에 대해 부여된다. 예측점수는 고객 세그먼트를 만들어 채널에 따라 맞춤형 마케팅이 가능하도록 지원한다.

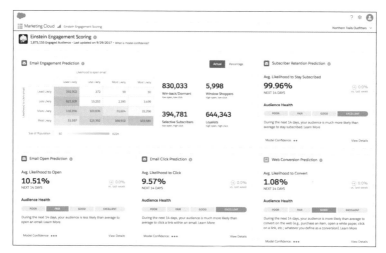

|그림 118| **Marketing Cloud**와 아인슈타인을 접목한 고객 **Scoring**

아인슈타인에는 10가지 언어에 대해 '감정' 요소를 분석하는 기능이 있어, 언어에 녹아 있는 고객의 감정을 구별해주기도 한다. 마케팅 담당자는 제품-서비스 출시 후 다양한 채널 및 경로에서의 고객의 소리를 수집하고, 그것이 좋은 신호인지 나쁜 신호인지를 구분할 수 있다. 제품-서비스에 대한 고객의 감정 신호에 따라 평판을 관리함으로써 전략적인 마케팅 수행이 가능해지는 것이다.

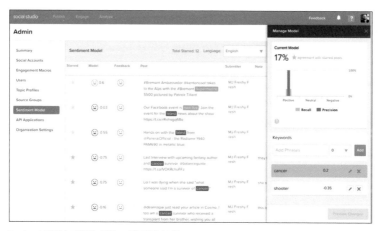

|그림 119| 아인슈타인을 통한 고객 감정 분석

Analytics Cloud – 현장 정보의 집계와 활용

세일즈포스는 영업, 서비스, 마케팅 클라우드마다 리포트와 대시보드 기능을 기본으로 제공한다. 이 리포트와 대시보드는 보통 기업에서 도입하는 BI나 정보계 분석 시스템과는 다르다. 그런 분석 시스템은 대량의 기업정보와 고객정보를 바탕으로 다차원 분석을 실행하고, 복잡한 모델링을 통해 비즈니스 가설을 검증할 수 있다. 말 그대로 분석 업무가 중심인 시스템이다. 하지만 세일즈포스의 리포트와 대시보드는 철저하게 빠른 업무 처리와 활용이라는 측면에서 각 업무 과정의 집계에 초점을 둔다. 기본적으로 2×2 차원의 리포트를 제공하는데, 이는 업무 담당자를 기준으로 처리하는 일의 관점에서 리포트를 구성하기 때문이다. 당장 오늘 내가 만나야 할 고객의 수, 금주까지 내가 채워야 할 영업목표를 수치로 본다. 현장에서 많은 차원의 리포트가 필요 없기 때문이다. 정보-분석 시스템에서 뽑아낸 복잡한 주간-월간 실적표를 바탕으로 소통하는 우리나라 기업문화에서 가장 낯설어하는 기능 중 하나다. 기본적으로 제공되는 다양한 리포트와 대시보드를 살펴보라. 전문 분석이나 복잡한 구성보다 직관적인 분석결과를 통해 업무 활용에 초점을 두겠다는 세일즈포스의 철학을 이해할 수 있을 것이다.

Analytics는 기본 리포트와 대시보드 기능을 조금 더 확장하여, 플랫폼 내 축적된 정보를 활용할 수 있도록 지원한다. 고객, 제품, 연락처 같은 세일즈포스의 데이터와 이미 기업이 보유하고 있는 데이터베이스를 연계하도록 만들어준다. 물론 정보계 시스템이나 BI를 세일즈포스 자체에 연결할 수도 있지만, 모든 정보를 세일즈포스에 넣는 것은 권하지 않는다. '사용한 만큼 지불'한다는 클라우드 원칙을 생각해보라. 전문 분석이 세일즈포스 플랫폼 본연의 기능도 아닌데 거기에 억지로 많은 데이터를 넣으면, 효과 대비 고비용을 초래할 수 있기 때문이다.

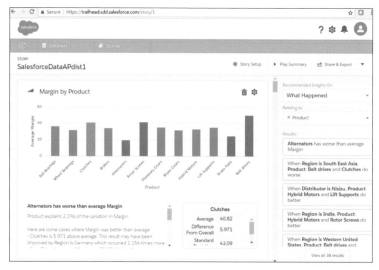

|그림 120| 제품별 마진 계산을 위한 데이터세트 구성

Analytics는 분석을 위해 여러 데이터를 연계하여 '데이터세트(DataSet)'를 생성한다. DataSet가 구성되면 아인슈타인을 활용하여 AI기반의 분석을 할 수 있다. DataSet를 바탕으로 하여 분석할 데이터의 시나리오를 만드는 작업을 하는 것이다. 세일즈포스는 이것을 "Explore"라고 부른다. Explore하게 되면 아인슈타인은 데이터를 분석하고 그 특징을 찾아 결과를 대시보드 형태로 간단하게 알려준다. 예컨대, 백화점에서 가장 많이 팔리는 제품을 알고 싶다면, 우선 해당 제품에 대한 DataSet를 구성한다. DatasSet에서 분석하고자 하는 제품의 타입을 Explore하면, 아인슈타인이 데이터의 패턴을 자동으로 분석한다. 담당자는 어떤 제품의 판매가 가장 높은지, 해당 제품의 판매가 얼마나 늘어나고 있는지, 확인할 수 있다. 또한 그 결과를 파일로 저장해 언제든지 업무에 활용할 수 있다.

정보와 분석의 중요성을 인식하고 더욱더 Analytics와 AI분야에 아낌없이 투자하는 글로벌 기업들이 많아지고 있다. 연구에만 그치지 않고 더 많은 AI 기술들이 상용화되며, 현장에서 적용된다. 아인슈타인도 그 중 하나다. 세일즈포스는 아인슈타인 자체를 위한 기술 개발도 계속할 뿐 아니라, 플랫폼을 구성하는 Sales

Cloud, Service Cloud, Marketing Cloud, Community Cloud 각각에의 적용도 멈추지 않고 있다. 특히 고객 한 명 한 명까지 알아야 하는 '고객의 시대'에 세일즈포스의 기술 진화는 매년 3번의 업데이트와 함께 앞으로도 계속 진행될 것이다.

세일즈포스는 AppExchange라는 스토어형 플랫폼 생태계를 바탕으로 진화하고 문화를 만든다. 플랫폼으로서의 세일즈포스는 자체 기술에 종속되기보다 많은 기업들이 이를 고유의 비즈니스 아이디어로 확장해가기를 바란다. 필요에 따라 원하는 형태의 앱을 만들거나 다른 이가 개발한 앱을 받아 기능과 성능을 확장할 수 있도록 한다. AppExchange는 4,000개 이상의 애플리케이션을 보유하고 있으며 원하는 앱을 손쉽게 검색–설치할 수 있다. 세일즈포스를 이용하는 기업은 다양한 Application이 자사 업무에 부합하는지 체크하고 체험한 후 적용한다. 안드로이드나 아이튠즈처럼 무료와 유료 버전이 있으며, 유료 버전의 경우 시스템 사용료를 지불한 후 세일즈포스와 연계하여 이용할 수 있다. 세일즈포스 이용 기업은 필요한 좋은 시스템만 골라서 이용하고, 파트너에겐 수익성이 생기는 생태계인 것이다.

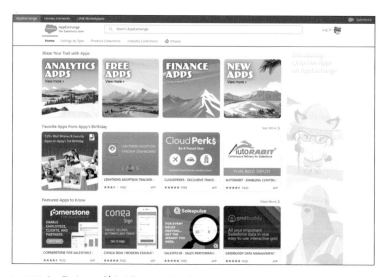

|그림 121| AppExchange의 3rd Party Application

AppExchange는 세일즈포스를 이용하는 기업에 적용하도록 4가지 범주로 서비스를 제공한다. 즉, Apps, Components, Bolt Solutions, Lightning Data 유형 중 각 기업에서 필요로 하는 기능이나 시스템을 찾아 설치할 수 있다.

1) Apps : 그 자체로 기능 완결성을 가지고 있는 별도의 Application이다. 예를 들면 견적서 작성, 프로젝트 관리, 명함 관리, 메일 연동 등을 위한 프로그램들이 있을 수 있다. 이러한 애플리케이션은 세일즈포스 플랫폼에서 제공하지 않거나 다른 기업이 신규로 적용해 성공한 시스템을 상용화–공유한 것으로, 세일즈포스에서 부족한 기능은 이를 통해 보강할 수 있다.

2) Components : 2014년부터 공개된 세일즈포스의 새로운 버전인 Lightning 시스템에 적용할 수 있는 컴포넌트를 제공하는 카테고리다. Lightning은 컴포넌트를 기반으로 하나의 화면에 다양한 기능을 추가하여 쓸 수 있는 시스템이다. 세일즈포스는 기본적으로 Standard를 통해 정해진 기능을 사용할 수도 있지만, 필요에 따라 기업이 원하는 형태로 기능들을 추가해 개발할 수도 있다. 기존 Standard를 넘어 다양한 기능들이 컴포넌트를 통해 제공된다. 글로벌 파트너 (개발사)들은 프로젝트 경험과 자체 연구를 통해 새로운 컴포넌트 기능을 만든다. AppExchange를 통한 컴포넌트 공유 모델은 개발사와 고객사가 상호 Win–win 하도록 시스템 확장성을 제공한다.

3) Bolt Solutions : 앞서 설명한 Community Cloud의 Community 템플릿을 제공하는 카테고리다. 블로그나 카페 게시판을 구성하듯이, Community Cloud를 사용하는 기업을 대상으로 기존 고객들의 산업별 맞춤형 템플릿을 제공하여 좀 더 빠르게 커뮤니티를 구성할 수 있게 도와준다.

4) Lightning Data : 데이터를 통합–검증할 수 있는 Application을 제공하는 카테고리다. Account에 대한 정보를 관리하거나 분석하는 기능 또는 새로운 고객 관련 뉴스를 수집하는 Application 등을 통해 데이터 기반 서비스를 확장할 수 있도록 지원한다.

세일즈포스는 AppExchange를 통해 애플리케이션 생태계를 키워가고 있다.

세일즈포스의 통계에 의하면, AppExchange의 애플리케이션은 세일즈포스를 이용 중인 기업들이 5백만 번 이상 내려받아 설치했고 7만 건의 리뷰가 진행되었다. 세일즈포스 도입을 고려하는 기업은 무조건 SI형 개발이 아닌 자사의 전략에 따른 혁신과 변화가 필요한 업무, 문제가 있는 영역을 먼저 찾아서 정의해야 한다. 그리고 이를 해결하는 방법으로 세일즈포스 플랫폼과 애플리케이션을 어떻게 조합하여 최적의 솔루션을 구성할 것인지, 먼저 고민해야 한다. 이는 창의성을 키운답시고 레고 같은 장난감의 구조와 부속물을 만드는 것이 아니라, 만들어진 레고를 이용해 창의성을 키우는 데 중점을 두는 것과 일맥상통한다. 기존 15만 글로벌 기업의 사용성과 AppExchange를 통한 확장성을 활용해 플랫폼 자체가 가진 기능을 최대한 활용할 때, 성공적인 클라우드 기반 비즈니스 모델로 전환이 가능해진다.[4]

세일즈포스의 기본 기능만으로 기업의 요구를 충족시키기 어려운 경우가 종종 있다. 영업, 서비스, 마케팅 영역 외에도 각 회사만의 색깔 있는 기능들을 담고 싶어 한다. 세일즈포스는 이미 검증된 기능으로 구성된 Standard의 사용을 권장하지만, 사용자들(특히 한국 기업)은 자사 기준으로 바꾸기를 원하는 경우가 많다. 세일즈포스는 이처럼 개개의 기업이 지닌 비즈니스 고민들을 자신의 상황에 맞게 반영할 수 있도록, 개발사를 위한 PaaS인 App Cloud를 제공한다. App Cloud란 기존 SaaS 시스템인 세일즈포스 플랫폼에 커스터마이즈된 개발이 가능하도록 개발 환경을 제공하는 것을 말한다. App Cloud를 통해 세일즈포스 고객은 조금 더 자사 환경에 맞는 희망 기능을 추가 개발할 수 있다. App Cloud에는 크게 Force. com과 Heroku, Lightning Component가 있다.

[Force.com]

세일즈포스의 개발언어는 Server-Side에 있는 Apex로 JAVA와 코드가 비슷하다. 개발자는 Apex를 통해 플랫폼의 여러 기능을 직접 개발하고 반영할 수 있다. Visualforce는 웹 페이지 개발언어(HTML 문서임)로, 이를 통해 응용프로그램 및 웹 페이지를 구축한다.

|그림 122| 웹 통합개발 환경의 **Developer Console**에서 **Apex** 화면

[Heroku]

Heroku는 2011년에 세일즈포스에서 인수한 회사명이자 제품명이다. Heroku는 개발환경을 PaaS 형태로 제공할 수 있도록 한다. JAVA, Python, Nodejs 등 다양한 언어를 지원하고 있으며, 세일즈포스 커넥터를 통해 개발된 응용프로그램을 세일즈포스에 서비스할 수 있도록 지원한다.

|그림 123| **Heroku 홈페이지**

[Lightning Component]

세일즈포스의 Lightning Component는 Lightning Experience의 페이지 개발을 위해 제공되는 개발도구다. Lightning Component는 시스템 화면인 웹페이지의 구성요소(차트, 목록리스트와 같은 화면의 기능)를 뜻한다. 웹페이지 언어인 HTML과 Javascript로 응용프로그램과 컴포넌트를 개발한다. Lightning

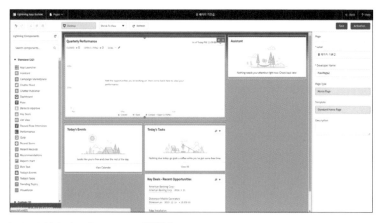

|그림 124| **Lightning Component** 개발환경

Component는 Java와 Javascript 기반의 오픈소스로 공개되어 있어 개발자들이 참여하여 기능을 추가하고 수정할 수 있도록 제공된다. (https://github.com/forcedotcom/aura에서 다운로드 가능)

PaaS 기반의 세일즈포스 도구들을 통해 기업은 원하는 시스템을 계획에 따라 구축할 수 있다. 하지만 세일즈포스 플랫폼의 검증된 Standard SaaS 버전을 사용하는 것과 PaaS인 Force.com을 통해 개발하여 확장하는 것에는 각각일장일단이 있다. 직접 개발하면 자유롭고 확장성은 있지만, 자체 개발한 부분에 대해선 책임을 져야 한다. 자체 설계와 개발을 어느 범위까지 하느냐에 따라 세일즈포스 플랫폼과의 연계성이 떨어지기 때문에 별도의 유지보수 비용이 발생할 수도 있다. 그러므로 무조건 자체 개발보다는 플랫폼의 장점을 최대한 활용하면서 최소한의 개발을 권장한다. 만약 개발을 할 수밖에 없는 상황이라면, Third Party Application으로서 경쟁력을 갖춘 아이디어와 비즈니스 모델이라든지, AppExchange 생태계에 등록해 추가적인 판매 이익을 가져올 수 있는 미래지향적인 설계와 개발을 고려하는 것이 좋다.

참고문헌

[제1부] 혁신기업 세일즈포스의 성장 비결

1. "Salesforce for Marketing: Welcome to the Age of the Customer.", https://www.salesforce.com/form/marketingcloud/best-of-connections-2016.jsp?nc=7010M000002IIa9&d=7010M000000iYRH

2. "Salesforce is #1 on the FORTUNE "100 Best Companies to Work For2" List!", 2018, https://www.salesforce.com/blog/2018/02/salesforce-fortune-100-best-companies-to-work.html

3. 세일즈포스가 탄생한 아파트, http://www.salesforceben.com

4. 세일즈포스 초기 버전, http://www.salesforceben.com

5. 'End of Software'를 소개하고 있는 마크 베니오프, http://www.salesforceben.com

6. 초기 AppExchange Site, http://www.salesforceben.com

7. 모바일 앱인 세일즈포스1 소개자료, http://www.salesforceben.com

8. 세일즈포스 라이트닝, https://www.salesforce.com/campaign/lightning/

9. Coca-Cola 실시간 서비스 현황 관리, youtube.com, Coca-Cola's Success Story

10. Idea Exchange, – https://success.salesforce.com/ideaSearch

11. Deloitte, "Digital Opportunities for Today's Small Business", 2017

12. '카를로스 베이커 샵(Carlos Bake shop)' 사례, https://www.salesforce.com/customer-success-stories, 본 사이트를 통해 비즈니스 유형별, 비즈니스 규모별, 산업 및 제품별로 다양한 사례를 확인할 수 있다

13. 코카콜라 Success Story, https://www.salesforce.com/ap/customer-success-stories/coca-cola/

14. 위키피디아, https://en.wikipedia.org/wiki/Coca-Cola, 코카콜라 항목

15. 코카콜라 Success Story 영상, https://www.youtube.com/watch?v=h17DVNEfHxs

16. 세일즈포스 생태계 통계 자료, https://trailhead.salesforce.com/en/modules/salesforce_advantange_ecosystem/units/sa_ecosystem_leverage

17. 세일즈포스 국가별 파급 효과, "Salesforce Economic Impact Model", 2017, IDC

18. 플랫폼 관점의 세일즈포스 구성요소, Dion Hinchcliffe, https://www.zdnet.com/blog/hinchcliffe/

19. IT 아키텍처 관점의 세일즈포스 플랫폼 구조 II, https://trailhead.salesforce.com/en/modules/starting_force_com/units/starting_understanding_arch

20. 위키피디아, https://ko.wikipedia.org/wiki/던킨_도너츠, 던킨도너츠 항목

21. 던킨도너츠 성공스토리 영상, https://www.youtube.com/watch?v=74Mwa5nxrD0&list=PLnobS_RgN7JZfHVFu8gTYBXYzV60IWeX9&index=6

22. 던킨도너츠 세일즈포스 블로그 뉴스, https://investor.salesforce.com/about-us/investor/investor-news/investor-news-details/2016/Dunkin-Donuts-Strengthens-Customer-Loyalty-Using-Salesforce/default.aspx

[제2부] 디지털 트랜스포메이션을 위한 고객관계 혁신 방법

1. 구자원, 영업의 성과를 결정짓는 요인, DBR 181호, 2017년 7월호

2. Kone 성공스토리 영상, https://www.youtube.com/watch?v=_cxq7y6zrVU.

3. Kone의 성공스토리, https://www.salesforce.com/eu/customer-success-stories/kone/

4. Kone 도입 관련 기사, https://www.salesforce.com/company/news-press/press-releases/2016/11/161130/

5. Field Service Lightning 소개, Youtube, https://youtu.be/659dC2o4vTQ.

6. 금융사 대면거래 비중, 한국은행, 입출금 및 자금이체 기준 통계 자료, http://www.newsprime.co.kr/news/article.html?no=390470

7. 세일즈포스 Chatter: SMS형식의 기업용 소통 도구, https://www.salesforce.com/products/chatter/features/custom-action-integration/

8. Amazon Success Story, https://www.salesforce.com/customer-success-stories/aws/

9. Amazon Success Story 영상, https://www.youtube.com/watch?v=fOM61zSFVeU&t=31s

10. 시티뱅크의 다이닝 로열티 프로그램, https://www.citibank.co.th/edm/1117/BCUH48-RT/index-en-web.html

11. 각 고객사별 360도 뷰 적용 화면 예시, https://trailhead.salesforce.com/modules/admin_intro_accounts_contacts/units/admin_intro_accounts_contacts_basics

12. Meet the New Financial Services Cloud, https://www.youtube.com/watch?v=-jcfMdX2A_I

13. Citibank Success Story, https://www.youtube.com/watch?v=3sv5FdinRzc

14. 한국정보화진흥원, 2016년 다보스포럼 4차 산업혁명 발표 전후 주요국 국가정보화 전략 분석 및 시사점

15. 조직건강도 및 일하는 방식 진단 결과, 대한상공회의소, "한국기업문화의 근본적 혁신을 위한 제언", 2018

16. PWC, Digital IQ Survey, 2015, https://diginomica.com/2015/10/01/top-ten-digital-transformation-actions-from-pwc/

17. Rosetta Stone Success Story, https://www.salesforce.com/customer-success-stories/rosetta-stone/

18. 히라노 아쓰시칼, 안드레이 학주, 〈플랫폼전략〉, 더숲

19. 세일즈포스로 표현 가능한 아키텍처 구조도, http://salesforcexq.blogspot.com/2016/07/how-does-apex-work-architecture-diagram.html

20. 세일즈포스 Trust, 서버 운영 상황판, https://trust.salesforce.com

21. 국가별 규정 준수 사항, https://trust.salesforce.com/ko/compliance/

22. OWASP(The Open Web Application Security Project), https://owasp.org/

23. 리포트 기본 타입, https://help.salesforce.com/articleView?id=standard_report_folders.htm&type=5

24. 리포트 구성하는 다섯 가지 방법, https://help.salesforce.com/articleView?id=000025298&language=ko&type=1

25. 도요타 성공스토리 영상, https://www.youtube.com/watch?v=ilPRfyKeUFM

26. 도요타 성공스토리, https://www.salesforce.com/customer-success-stories/toyota/

27. Toyota Blog News, https://www.salesforce.com/eu/company/news-press/press-releases/2011/05/110523/

28. Harvard Business Review, "Why so many high profile digital transformations fail", 3월, 2018년

29. Trailhead 교육점수 예시 및 랭크, https://trailhead.salesforce.com

30. 아디다스의 드림포스 고객사례 발표, YouTube, "Adidas — We Are All Trailblazers: Customer Success in the Fourth Industrial Revolution"

31. 매리어트 사례 영상, https://www.youtube.com/watch?v=kblpxHuQjwE&list=PLOpFoBRh6dcB8D QlHBz8BfvKKtvmK28FA

32. 세일즈포스 매리어트 뉴스, https://www.salesforce.com/company/news-press/press-releases/2018/04/180426

[제3부] 애자일(Agile) 프로젝트 실천 매뉴얼

1. 필립코틀러, 〈필립코틀러의 마켓 4.0〉, 더퀘스트, 2017.

2. Agile software development(정보공학에서는 더 다양하고 많은 개발 방법론을 다루지만, 본 책에서는 기존 방법과 다른 애자일의 개념에 대한 이해를 돕기 위해 폭포수 개발 방식과 점진적 개발 상식만 인용함, https://en.wikipedia.org/wiki/Agile_software_development)

3. 제이크 냅, 존 제라츠키, 브레이든 코위츠, 〈스프린트〉, 김영사, 2016

4. 「HR, 애자일을 도입하다」 Harvard Business Review, 2018년 3/4, p.83

5. 「애자일을 확장하라」 Harvard Business Review, 2018년 5/6, p.112

6. Success Planning Methodology, https://www.slideshare.net/kshermansfdc/salesforce-crm-7-domains-of-success.

7. T-Mobile Salesforce 영상, https://www.youtube.com/watch?v=xHtolaieMdg

8. T-Mobile Success Story, https://www.salesforce.com/customer-success-stories/t-mobile/

9. 미국 이동통신사업 리포트, http://www.businessinsider.com/the-mobile-carrier-landscape-report-2018-1-16

[부록] 세일즈포스 플랫폼 및 솔루션 구성

1. 세일즈포스 Marketing Cloud 플랫폼 구성, https://www.salesforce.com/blog/2016/09/marketing-digital-transformation.html

2. 세일즈포스 Marketing Cloud 플랫폼 구성, https://www.salesforce.com/products/marketing-cloud/overview/

3. Salesforce Trailhead, https://trailhead.salesforce.com/modules/community_cloud_basics

4. AppExchange, https://trailhead.salesforce.com/modules/appexchange_basics/units/appexchange_basics_overview

이 도서의 국립중앙도서관 출판예정도서목록(CIP)은 서지정보유통지원시스템 홈페이지(http://seoji.nl.go.kr)와
국가자료종합목록시스템(http://www.nl.go.kr/kolisnet)에서 이용하실 수 있습니다. (CIP제어번호 : CIP2018041179)

세일즈포스, 디지털혁신의 판을 뒤집다

초판 1쇄 발행 2019년 1월 31일
초판 4쇄 발행 2022년 9월 1일

지 은 이   김영국 · 김평호 · 김지민
펴 낸 이   권기대
펴 낸 곳   베가북스
총괄이사   배혜진
편   집   박석현, 임용섭, 신기철
디 자 인   박숙희
마 케 팅   황명석, 연병선
경영지원   지현주

출판등록   2021년 6월 18일 제2021-000108호
주 소   (07261) 서울특별시 영등포구 양산로17길 12, 후민타워 6~7층
주문 및 문의 (02)322-7241 팩스 (02)322-7242
ISBN 979-11-86137-87-1

※ 책값은 뒤표지에 있습니다.
※ 좋은 책을 만드는 것은 바로 독자 여러분입니다. 베가북스는 독자 의견에 항상
귀를 기울입니다. 베가북스의 문은 항상 열려 있습니다.

원고 투고 또는 문의사항은 vega7241@naver.com으로 보내주시기 바랍니다.
홈페이지 www.vegabooks.co.kr
블로그 http://blog.naver.com/vegabooks
인스타그램 @vegabooks 트위터 @VegaBooksCo 이메일 vegabooks@naver.com